中国项目管理最佳实践

中国国际人才交流基金会 编著

Project Management Best Practices in China

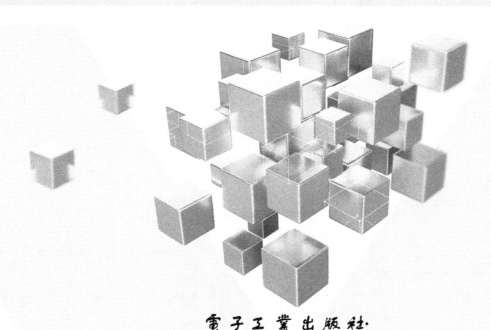

电子工业出版社·
Publishing House of Electronics Industry
北京·BEIJING

图书在版编目（CIP）数据

中国项目管理最佳实践 / 中国国际人才交流基金会编著. —北京：电子工业出版社，2020.6

ISBN 978-7-121-35992-7

Ⅰ. ①中…　Ⅱ. ①中…　Ⅲ. ①项目管理－研究－中国　Ⅳ. ①F224.5

中国版本图书馆 CIP 数据核字（2020）第 088955 号

责任编辑：刘淑敏

印　　刷：北京虎彩文化传播有限公司

装　　订：北京虎彩文化传播有限公司

出版发行：电子工业出版社

　　　　　北京市海淀区万寿路 173 信箱　　邮编 100036

开　　本：880×1230　1/16　印张：17.75　字数：388 千字

版　　次：2020 年 6 月第 1 版

印　　次：2021 年 1 月第 3 次印刷

定　　价：108.00 元

凡所购买电子工业出版社图书有缺损问题，请向购买书店调换。若书店售缺，请与本社发行部联系，联系及邮购电话：（010）88254888，88258888。

质量投诉请发邮件至 zlts@phei.com.cn，盗版侵权举报请发邮件至 dbqq@phei.com.cn。

本书咨询联系方式：（010）88254199，sjb@phei.com.cn。

编委会名单

主　　任：万金发

副 主 任：陈永涛　苏光明　刘　昇　郑　杰

委　　员：（按姓氏笔画排序）

　　　　　刘世忠　张映霞　杨爱华　章旭彦

编审人员：（按姓氏笔画排序）

　　　　　叶和中　汤奕荣　孙　莉　周　维　胡庆江　侯冠杰

　　　　　侯琳琳　寇　鑫　董　鑫

前　言

　　纵观四十余年的改革开放进程，我国实现了起飞、转型和跨越，创造了"中国奇迹"。可以说，改革开放四十余年是一个飞跃的时代，同时也推动了时代的飞跃。放眼改革开放的"中国奇迹"，世界上最大的高速公路网、高铁运营网和移动宽带网得以建成，世界上最长的大桥——丹昆特大桥成功通车，世界上最快的超级计算机——神威·太湖之光研发成功，世界上最大单口径的球面射电望远镜——"中国天眼"建成，载人航天工程顺利推进……这一系列的突破，都是通过项目、项目集或项目组合来实现的。而支撑起这些项目成功的，正是完善的项目管理理念。实践证明，优秀的项目管理理念，对提升企业等组织的核心竞争力提供了有力的支持，从而进一步促进经济社会发展。

　　改革开放四十余年，我国经济社会快速发展，对外开放的步伐也在不断加快，企业等组织的发展环境也日趋开放，对国际化先进的项目管理理念和人才的需求日益增大。为了吸收、借鉴国际先进管理理念，推进国际化专业人才培养，1999 年，原国家外国专家局培训中心（2019 年与原中国国际人才交流基金会整合为中国国际人才交流基金会）将 PMI® 专业资格认证考试及其知识体系引入中国。20 年来，在各方的努力下，这项工作取得了积极成效，为我国培养了大批国际化项目管理专业人才。截至 2019 年年底，中国大陆地区共有 64 万余人次参加了 PMI 项目管理系列资格认证考试，约 33 万人持有有效证书，占全球持证人数总量的 1/3，项目管理人才队伍的逐步扩大，极大地促进了各类组织获得更高的项目成功率。

　　同时，通过对国际先进、成熟、适用的知识体系进行引进、消化、吸收和再创新，项目管理的知识和方法已在我国信息技术、制造、金融、科研、航空航天、能源化工等众多领域得到广泛应用，独具特色的项目管理成功案例不断涌现。我国企业也从精细化管理单一项目发展到搭建以战略目标为导向的组织级项目管理体系，项目运作能力和管理水平得到显著提升。这意味着我国项目管理在企业创新管理方法、促进管理水平科学化、推动结构转型和高质量发展、加快国际化步伐等过程中，起到了重要的促进作用。

　　为了表彰 20 年来对我国项目管理发展做出突出贡献的企业、高校、机构等组织，我们于 2019 年开展了"中国项目管理发展二十年成果奖评选"工作，在众多企业的积极参与下，评选出 20 家优秀企业获得"项目管理企业最佳实践奖"。不仅如此，中国项目管理 20 年个人征文的征集评选工作也同步展开，并最终选取出 19 篇获奖作品。我们在征得相关企业、个人同意的情况下，对其中部分获奖企业的项目管理实践（含获奖企业下属单位的优秀实践案例）及个人的项目管理征文进行汇编，形成了本书，以期从实践角度反映我国项目发展的情况。

　　本书的出版，离不开企业、个人为我们提供的访谈、调研、案例、资料等全方位支持，以及中国项目管理发展 20 年成果总结项目组相关团队——北京航空航天大学及杭州新睿智业有限公司团队的支持。我们对为本书做出努力的人员和组织表示衷心的感谢。同时，由于篇幅所限，很多拥有项目管理实践的优秀企业等组织和个人的案例未能收录，敬请谅解。

　　衷心感谢为我国项目管理发展做出贡献的所有个人及组织。

目　录

上篇　企业实践篇

项目管理实践：北京低碳清洁能源研究院篇①

一、企业及项目管理概况

（一）企业概况

北京低碳清洁能源研究院（简称"低碳院"）成立于 2009 年 12 月，既是隶属于国家能源集团的科技研发机构，也是国家级海外高层次人才创新创业基地。低碳院致力于开发清洁能源及相关领域的先进技术，希望通过技术创新，支持国家能源集团实现建设具有全球竞争力的世界一流能源集团的战略目标，肩负"出机制，出成果，出人才"的重要时代使命。

目前，低碳院研发活动聚焦于"6+1 战略"的研发方向，包括煤的清洁转化利用领域、现代煤化工领域、能源材料领域、分布式能源领域、氢能及利用领域、环保技术领域和先进技术领域。其拥有国家能源煤炭清洁转换利用技术研发中心（国家能源局）、煤炭开采水资源保护与利用国家重点实验室、北京市纳米结构薄膜太阳能电池工程技术研究中心等重点科研平台。

自成立以来，低碳院已开展各类科研项目 200 余项，其中承担国家科技计划项目及课题 14 项、国家重大专项子课题 15 项、北京市重大成果培育转化项目 2 项、北京市科委项目 9 项、集团科技创新项目 60 余项、自然科学基金等各类基金项目 10 余项。在薄膜太阳能电池材料、煤化工废水处理、煤化工催化剂、煤基高性能功能材料等领域取得了重要进展，截至目前，累计申请国家发明专利超过 1 000 项，在自然和科学子刊等多个顶级国际学术期刊发表多篇论文，科研能力受到一致认可。

（二）企业项目管理概况

1. 矩阵式组织架构

2015 年，为了实现低碳院全院范围内的无边界合作，提高项目管理水平与员工能力，低碳院建立了矩阵式的组织架构。在矩阵式组织架构中，参加项目的全体人员由各部门的负责人安排，在项目执行期间服从项目经理指挥，其不独立于所属部门外，但同时配合各项目工作。在这一架构下，低碳院领导层确定整体战略规划，技术委员会管理项目并指导技术，中心主任负责人员培训与人员管理，项目经理则负责项目的具体实施。

低碳院的矩阵式架构的水平层面可分为三部分，分别为科研中心、成果转化研发支持部门、职能部门及分支机构和集团机构。院长总揽大局，负责全院的整体布局和发展，

---

① 本篇资料由北京低碳清洁能源研究院提供。

整体把握三部分的各类工作。科研中心涉及项目研发的"6+1战略"，同时设有技术总监，科研管理办公室和技术委员会负责低碳院各战略领域的研发布局和监督工作，统筹规划总监项目的立项、执行、经费的管理及成果的交付；成果转化研发支持部门紧密配合研发团队，从分析表征、设备设施工程和技术商务三方面，帮助研发团队探寻快速实现技术孵化的适合方式，实现成果转化和技术推广；职能部门从财务资产、人力资源、综合办公和党建工作、运营支持和纪检监察及工会工作等方面共同为科研团队提供全方位支持。

进行整体架构矩阵化的同时，低碳院内各个项目的日常管理也秉承矩阵型管理的精髓，以图最大限度地实现无边界沟通、管理与优化。通过为各类项目提供来自科学研发的灵感，辅之以成果转化的引导与各职能部门的全面支持，低碳院充分实现了组织协同效应，发挥了矩阵式架构的最大优势。在职能式的垂直层次上叠加项目式的水平结构，促使低碳院团队的工作目标与任务具体明确，提高了工作效率、资源利用率与反应能力，减少了沟通成本与可能产生的矛盾，加强了团队合作，为资源整合与人才发展提供了一个更加有利的平台。

2．科研管理办公室

为配合新的矩阵式架构，低碳院于 2015 年同时成立科研项目管理办公室（Project Management Office，PMO），希望其发挥改进科研管理流程与提高研发效率的综合作用。低碳院的 PMO 作为一个组织部门，是业务单元 PMO 和战略 PMO 的组合，为组织中的科研项目设定标准、提供管理、厘清责任与建立准则。以下分别介绍低碳院 PMO 的职能、结构与准则。

职能方面，PMO 的主要工作包括：设定标准，使科研项目管理标准化，基于大数据追踪统一实行门径管理；提供管理，使内部项目管理过程规律化；管理交付，使科研项目从机构战略到门径管理交付物一致；管理战略，将企业战略合并至项目管理和门径管理中。

结构方面，人员结构要求低碳院的项目管理人员均是经过培训的项目管理专家，技术人员是经过战略培训的技术专家；过程结构要求项目管理过程应有清晰的边界，有效且具有意义；工具结构包括使用多种管理方法和技巧，如门径管理、沟通培训、六西格玛和发明问题解决理论等进行项目管理。

准则方面，PMO 的职责可分为沟通管理（确保矩阵式组织架构中人员可高度有效地进行 360 度的沟通和汇报）、资源管理（建立用于矩阵组织的电子资源管理数据库）、执行管理（用于财务管理、交付成果管理或关键路径管理的过程和培训）与变更管理（用于风险、范围或知识管理的过程和培训）四方面内容。

总体而言，低碳院 PMO 对多个科研项目实行综合管理，同时负责维护组织资源库，支持或管理项目群，协调多个项目并划分优先级。其为低碳院科研部门从业务和战略角度提供项目管理能力，是领导层从决策高度实施项目管理的有效组织手段。

二、项目管理的创新实践

（一）门径管理流程

伴随组织架构改革与 PMO 的建立，低碳院对科研项目的管理模式也进行了大刀阔斧的革新，现已形成根据低碳院自身特点量身定制的门径管理流程（Stage-Gate）以适应其"多渠道立项与分类管理"的科研模式。这一革新后的三年间，低碳院门径管理的成果斐然，累计组织近 100 场门径评审，助力 75 个新项目立项，并对其中的约 280 个里程碑和交付物进行细化。2019 年新增了总监项目季度评审，全年评审总监项目 206 场次，对项目执行中存在的问题能够及时提供出解决措施，提高项目执行率和管理有效性，同时能够淘汰质量不高的项目。

门径是由运营阶段（Stage）与作为把关性质的入口（Gate）组成的一个线性流程结构，是指导一个新产品项目从创意的产生到产品上市的全过程的路线图（见图 1）。它允许科研项目利用管理决策关卡将新产品开发的工作量划分为几个阶段并分别进行绩效评审。只有负责给定阶段的团队成功完成预先定义的一系列相关活动，项目才可获得批准进入下一个阶段。

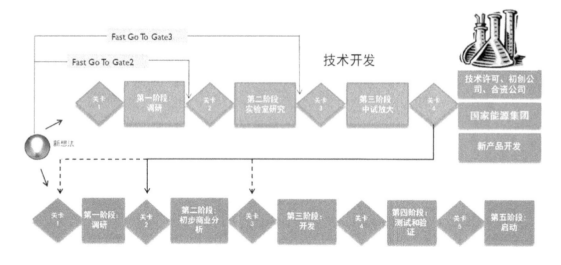

图 1　低碳院门径管理阶段与关卡

低碳院结合科研项目特征与实际情况，设计了技术开发和新产品开发两种门径管理过程，技术开发路径管理依次分为项目范围研究、实验室研究和中试研究三个阶段；产品开发路径管理依次分为项目范围研究、商务案例建立、产品开发、产品测试和验证及推出新产品五个阶段，二者的共同之处为均将项目发展过程切分为不同阶段，为各阶段设计一套由不同部门的人员同时进行的平行活动并提供代表相应标准与要求的关卡设置。关卡拥有过关、淘汰、暂缓、退回再准备四种状态，可提供对新产品或技术的项目质量评估，确保企业的开发进展正常并进行下一步资源分配。

低碳院设有门径评审会议对项目进行评估并选择关卡状态，会议决策者由技术委员会的领导等组成。项目需在每个阶段的设计上向评审会议提供必要信息，会议对上一阶段的项目成果是否完成进行检查，同时对下一阶段中活动计划进行商议，以使项目顺利进展至下一关卡或及时排除不良项目。

以技术开发门径管理为例，目前低碳院 95% 以上的科研项目均处于技术开发路径的第一、二、三阶段中。其对应的关卡设置如下：关卡 1 从战略一致性、组织利益、客户利益、项目复杂度、风险值五个方面对项目进行评审。在关卡 2，委员会从战略符合度、业务杠杆、竞争优势、技术成功可能性和回报五个方面进行评审。关卡 3 和关卡 4 从战略符合度、业务杠杆、竞争优势、技术成功可能性、回报和项目风险六个方面进行评审。其中，关卡 3 和关卡 2 相比，虽然评审因素一样，但由于关卡 3 和关卡 4 需要更多的资金和预算支持，其评审标准也相对更加严格。

门径管理的基本思想为"正确地做事，做正确的事"。在项目开始前进行构思、调研、沟通与商业机会判断，通过每一阶段关卡进行项目筛选与组合管理，做正确的项目；在认真分析市场需求并完成前期准备的基础上利用跨职能工作团队进行研发，把项目做正确。通过门径管理，低碳研究院在项目立项、计划、实施、变更和交付验收过程中，采取集中透明、高效有序的项目管理模式，运用技术门径管理及优先级排序的方法，借助信息化管理手段对项目进行以全人工成本为模式的实时资源管理、变更管理和风险控制，使不同角色人员可以及时掌握项目执行情况，提高科研项目管理的透明化、高效化和规范化，促使科研"早出成果、多出成果、出好成果"。

除门径管理外，低碳院还在早期逐步引入六西格玛与发明问题解决理论（TRIZ），并进行不断调整与完善，使研发人员脱离传统研发方式束缚，更容易对项目问题提出突破性的解决方案，从而缩短研发周期，提高新项目成功率，使研发过程更加科学有效。

（二）科研全生命周期管理系统

尽管实现了基于门径管理、六西格玛与 TRIZ 的科研管理方法和技巧革新，但在 PMO 成立之初，低碳院内仍尚未建立对项目的高效管理模式，项目均处于"半透明"状态，项目管理主要依靠项目负责人上传下达，导致项目信息不对称、无法提供有效决策支持、项目执行问题无法及时解决等问题。如何进行科研管理机制革新才能将低碳院矩阵管理模式与业务流程及人员组织有效融合，从而实现对科研发展方向的审核与纠偏成为亟待解决的问题。为解决这一问题，低碳院 IT 部与 PMO 跨部门合作，在门径管理的方法论背景下，于 2016 年年初组建项目团队负责招标事宜，经过一年时间的努力，建设了科研全生命周期管理 PPM（Project & Portfolio Management System，项目与组合管理系统）。

科研项目的生命周期可分为项目立项启动、实施、结题验收、成果推广及应用后评价四个阶段。科研全生命周期管理系统设计包含管理决策、集成项目组合管理、财务管理、资源管理、时间管理、交付物管理等模块，能够对科研项目实现包括流程管理、资源管理、全人工成本管理、进度管理与交付物管理的全生命周期管理。其将门径流程管理融入项目全生命周期中，实现线上自动化管理的同时，发挥矩阵式组织结构与系统集成化管理优势，保证对全院项目进行全面和实时的了解、跟进，并从不同角度对各研发项目、项目集、项目组合进行进度跟踪、项目管理与决策支持。

具体而言，PPM 的主要功能包括：落实低碳院目前使用的门径管理模式，规范项目的管理流程；实现集中透明的项目管理，包括预算管理、成本管理、项目进度与风险控制；根据低碳院全人工成本模型进行项目的工时填报和审批，实现全人工成本核算的项目资源管理；调整项目中科研人员的分派、批准和统计；进行包含项目内容、分类、资金投入及分配、资源分布等内容的项目集与项目组合管理，把握全院的科研方向与发展战略。因此，PPM 兼具单一科研工作的计划、预算、费用、进度、报工、资源、风险、里程碑、项目模板、项目预警管理与多项目组合管理的多重功能，它的创建有利于提高项目产能与管理效率。

PPM 的突出特点在于能够发挥出色的风险管理功能。相关方通过项目在门径管理下的不同时点的资料上传与综合分析，能够对可能导致项目失败的风险进行提前预测，并对风险进行积极控制和管理。例如，项目负责人可在项目初期预测出项目实施期间可能出现的风险，通过风险识别、风险分析、风险计划、执行计划、跟踪计划等有效的风险管理过程，解决传统管理中因信息滞后导致的项目失败问题，变事后管理为事中控制，提升风险管控能力。

PPM 的另一特点在于其成熟的项目组合管理能力，这一综合管理不仅需要具备对项目进度跟踪与各要素分析的项目管理模块，还需具备强大的项目组合管理模块。在这一功能的支持下，系统可以根据低碳院战略规划，按照预先制定的优先级规则进行排序，并支持产生各类分析报告以供决策使用。

（三）项目管理文化的建立

在门径管理流程和信息化管理 PPM 建立的基础上，培养项目团队和建立项目管理文化工作也备受重视。PMO 努力的目标是能够使组织达到"人人皆是项目管理专家"的状态，即所有员工得到充分培养和成长，项目团队能够完全掌握低碳院的项目管理理念和技巧。为了实现这个目标，低碳院 PMO 充分利用内外部的项目管理培训资源，联合人力、财务、研发人员代表及专业培训机构等各个层面的力量，从多方面培养项目团队的项目管理能力和项目管理意识。

2018 年度就组织项目管理培训 6 场，共约 120 人参与；2019 年度组织项目管理培训 5 场，涵盖基础、中级、高级项目管理培训及领导力培训、财务基础知识培训、多项目下的时间管理、相关方管理沟通技巧等多方面的培训。自 2016 年组织项目管理培训至今，已参与培训人约为 550 人，每位项目团队成员基本都参加过低碳院的项目管理培训。同时，通过每年多次的项目门径评审会议、项目管理宣传活动、项目负责人社区、项目管理内部培训师培养、六西格玛与 TRIZ 的培训和实践等多种途径，不断提高项目团队的项目管理意识和技巧，推广项目管理理念，在低碳院建立越来越成熟的项目管理文化。

三、项目管理创新实践的效果

低碳院自 2009 年成立以来始终坚持对科研项目管理开展正确理论支撑下的创新性尝试，其于 2015 年构建矩阵式组织架构并成立 PMO，为后续项目管理采取创新举措提供环境便利与主导力量。随着自主引入的门径管理、六西格玛与 TRIZ 不断本土化，低碳院在门径管理理念指导下创建了 PPM，其自上线使用以来作为院内核心业务系统，统筹协调各科研项目，为科研成果的顺利发展保驾护航。以下分别介绍 PPM 对项目管理的作用与上述项目管理方法创新对低碳院的重要意义。

（一）PPM 的创新效果

1．协助完善矩阵式组织架构

低碳院根据其研发领域广阔、研发人员众多的特点，于 2015 年开始实施矩阵式研发组织架构，通过科研中心主任和技术总监对研发人员与项目进行双线管理与横向协作，促进资源灵活分配，更好地发挥组织协调效能。PPM 可以实现对研发中心项目和技术总监项目的统筹管理，将项目和资源通过任务无缝结合。同时，系统实时提供项目和资源信息，生成各种可视化图表供管理层及时并准确地掌握项目、项目集、项目组合的全生命周期信息和资源分配状态，便于矩阵式架构的两条渠道中的人员对项目及人才共同合作管理。

2．助力实施门径管理方法

在项目立项后，可通过 PPM 进行分阶段预算、任务、人员的管理，每个阶段均有把关者对上个阶段的交付物进行审核、验收及打分，并决定是否进入下一阶段，为门径管理提供便捷操作。根据矩阵式组织架构，低碳院实施多渠道立项与分类管理的科研管理模式。与管理模式相对应，PPM 中分为技术总监项目和中心项目两大类，涵盖了国家政府项目、集团项目和不同阶段的自主研发项目，并且提供相应的可视化汇总表供管理层审核并决策。

3．落实全人工成本资源管理模式

低碳院引进了很多高学历人才，为充分发挥院内技术专家的优势和专长，调动员工积极性，低碳院全面推行"全人工成本"管理。以提质增效为原则调动员工的积极性和紧迫感，实现责任与任务落实到人，并已通过 PPM 成功运行。PPM 提供项目的人工预算和人员

实际填报工时的实时对比，同时将人员在项目上的工作量分配状态透明地展示给管理层，在一定程度上激发了员工工作的主动性和积极性，实现了人力资源的优化配置。

（二）项目管理的创新作用

1. 科学研发能力进步

低碳院将门径管理模式与科研项目全生命周期管理系统相结合，通过对科研项目从构思、立项、执行、验收等环节的透明高效管理，极大地提高了项目完成率，增加了项目成果数量。

在先进的项目管理方法的助力下，低碳院在聚焦的煤的清洁转化利用领域、现代煤化工领域、能源材料领域、分布式能源领域、氢能及利用领域、环保技术领域和先进技术领域开发出一批国内外领先的技术，其中，SCR 全生命周期解决方案、TPO 管材及复合材料、交联聚乙烯、水处理系列技术、智能纳电网等一批成果正在以不同形式进入产业化阶段。其科研成果也获得国内外的广泛认可，荣获"中国专利银奖""央企熠星创新创意大赛一等奖""中国质量协会质量技术二等奖""中央企业侨联优秀创新成果奖""煤炭工业协会科学技术一等奖""美国化学英雄奖""科学中国人 2017 年度科学人物""全国煤炭青年科技奖""侯德榜青年科学家""杰出工程师青年奖""中国滚塑大奖最佳技术专家奖""全国粉煤灰行业杰出贡献人物""刘源张质量技术人才奖"等高含金量奖项。

2. 经济效益提升

低碳院在近 3 年中通过门径管理累计将 10 余亿元的研究发展费用分阶段地分配至近百项在研项目中，同时进行项目进度和成果的有效管理，前期加速结题或终止项目 30 余项，节省约 5 000 万元项目经费用于聚焦新的技术方向的研发项目。此外，低碳院通过在 PPM 中将项目预算与实际花费实时比较，衡量项目是否可用更低的预算和资源来按时保质完成，根据比较结果及时调整项目预算，以节约经费并保证重要项目得到更有效支持。近两年中，根据项目实际花费进行调整的直接项目经费达 1 500 万元，为更多的新技术开发项目提供了资金支持。

3. 管理能力改善

低碳院作为央企研发的试验田、机制改革的探索者，在总结成功经验与吸纳先进理论的基础上积极尝试建立新的科研管理机制，为企业领导在战略决策中提供合理支撑。通过科研管理的系统化与信息化，将低碳院矩阵管理模式与业务流程及人员组织有效融合，便于各层工作人员准确把握低碳院研发重心与领导层对科研发展方向进行审核纠偏。

低碳院的科研管理模式也受到了业内广泛认可，2017 年，PPM 荣获"PMI（中国）项目管理大奖"的"科研应用实践奖"，科研管理办公室获得"PMI（中国）项目管理大奖"的"杰出 PMO 奖"；2018 年，低碳院还获得中国企业改革与发展研究会的"中国企业改革发展优秀成果"二等奖。这一系列奖项均表明，低碳院作为第一家运用基于门径管理的 PPM 进行科研项目管理的清洁能源领域科研机构，在不断学习、创新与挑战中培育了优秀的科研项目管理能力。

4．员工素养上升

人才是科研工作发展的核心，低碳院作为高端人才的聚集地，吸引并培养了大批清洁能源领域的人才。门径管理方法与 PPM 在低碳研究院的成功应用，帮助促进人才培养，支持低碳院进行绩效管理和机制改革，建设人才"能上能下、能进能出"的新文化、新思路。同时项目管理文化的建立，使项目团队的项目管理能力和技巧不断提高，员工能够得到充分的培养和成长，项目管理理念推广为低碳院员工带来了项目管理的新气象。

配合门径管理方法，PPM 根据项目工时和人员职级等信息，进行人员使用率统计及全人工成本核算，及时掌握研发人员在项目上的参与率。全人工成本核算体系避免了搭便车行为，研发人员的紧迫感和责任感提升，有效工作时间利用率大幅增加。在管理制度与有效方法的双重激励下，低碳院作为博士后科研工作站，培养了大批清洁能源领域的博士后人才，拥有 460 多名研发人员，坚持落实其"出人才"的战略任务与目标。

项目管理培训和理念推广，能够帮助项目团队从容应对项目管理，进一步顺利推动项目进行，甚至能够站在更高的层面把握项目未来的方向。

四、项目管理可推广复制的成功经验

低碳院作为国有企业旗下的科学研发机构，其主导研发的科研项目不仅具有符合市场需求的经济价值，更是响应国家国际战略与科技发展需求的宝贵产物。在来自各界的殷切期待下，低碳院也不负众望，研发项目与成果在清洁能源领域内屡创佳绩。

在不断创新以产生科研成果的努力中，低碳院同样对其科研项目管理模式进行了具有开放性与独创性的思考及尝试，并归纳总结出一套适用于自身的项目管理方法体系，包括组织架构、管理方法与应用系统等多个方面。这一先进的项目管理体系进而对低碳院的科研项目发挥了重要促进作用，提高了科研活动效率与成果产出率，并在实践中不断完善，形成项目与项目管理良性互动的互利格局。

借鉴低碳院对项目管理的创新经验，可对类似低碳院的科研院所与研发型企业提出如下建议。

（一）实行科研项目全生命周期与门径管理

科研院所应加强对科研项目的全生命周期管理，实现项目在需求下放、申报、立项、研制、结题至成果推广的全生命周期过程中有据可依与标准管理。在管理过程中，科研院所可引入门径管理方法，并根据主要项目的具体特征划分阶段，对不同入口设置合理判断标准。通过对项目全生命周期设置计划节点，可以实现项目全生命周期内的可管可控；主要项目的关键环节由业务部门与项目领导严格把关，以保证项目完成质量，减少项目管理中存在的过程管理力度弱与管理职责划分不明等问题。

使用门径管理方法进行对项目的全生命周期管理，可以为项目提供科学合理的进退机制。对于科研项目而言，"无失败"管理显然是不切实际的幻想，在某种意义上，"零失败"通常意味着"无创新"。科研项目管理的根本并非在于建立不允许项目失败的机制，而在于解决项目过程中遇到的失败与问题。因此，项目管理者需要完成的首项任务为准确迅速地识别可能失败的环节与风险，理解问题的本质并寻找与实施解决方案。通过门径管理的阶段性评审机制与 PPM 的使用，可以敏锐地发现项目的潜在风险与微小疏忽等可能造成项目失败的原因，并通过评审改进与资源分配布局将问题尽早解决，确保项目得以顺利进行。

（二）建立线上项目管理系统

PPM 是低碳院进行高效项目管理的核心业务系统，作用于科研项目管理的全生命周期过程中。通过 PPM，低碳院将门径管理流程融入系统中，对项目信息、预算和成本、任务和团队、关卡审批进行线上自动化管理；根据项目工作时间和人员资源职级等信息，进行全人工成本计算和统计工作；将预算在年度、季度和子阶段分解，更为有效直观地进行成本分析和控制工作。可见，低碳院使用 PPM 对各个项目的风险、进度、范围、时间、质量与相关方进行精准的统一管理，保障院内项目健康发展。

项目管理体系内容繁杂，涉及项目由始至终的方方面面，若要实现对所有项目的精准管理与分析，必须采用一个切合项目管理实际需求的信息化管理系统。科研院所可参考企业组织架构与科研项目管理方法，建立自身适用的信息化管理系统。这一系统能够实现对项目的统一管理，解决诸如项目立项标准不一致、监管不严密、负责人执行力弱、预算难以控制等"粗放式"问题，将项目管理模式与业务流程及人员组织紧密结合，对各项目、项目集与项目组合信息进行多角度的综合记录，为相关人员与领导层提供决策依据。

（三）加强科研项目知识管理

低碳院 PPM 的作用除进行门径评审与项目全生命周期管理外，还兼具对项目信息中包含的各类知识的收集与归档。低碳院科研人员能够通过 PPM 查询并了解院内已有的研究成果，为后续研究提供必要基础。同时，这一收集记录也可降低科研申报的盲目性，减少对统一问题的反复研究，提高科研效率。

此外，PPM 还可将其记录数据通过各类图形化视图进行展示，为各级管理人员提供统一的原数据共享平台；将同一研发平台的项目进行提报和汇总统计，为领导战略性决策提供数据依据。可见，PPM 能够对低碳院科研项目的知识成果进行实时汇总与整理，且最终服务于战略决策。

知识成果作为科研院所最为宝贵的财富，应获得妥善保管与充分应用。科研院所应着力于建立能够储存知识数据并进行相关分析的综合系统，保护并利用其已有知识成果，为创新科研项目提供扎实的数据基础。

（四）建立优良的企业文化

在推进门径管理体制与 PPM 的过程中，低碳院也遭遇了各种各样的问题，但其始终坚持"RESULT"行为准则和"3T"文化，要求员工按照结果导向、高效执行、自我激励、沟通理解、学习与创新、团队协作的准则来规范自己的行为，同时在工作中对自己的团队和同事保持信任、合作、透明（见图 2）。在这一积极互信的企业文化背景下，低碳院采用访谈、焦点小组会议、头脑风暴法、群体决策技术等多种手段进行沟通，考虑各方相关方的不同诉求，经过反复探讨与交流，细化项目管理原则，推敲项目管理方法，加强培养员工的项目管理能力并建立项目管理文化，使员工得到充分培养和成长，使项目团队能够掌握项目管理理念和技巧，最终得以形成广泛适用的现行项目管理体系。

图 2　低碳院"RESULT"行为准则与"3T"文化

因此，开放包容、互信透明的企业文化对进行项目管理体制改革的企业有助益作用，企业应着力培育兼具创新理念与合作意识的企业文化，提高员工项目管理意识和项目管理能力，健全多渠道沟通机制，保证员工想法能够充分表达，从而为项目管理机制的创新建立提供宽松氛围与良好环境。

项目管理实践：中国石油工程建设有限公司篇①

一、企业及国际项目管理概况

（一）企业简介

中国石油工程建设有限公司（英文简称 CPECC）是以油气田地面工程、天然气液化工程和海上石油平台工程（海上油气田工程）为主，以油气储运工程和炼油化工施工、检维修工程为辅，拥有全业务链、全生命周期服务能力，积极发展非常规油气工程技术，适度开发非油气及非能源领域的专业化公司。

CPECC 拥有一大批熟悉国际惯例、技术水平高、经验丰富的专业技术和管理人才，拥有从事石油及石化工程建设的先进技术，精良的设计和施工装备，构建了海外以五大区域性规模市场为主和国内以主要油气田、重点炼化基地为主的全球市场格局，业务辐射全球 240 多个国家和地区，以及国内主要油气田、重点炼化基地。CPECC 与福陆、派特法、德西尼布、沃利、日挥、千代田等国际知名工程公司结成了稳定的合作关系，成功进入埃克森美孚、壳牌、英国石油、道达尔等主要国际石油公司市场，以及阿布扎比国家石油、阿尔及利亚国家石油、俄罗斯天然气、马来西亚国家石油等主要国家石油公司市场，已发展为中国石油天然气集团有限公司（集团公司）国际化运营经验最丰富、国际高端市场最突出、品牌影响力最大、资产质量好、盈利能力强的工程建设企业。在国内外具有良好的商誉和广泛影响，连续 26 年入选美国 ENR 排名，最好排名为 2011 年的第 27 名，荣获中国勘察设计协会 2018 年度全国勘察设计和境外工程总承包"双料第一"，获省部级以上奖励 592 项（见表 1 和表 2）。

表 1　CPECC 国内外排名

评选年份（年）	ENR 国际承包商250 强排名（名）	全国对外承包工程企业 30 强排名（名）	中国承包商60 强排名（名）	中国最具国际拓展力的承包商（名）
2006	60	3	44	6
2007	70	10	入选 60 强	
2008	76	9	55	8
2009	100	6	37	1
2010	46	4	14	
2011	27	6	10	
2012	48	18	20	

---

① 本篇资料由中国石油工程建设有限公司提供。

续表

评选年份 （年）	ENR 国际承包商 250 强排名（名）	全国对外承包工程 企业 30 强排名（名）	中国承包商 60 强排名（名）	中国最具国际拓展力 的承包商（名）
2013	84	14	40	
2014	76			
2015	66			
2016	84			
2017	73			
2018	33（2018 年起以母公 司中油工程名义排名）			
2019	43			

注：以上排名均以上年度营业额排名。

表 2　CPECC 在项目和项目管理方面所获荣誉

	获奖时间	荣誉名称	文字说明
1	2018 年 3 月 26 日	全国工程建设优秀项目经理	第一建设公司张俊生、第七建设公司王志东和潘尊贵荣获中国施工企业管理协会 2017 年度全国工程建设优秀项目经理称号。同时，第一建设公司张俊生与潘越、杨兴武，第七建设公司王志东、潘尊贵、张文宝还荣获 2016—2017 年度"石油工程建设优秀项目经理"称号
2	2017 年 11 月 30 日至 12 月 1 日	ENR 国际承包商 250 强、中国海外工程优秀营地	中国对外承包工程商会七届三次理事会暨 2017 年行业年会在成都召开。会议揭晓了 2017 "ENR 国际承包商 250 强"和"中国海外工程示范营地"等评选结果。公司名列 2017 "ENR 国际承包商 250 强"第 73 位，哈萨克斯坦分公司"PKOP 奇姆肯特炼油厂现代化改造项目营地"和伊拉克分公司"哈法亚三期 CPF3 及附属设施项目营地"被授予"中国海外工程优秀营地"称号
3	2017 年 11 月 10 日	国家优质工程金质奖	中国施工企业管理协会下发了《关于表彰 2016—2017 年度国家优质工程奖的决定》（中施企协字〔2017〕66 号）：伊朗北阿扎德甘油田地面设施开发项目荣获国家优质工程金质奖（境外工程）！这是 CPECC 作为总承包首次获得国家优质工程金质奖，也是中国石油首次获国家优质工程金质奖的 EPC 总承包油田地面工程
4	2016 年 6 月 6 日	石油优质工程金奖（境外工程）	土库曼斯坦巴格德雷合同区域 B 区集输工程荣获石油天然气建设质量奖审定委员会和中国石油工程建设协会联合颁发的"石油优质工程金奖（境外工程）"
5	2015 年 8 月 25 日	ADIPEC 最佳石油和天然气特大型项目最终提名奖	阿布扎比原油管线项目荣获 ADIPEC 2015 年度最佳石油和天然气特大型项目最终提名奖
6	2015 年 8 月 11 日	国家优质工程金质奖	第一建设公司和华东设计分公司参建的中国石油独山子石化分公司炼油改扩建及新建乙烯工程被评为 2015 年度国家优质工程金质奖
7	2015 年 5 月 17 日	BP "2015 年度太阳神奖"	公司伊拉克分公司承建的伊拉克鲁迈拉水处理站项目荣获 BP "2015 年度太阳神奖"，在 BP 全球 900 多个项目中排名第三

续表

	获奖时间	荣誉名称	文字说明
8	2015 年 5 月 17 日	中国建设工程鲁班奖（境外）	伊拉克分公司承建的伊拉克艾哈代布油田地面建设工程荣获"2014—2015 年度中国建设工程鲁班奖（境外）"
9	2015 年 4 月 13 日	2015 年度全国工程建设质量管理优秀企业	第七建设公司荣获"2015 年度全国工程建设质量管理优秀企业"称号，自 1998 年以来第三次获此殊荣
10	2015 年 2 月 4 日	集团公司"2011—2014 年度石油工程造价管理工作先进集体"	公司获得集团公司"2011—2014 年度石油工程造价管理工作先进集体"荣誉称号
11	2013 年 11 月 11 日	中国建设工程鲁班奖（境外工程）	七建公司承建的"尼日尔津德尔 100 万吨/年炼油厂工程"荣获 2013 年度中国建设工程鲁班奖（境外工程）
12	2013 年	PMI（中国）杰出项目奖	中石油宁夏石化 500 万吨/年炼油改扩建工程获 PMI（中国）2013 年度杰出项目奖
13	2013 年 1 月 10 日	中国建设工程鲁班奖（境外工程）	苏丹分公司承建的"苏丹三七区油田产能升级工程"荣获 2012 年度中国建设工程鲁班奖（境外工程）

（二）企业国际项目管理情况

1．国际项目管理基本情况

CPECC 是一个典型的项目型企业。公司于 2010 年引进 PMBOK®体系和组织 PMP®认证考试，项目管理相关认证考试已纳入集团及公司年度培训计划中。公司会定期组织员工取证培训，将项目管理专业认证资质考试及认证纳入公司个人执业资格注册管理程序中，由人力资源处作为资质归口管理部门进行注册管理，定期通知取证人员更新证书，确保执业资格证书的有效性。截至 2018 年 12 月，公司已经举办 6 期加拿大 PMP®认证培训班，PMP®持证人数已达 351 人。2015 年至今，员工项目管理培训经费投入 2 500 万元，培训人次 3 000 人。

公司还专门设立了项目运行协调的管理部门——项目管理部，负责项目从策划至收尾的进度控制、成本控制、项目协调、承包商管理及现场监督检查、项目管理体系建设和装备制造管理等业务工作，协助人力资源处做好项目经理、控制经理等关键项目管理人员的聘用和考核等工作。

在知识管理方面，公司根据执行项目情况，编制发布了企业标准。2018 年对公司质量管理体系、HSE①管理体系和内控体系进行了整合，形成了综合管理体系，并于 2019 年 1 月正式发布实施。

---

① HSE 指 Health Safety and Environmental Protection，后文中的 HSSE 指 Health Safety Security and Environmental Protection。——编者注

在项目管理软件投入方面，由中油工程（上级单位）统一购买的 P6 软件，给公司每年 200 点免费使用。公司自 2008 年开始，与北京普华合作，开展项目管理信息系统研发，已完成一期、二期并全部上线应用。目前正在进行企业管理平台 2.0 研发工作，2019 年 6 月逐步上线，在伊拉克天然气处理厂和广东石化项目进行试点，2019 年年底公司总部和分子公司基础功能模块开始应用。自 2008 年以来，项目管理信息系统投资总额约 1 200 万元，包括系统软、硬件开发费和推广应用费用，应用覆盖范围包括海外分子公司、国内直属项目部、公司各部门。

企业管理平台 2.0（EMP2.0），建设内容包括公司生产经营综合管理系统、招标采购子系统、项目管理系统（基础版）、决策分析展示平台、公司级数据管理中心。EMP2.0 作为公司以后的统一管理平台，覆盖全公司各部门、国内外分子公司和直属项目部。

2. 国际项目管理组织机构模式

针对具体的项目，CPECC 在设置项目管理组织机构时，从业主要求、项目特点、区域市场的规模和成熟度、资源利用效率几方面进行综合考虑，确定了以下几种主要的国际项目管理组织机构模式。

（1）单体项目部模式。单体项目部模式（见图 1）是一种项目型组织机构。这种模式明确了项目经理及其团队成员的职责、权力和利益，有助于提高他们的工作积极性，并提高项目运行的效率，适合初次进入的市场，只有一个项目或一个大项目配一个小项目；虽不是初次进入的市场但是项目规模大、技术复杂、实施难度大、实施时间长（如两年以上）或项目不确定性程度高；业主特别要求成立独立项目部的项目。

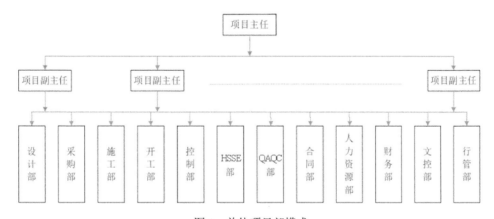

图 1 单体项目部模式

（2）多项目模式。在多个项目相对集中的区域，为集中利用区域内的各种资源，提高项目运行效率，公司和分（子）公司成立了区域项目部或群体项目部。多项目模式（见图 2）是一种强矩阵型组织机构。这种模式是在提高资源的利用效率与项目运行效率之间寻求平衡。

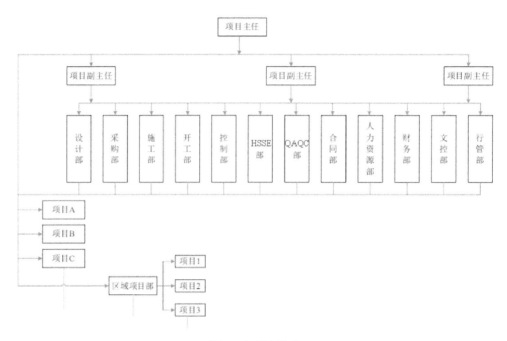

图 2　多项目模式

（3）分（子）公司模式。分（子）公司模式（见图 3）是一种平衡矩阵型组织机构。这种模式适合同期有多个项目的市场，且项目性质不同或者业主不同；比较成熟的市场；公司在项目所在地形成了比较完备的项目管理体系；需要持续开展市场开发的区域。分（子）公司下属各职能部门负责各项目对应的工作，部门员工接受部门经理和各项目经理的双重领导，一些员工只对具体的项目负责。这种模式有助于平衡项目运行效率与成本的矛盾。分（子）公司亦可针对内部个别比较特别的项目成立单体项目部。

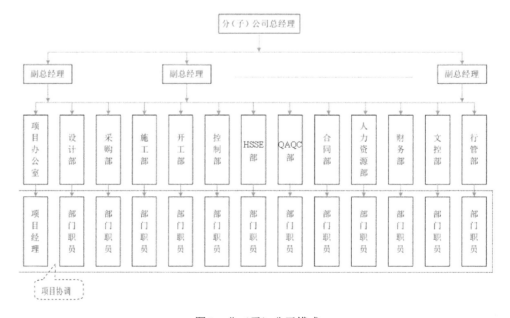

图 3　分（子）公司模式

（4）联合体项目部。一些项目，公司与其他承包商组成承包商联合体的方式共同参与项目的投标和实施，能充分发挥合作各方的比较优势，提高项目中标机会并确保项目的顺利实施。联合体各方应按照联合体协议的规定组成联合体项目管理委员会，在管理委员会的授权下组建项目部。联合体项目部（见图4）也是项目型组织机构。

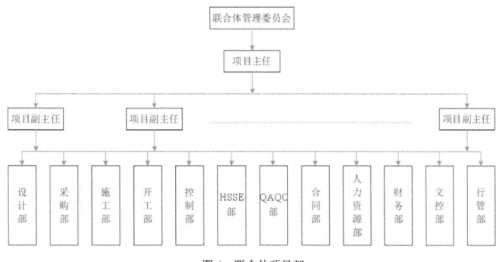

图4 联合体项目部

二、企业国际项目管理内容

（一）设计管理

设计管理是 EPC 总承包项目管理的重要组成部分，是决定项目成本、进度、质量的关键因素，是项目建成、顺利投产运行的有力保证。设计管理包括设计承包商管理、设计进度和质量管理、设计文件审查、设计变更控制等方面。

CPECC 在设计管理方面统一设计标准、技术要求和通用设备材料选型，推行设计标准化、精细化，强化界面管理；优化设计工序，优先提交早期采办所需的 MR 文件，先行展开询价和技术评定等采办前期工作；按照最大限度地满足模块化、撬块化和工厂化深度预制的思路进行设计。文件提交精确到周计划并落实到人，以结果为导向，追踪文件提交并协调解决各专业技术问题；每周进行文件提交情况统计、未提交原因分析及预测提交日期；下周文件提交计划，事前提醒；建立项目 Action List，实时更新。

公司会安排设计管理和监理人员进驻设计现场，开展联合办公，加速设计方案的审定和设计文件的批复。

CPECC 的伊拉克西古尔纳-1 油田项目在进行设计管理时引进了成熟的国际设计分包商 CH2M 参与项目的详细设计，对接埃克森美孚的标准和管理流程，通过层层把关，保证了项目设计质量。该项目根据合同要求，同时执行项目标准、国际标准（IEC、API、ASME 等）和伊拉克当地法律法规中的强制性执行要求，使得产品质量全面符合合同规范要求。该项目还是对管廊模块化设计进行的一次有效实践。通过直接进行模块化设计和工厂制造，出厂前进行预组装，及时纠正设计偏差，保证了现场安装的准确度，有效降低了现场施工成本和控制了工期。该项目采用先进的模块化设计理念、撬块化制造和安装的方法，还降低了现场 HSSE 风险，有效解决了伊拉克施工难度大和当地资源匮乏的问题。

（二）采购管理

采取公司集约化采购与项目属地采购相结合的两级采购模式。发挥公司全球采购网络优势，构建属地化采购体系。

公司拥有 1 600 余家覆盖全球的专业供应商网络，甲级采购招标代理资质，1 000 人的专业采购团队，21 个采购组织及技术、商务专家团队，专业化的催交、监造、检验、运输管理团队，实行标准化采购流程（见图 5），即按 PO 计划下订单，三级 Check List（监造、出厂、到场），全员催交，公司高层升级管理，地区公司集中清关、运输。

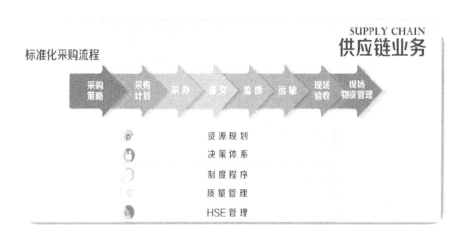

图 5　标准化采购流程

采购工程师针对项目范围规定的任务，对从外部获取设备、材料或服务时所需要的各项过程进行管理，功能上主要包含采购、催交、监造检验、运输清关、现场仓储管理和材料控制等业务活动。公司采取总部集约化采购与分（子）公司/项目部采购相结合的两级采购管理模式。达到一定金额的采购事项依据公司"三重一大"决策制度或招标委员会工作规则报请公司总经理办公会或公司招投标委员会审议、决策。各分（子）公司、新项目部授权决策范围内的采购事项由分（子）公司、项目部按照程序决策，相关文件按要求报送总部相关单位。

伊拉克西古尔纳-1 油田项目的采购工作具有与其他项目截然不同的特点，为 CPECC 所执行项目采购中首次遇到的覆盖项目全过程的最严格的真正意义上的国际采购，为其积累了丰富的国际采购经验。物资的原产地被限定在北美、西欧，日本和韩国四个产地。采购内部管理程序与外部审批制度相适应，采购全过程程序化、制度化和合规化，保证采购各环节风险可控。对关键设备平衡器撬、加热炉、计量撬等，工厂制造前，要求制造商进行 HAZOP 和 SIL 会议，由业主埃克森美孚、BOC、CPECC、设计分包商 CH2M 和制造商专业人员共同参加，做好采购事前控制，保证了采购准确性和采购质量。采购过程质量控制方面，严审供应商质量检验计划和焊接程序等质量文件，加强物资制造和运输过程质量监控。

（三）进度管理

项目进度管理是指在项目实施过程中，对各阶段的进展程度和项目最终完成期限所进行的管理，是在规定的时间内，拟订出合理且经济的进度计划，在执行该计划的过程中，经常要检查实际进度是否按计划要求进行，若出现偏差，便要及时找出原因，采取必要的补救措施或调整、修改原计划，直至项目完成。项目进度管理包括两大部分内容，即项目进度计划的制订和项目进度计划的执行。[①]

CPECC 的奇姆肯特 PKOP 炼油厂现代化改造项目是一个复杂的国际化工程，这要求总承包商的进度管理必须达到国际先进水平。然而，在项目启动初期，由于业主缺乏高效运行、经验丰富的国际化项目管理团队，对项目进度管理没有系统规划，使得公司与业主的对接经历了较长的磨合期，对项目整体进度管理工作也造成了一定影响。但在后续执行过程中，公司采用了国际通用的项目管理工具和方法，建立了完整的进度管理体系，与业主的对接水平逐渐提高；同时，针对项目具体情况，公司创造性地采取多项具有"石油"特色的管理举措，有效保证了项目始终平稳推进，最终完美收官。

（四）质量管理

公司于 1999 年 11 月取得了 ISO 9001 质量管理体系认证证书，建立了覆盖公司总部、专业分公司和海外分（子）公司（直属项目部）的质量管理体系。通过多年来持续不断地实施运行，促进了公司各项工作持续改进，工程实体质量处于严格的受控之中，增强了业主的满意程度，所有竣工的项目均达到了投产一次成功。但在实际的项目管理过程中，公司不仅要按照自己的质量管理体系进行管理，可能还会受制于业主的要求。

比如，在 CPECC 中东地区公司西古尔纳-1 项目中，业主埃克森美孚作为世界一流的石油公司，质量管理体系健全，有一套非常完整的质量控制程序和记录表格（现场质量手册）。该项目的质量管理既要满足一个国际化的一流石油公司对质量的需求，还要应对来自埃克森美孚的业主和生产操作运营团队的干预。该项目的质量管理按照 ISO 9001:2008 质量管理体系要求，结合了埃克森美孚的质量管理体系要求，建立了完善的项目质量管理体系，涵盖项目组织机构、内外部过程识别、项目计划和管理、承包商评审、内外部审计、

[①] 参考文献：https://wiki.mbalib.com/wiki/%E9%A1%B9%E7%9B%AE%E8%BF%9B%E5%BA%A6%E7%AE%A1%E7%90%86

合同评审、不符合项整改、文件控制管理及客户资产管理等方面。管理的深度更深，细节更细，对项目执行的各个过程潜在的质量隐患进行全面管控。

（五）HSE 管理

自进入国际工程建设市场以来，CPECC 海外 HSE 工作，伴随着工程技术服务业务的发展和需要，在国际惯例的制约和影响下，经历了学习、积累和提高的过程，引入了先进的 HSE 管理方法和管理工具，建立并推广实施了 HSE 管理体系，为项目的顺利执行提供了强有力的支持和保障。关爱生命、保护环境是公司的核心工作之一。

在伊拉克西古尔纳-1 油田项目中，HSE 管理面临着五大挑战：恶劣的高温天气；当地员工安全意识差；伊拉克高风险的社会安保形势；紧邻正在运行的老旧石油设施厂内施工；项目工期紧，压力大。对此，项目部均采取了有针对性的必要措施，保证了项目良好的安全记录。例如，建立"人人 SAFE"文化体系，编制项目安全日历，做好静态安保、动态安保，建立了具有西古尔纳-1 特色的防中暑管理方案。其中，建立的具有西古尔纳-1 特色的防中暑管理方案得到埃克森美孚的高度认可。通过实施防中暑管理五大措施，项目执行以来，无一例中暑事件发生。西古尔纳-1 项目按照埃克森美孚"Nobody Gets Hurt"的 HSSE 目标，获得埃克森美孚颁发的"300 万安全工时"证书和"1 000 万安全人工时贡献"证书。CPECC 首次被邀请参加埃克森美孚美国总部的全球承包商安全论坛大会，是中国首次受到邀请的陆上 EPC 承包商，也是中国石油企业首次登上埃克森美孚全球安全论坛讲台。三个首次，开创了中国承包商到西方顶级石油公司分享安全经验的先例。

三、企业国际项目管理创新与亮点

CPECC 先后在非洲、中东、中亚、美洲、亚太的 20 多个国家和地区承建了一批大型石油石化工程 EPC 总承包工程，取得了突出的业绩。1991 年以来，CPECC 累计在海外承建项目 682 个，合同总额 327 亿美元，90%为 EPC 项目，其中，超 1 000 万美元项目 235 个，超亿美元项目 63 个，系统外项目 104 个，系统外项目合同总额占比 45.9%；完成了伊拉克、土库曼斯坦、哈萨克斯坦、苏丹等多个 EPC 油气处理设施项目，所有项目均提前或按期一次投产成功；实现了工程建设与安全的统一，创造了能源与环境的和谐，赢得了业主、项目所在地政府、公众及各有关金融机构的高度赞赏和信任，企业信誉日益提高。CPECC 之所以在国际项目管理方面能如此成功，是因为它不断进行项目管理方法上的探索与创新。

（一）系统的资源整合能力

CPECC 与国内各大石油化工设计、国外知名工程公司、国内外知名的供应商及施工单位有多年的良好合作关系，熟悉各家的管理流程、工作特点和企业文化。在工程实际执行过程中，能充分整合各方设计、采购、施工优势资源，满足项目需要。

土库曼斯坦分公司 B 区东部气田一期项目就充分发挥了 CPECC 甲乙方一体化的优

势，整合和用好 CPECC 在土库曼斯坦的所有乙方单位资源和公司内部资源，发挥公司全产业链执行项目能力优势，设计、采购、施工并行管理，提前启动了项目，彰显了中国速度。

（二）采用模块化设计、撬块化制造和施工理念

CPECC 在国际项目管理过程中，合理统筹现场全部资源，围绕关键线路进行施工计划策划和制订，平衡各施工区域推进速度；每周召开现场生产例会，及时解决涉及现场的设计、采办和施工问题，讲评并考核安全质量和生产进度执行情况；每月召开月度总结例会，测量并考核月度计划执行和月度里程碑实现情况，总结月度安全质量总体考核情况。CPECC 推行工厂化深度预制；工艺管道深度预制，管段在预制厂完成装配，到场安装，最大限度地减少现场工作量。

CPECC 推行模块化设计与制造。对哈萨克斯坦 PKOP 炼厂项目硫黄回收和余热锅炉等进行模块化二次设计，在国内工厂进行制造、焊接，现场进行模块拼接，现场工作量减少 95%。硫黄回收采用自主知识产权的 CPS 工艺和特有模块化技术。总重 700 吨，单体模块 28 个、模块配件 4 个，单个最重 70 吨，厂内制造周期 5 个月，现场安装由 14 名工人 7 天完成，节省工期 3 个月，为模块化设计与建造树立了典范。

伊拉克西古尔纳-1 油田 130 项目考虑到 70m×70m 的建设场地限制、伊拉克高温气候条件和施工效率低下等情况，以及公司"五化"工作要求，整体采用了模块化设计、撬块化制造和安装，也对整套处理装置进行模块化和撬块化分解，由设计单位进行整套装置设计拿总，工艺设备技术提供商和模块/撬块制造商进行详细设计支持。130 项目整个装置达到 70%模块化率，是伊拉克西古尔纳-1 油田迄今为止设计模块化率最高的项目，也是中国石油企业在伊拉克境内执行的项目中模块化率最高的项目。

施工时推行无土化安装，在提升安装效率的同时，有效降低了安全风险，同步提高了施工质量；强力推行 5S 和文明施工管理，定期组织现场的清理整顿，持续创造一个良好的现场施工作业环境；充分发挥现场大型吊装等设备优势，提高现场作业机械化水平。

（三）强化计划在项目执行中的引领和主导作用

CPECC 在国际项目管理过程中的总体思路是，以施工为主线、抓设计龙头、促采购保障、保按期投产移交。项目部层面负责制订一级、二级、三级计划，明确各级里程碑控制点进度目标和工程形象指标；各施工承包商根据项目部的三级计划细化成四级计划，用周计划保月计划，月计划保总体计划（见图 6）。

CPECC 的伊拉克西古尔纳-1 项目部就是按照"计划目标明确—技术措施保驾—质量和 HSSE 监控—施工方法优化—工序流程控制—检验验收及时"总体施工策略，广泛采用国际上通用的施工标准和规范，高质量、高标准、高效率地完成施工任务，科学组织生产，确保了项目目标全面实现。

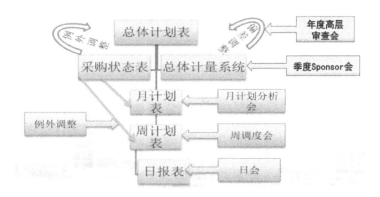

图 6　西古尔纳-1 项目管理"五表五会一系统"

（四）进度控制抓住关键路径

CPECC 采用 P6 项目管理软件，编制项目总体进度计划，控制关键路径，合理安排资源，确保项目进度。项目计划执行情况通过展板形式进行通报，强化项目信息管理，不定期地召开总部、海内外各项目点对点的电话会、视频会，协调解决项目执行中的各种问题。

（五）加大国际项目属地化比例

CPECC 国际项目管理过程中加大采购、工程施工、后勤服务属地化比例。公司依托伊拉克、南苏丹、乌兹别克斯坦和哈萨克斯坦四大培训中心，培养当地操作工人。还与当地院校联合培养当地大学生，充实管理队伍。在北非、中东等高风险地区，最大限度地利用当地施工资源，并引入第三国施工队伍，大大降低了流动性作业的安全风险，推动了当地化、国际化进程。

（六）重视跨文化管理与社区管理

国际项目会产生不同文化的交流碰撞。因此，CPECC 特别注重跨文化管理，培育共同的价值观、认同感和共识，促进文化融合。比如，土库曼斯坦分公司注重土方节日，开展了清理边境巡视路、植树、捐助孤儿院等社会公益活动。

在国际项目管理过程中，如何构建一个和谐的社区关系也是非常重要的。CPECC 的西古尔纳-1 项目平均当地化率超过 50%，创造了 300 多个当地就业岗位。进入埃克森美孚市场，失去集团公司在伊拉克当地"三大一统一"的强有力保障，所有当地事物需要项目部直接面对和处理，挑战前所未有。各个地区都有自己的势力范围，内部矛盾交织，利益关系各异，社区关系复杂。当地社区管理工作直接关系到伊拉克签证的申请、人员和物资设备进入油田许可的办理等工作。所以，任何事关当地社区关系的事物都必须重视并谨慎处理，从根本上杜绝恐怖分子和极端民族主义者的生存土壤，保障我方人员和财产的安全。

CPECC 秉承"建好一个项目，造福一方百姓"的理念，把构建和谐社区关系作为社会安全的重点，通过融合人力资源管理、公共关系管理、HSE 管理等内部流程，多举措、全方位地实施组合拳，积极应对各方利益关系，妥善处理当地关系，构建了和谐的社区关系，助推了项目建设。此外，公司还积极承担社会责任，帮助当地居民解决一些实际困难，建立和谐社区。当乍得村庄被河水倒灌时，公司帮助他们修筑堤坝。在尼日尔设置多个取水点，解决居民用水困难。公司还会选拔优秀的当地员工来华培训，开展形式多样的中外员工联谊活动。

四、企业国际项目管理效益

CPECC 自 2010 年引进 PMBOK®体系和组织 PMP®认证考试以来，培养出了一批国际化高级项目管理人才。通过在国际项目中运用 PMBOK®体系进行项目管理，CPECC 取得了很好的效益，企业的科技创新能力、品牌价值和员工能力等方面都得到了提升。

（一）企业科技创新能力提升

在先进的项目管理方法助力下，CPECC 科技创新能力不断提升，多项技术达到领域内的国内外先进水平。企业掌握了从井口、内部集输、处理到长输管道等全过程工程设计及施工技术。其中，在油气集输及处理领域总体达到国内领先、国际先进水平，部分技术达到国际领先水平；在油气管道、油气储库等领域处于国内先进水平；在油气田地面、油气管道、炼化工程勘察测量、施工和石油石化设备制造领域，总体达到国内先进水平。如 CPECC 的西古尔纳-1 油田 130 项目投产后，实现处理后的原油含盐量低于 10PTB，含水量和沉降物低于 0.2%vol BS&W，完全满足了原油外输的质量要求。装置处理后最好含盐量达到 3PTB，含水量和沉降物达到 0.1%vol，远超业主预期。麦肯河一期井口项目经过加拿大 CSA 试验认可使用了中国国家标准（GB）钢材，所有 19 个批次钢材全部一次性通过 CSA 检验测试。国产钢材在成本、工期上给业主项目执行带来重大利益，使得工期提前了 5 个月。

公司的科技创新成果也受到了广泛认可。至 2018 年年底，公司获国家科技进步奖 6 项，拥有专利 708 项，技术秘密 240 项，国家级工法 7 项，省部级工法 85 项，形成上游十大核心技术、8 项集团公司技术利器、5 大系列 62 种科技产业化产品，有 20 项"国家重点新产品"、北京市和集团公司自主创新产品；主编国家标准 37 项，行业标准 54 项。

（二）企业品牌价值提升

多年来，CPECC 以先进的技术和管理，努力为客户提供优质高效、安全环保的服务和产品，不断创造和提升客户投资价值。先后在 20 多个国家和地区完成了一大批油气集输、油气处理、长输管道、海洋工程、石油炼制、石油化工、油气储库、电站、道路桥梁、民用建筑等大型项目的可研、设计、环评安评、施工、监理和 EPC 总承包，均实现了投产一次成功，实现了质量与安全的统一，创造了建设与环境的和谐，赢得了业主、项目所在地政府和公众的高度赞扬和信任，企业声誉日益提高。

2018 年 3 月 15 日，CPECC 伊拉克西古尔纳-1 油田 130 项目的投产盛典成功举行，获得了伊拉克石油部长、埃克森美孚伊拉克副总裁等的积极评价，为公司赢得了荣誉，树立了 CPECC 品牌。

CPECC 已经连续 26 年入围美国 ENR 排名，最好排名为 2011 年的第 27 名，多次入选"中国承包商企业 60 强"。至 2018 年年底，公司获得省部级以上奖励 592 项；中国建设工程鲁班奖 6 项、国家"百项工程暨精品工程"3 项；荣获全国对外承包"十佳"企业、"AAA 级信用企业"、"全国百强设计院"、"全国 100 家最佳建筑企业"等荣誉称号。

（三）员工能力提升

CPECC 自 2010 年开始定期组织员工进行 PMP®认证培训，为员工提供了学习项目管理知识的机会。公司将项目管理相关认证考试纳入集团及公司年度培训计划中，营造了良好的项目管理学习环境，充分调动了员工学习项目管理知识的积极性，有效促进了员工项目管理能力的提高。公司还不断加大员工项目管理培训经费投入，培养了一批专业的项目管理人才。此外，CPECC 成功的国外项目尤其能锻炼、提高员工的素质和能力，也为公司培养了大量的项目管理人才。比如，伊拉克西古尔纳-1 项目就为公司培养了一支国际化项目管理团队、一批适应埃克森美孚高端市场需求的项目管理和技术人才。

截至 2018 年 12 月，CPECC 已经成功举办了 6 期加拿大 PMP®认证培训班，公司 PMP®持证人数达到 351 人。公司从培养国际化高级项目经理的战略角度出发，共培养出 108 名高级项目经理，为公司储备了大量项目管理人才。公司多名员工荣获"全国工人先锋号""全国五一劳动奖章""全国青年岗位能手"等称号。

五、企业国际项目管理经验总结

CPECC 先后在非洲、中东、中亚、美洲和亚太的 20 多个国家和地区承建了一批大型石油石化工程 EPC 总承包工程，且均达到了投产一次成功。公司在国际项目管理方面取得了巨大的成功，积累了丰富的国际项目管理经验。这对其他公司走出国门，承包国际工程项目具有很好的借鉴意义。

（一）建立以 P6 为核心的进度管理平台

能否按期完工是项目成败的关键之一。因此，采用科学的管理手段，合理安排工期计划是项目进度控制的核心。P6 作为目前国际通用的项目进度计划管理软件，在工作分解结构、组织分解结构和资源分解结构应用方面优势明显。通过 P6 项目管理软件的深入应用，做好施工进度的动态控制，及时发现并纠正实际进度与计划进度的偏差，解决好影响项目进度的主要问题。

（二）使用 PDCA 循环进行质量管理

项目部应成立专职的质保部门，配备专职的质保经理和各专业专职质保工程师，负责项目的质量管理工作。质保部门应被赋予相应的管理权限，做到责权结合，才能更好地履行质量管理的责任。项目开工前，针对项目特点，质保部应编制好详细施工质量管理计划，确定质量目标，明确管理职责。事前做好预防，建立一套完整的行之有效的质量管理体系，做到预防、控制、检查和纠正相结合；提高全员质量意识，执行科学的质量管理方法。CPECC 国际项目管理的成功案例证明，PDCA 循环的控制方法是科学的、行之有效的质量控制法。

（三）建立项目信息管理系统

项目执行中信息管理也是重要的一环，对国际项目尤为重要，切实做好以下几方面工作将对项目实施起到顺利促进作用：建立项目信息管理系统，对项目实施全方位、全过程信息化管理；项目信息收集应随工程的进展展开，要做到及时、准确、真实、完整，为项目执行提供有力的支持。

（四）注重项目核心成员学习能力建设

项目核心成员学习能力建设，是高端市场项目管理成败的一大关键。不断遇到新问题、新挑战，需要不断学习、交流和提升。项目领导团队在干好现场各自工作的同时，应尽早让持久化的提升意识、精细化的经营意识、国际化的市场意识"三个意识"到位。

（五）重视项目经理的选用

做好一个国际项目的管理，最终实现预期的经济目标，项目经理的聘用很重要。通过对 CPECC 的调研发现，项目经理应具有以下几方面的组织管理能力：应具有高度的责任心，敢于担当，具有奉献的精神；善于组织和协调管理，善于沟通，调动各方面积极性；应具有丰富的项目管理经验，善于听取正确的建议并做出科学合理的决策。同时还应具有解决项目实施过程中遇到的重大问题的能力和应对突发事故的能力；应具有国际项目管理的专业技术、外贸和法律知识，同时还应具有流利的外语沟通能力和较丰富的外事经验；应具有良好的心理素质，坚强的意志和毅力。项目经理丰富的管理经验、较强的处理问题能力和强烈的责任心，对项目的成功至关重要。因此，应对项目经理的选用给予足够的重视。

项目管理实践：中兴通讯篇①

一、中兴通讯项目管理简介

中兴通讯是全球领先的综合通信解决方案提供商。公司成立于 1985 年，是在香港和深圳两地上市的大型通信设备公司。公司通过为全球 160 多个国家和地区的电信运营商和企业网客户提供创新技术与产品解决方案，让全世界用户享有语音、数据、多媒体、无线宽带等全方位沟通。

中兴通讯拥有通信业界完整的、端到端的产品线和融合解决方案，通过全系列的无线、有线、业务、终端产品和专业通信服务，灵活满足全球不同运营商和企业网客户的差异化需求及快速创新的追求。目前，中兴通讯已全面服务于全球主流运营商及企业网客户。

中兴通讯坚持以持续技术创新为客户不断创造价值。公司在美国、瑞典、中国等地设立全球研发机构。中兴通讯 PCT 国际专利申请三度居全球首位，位居"全球创新企业 70 强"与"全球 ICT 企业 50 强"。目前中兴通讯拥有超过 7.3 万件全球专利申请，已授权专利超过 3.5 万件，连续 9 年稳居 PCT 国际专利申请全球前五。公司依托分布于全球的 107 个分支机构，凭借不断增强的创新能力、突出的灵活定制能力、日趋完善的交付能力赢得全球客户的信任与合作。

2019 年年初，中兴通讯董事长李自学发表新年致辞，重新确定了公司愿景为"让沟通与信任无处不在"，使命为"网络连接世界，创新引领未来"。面对 2018 年之后的全球行业变局，中兴通讯新的愿景和使命应时而变，具有积极而深刻的意义。基于此，中兴通讯继续坚持聚焦和创新的理念，围绕"聚焦运营商，提升客户满意度。保持技术领先，坚定提高市场占有率。加强人才、合规、内控建设"的基本原则实施战略落地（见图1）。

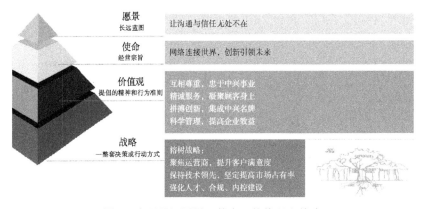

图 1　中兴通讯愿景、使命、价值观和战略

① 本篇资料由中兴通讯股份有限公司提供。

作为在 VUCA 时代组织变革的工具之一，项目管理体系在中兴通讯战略承接落地过程中起到了重要作用（见图2）。

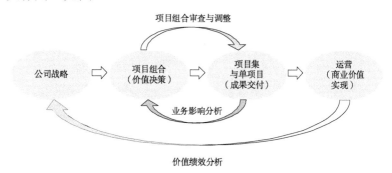

图2　公司战略的承接、分解与执行，通过"项目"落地

在项目组合层面：根据公司整体战略规划，企业发展部联合公司 PMO 对战略规划进行落地目标分解并匹配对应的资源，形成各业务领域战略任务及资源包。各业务领域将战略任务具体转化为相关的项目集或项目落地执行。最终落地项目名单报公司审批，以确保与公司战略保持一致。

在项目集和项目层面：基于 PMBOK® 和中兴通讯统一的项目管理框架要求，各业务领域根据自身业务特点，适用具体的项目管理方法论，对所辖项目过程进行管理，最终将战略规划进一步转化为可交付的项目成果和收益。

同时，中兴通讯在组织环境方面建立起相应的资源支撑、项目管控等机制，不断培养完善项目管理运行环境，建设以项目为核心的企业项目管理文化。

项目管理已经成为中兴通讯推动各项变革成果交付，实现经营业务持续增长与企业发展目标的最有效形式。

二、中兴通讯项目管理发展历程及项目管理体系

中兴通讯的项目管理体系建设主要经历了以下四个阶段（见图3）。

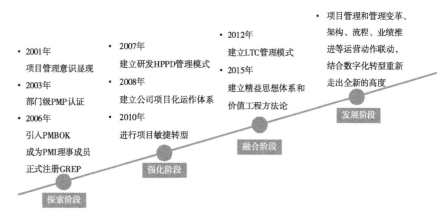

图3　中兴通讯项目管理发展历程

第一阶段：探索阶段（2001—2006 年）

自 2001 年起，在产品研发等核心业务中开始进行项目管理工具方法的实践探索，并将 PMP® 认证纳入工作要求。2006 年，在公司层面正式引入 PMBOK®，在组织层面进行推广应用。同年，中兴通讯正式成为 PMI 全球理事会成员和 GREP 项目管理注册教育机构。

第二阶段：强化阶段（2007—2011 年）

在产品研发领域逐渐形成系统的项目管理理论，以瀑布模型为主的产品研发项目管理模型融合到 PMS 系统中，强调市场驱动，建立了科学的内部里程碑项目目标，实行严格过程控制，来保障稳定的里程碑交付。

通过与咨询公司的密切合作，中兴通讯于 2008 年正式推出基于项目端到端运作的"项目化运作系统实施方案"，建立项目管理成熟度模型并实施测评，极大地推动了组织级项目管理体系建设。

第三阶段：融合阶段（2012—2016 年）

在延续项目化运作的核心理念、核心思想与"系统实施方案"的基础上，进一步引入关键业务领域要求和优化方案，相继推出"HPPD 高效产品研发管理模式"和"LTC 营销项目端到端管理模式"。

与此同时，在产品研发领域导入了现代系统工程的理念。硬件精益、软件敏捷的项目运作和管理评估模型开始发挥作用，大规模异地协同的项目管理、社区化开发、基于度量的项目运作持续改进、高质量迭代交付等新的项目运管模式有效保障了 HPPD 核心价值观的落实。

第四阶段：发展阶段（2017 年至今）

推动项目管理和管理变革、架构、流程、业绩推进等运营动作联动，不断完善组织级项目管理成熟度模型，持续测评以指导管理改进。

在此过程中，开始推进规范化、有组织的数字化转型实践，经过严谨评估和科学验证，一系列较成熟的数字化研发成果进入正式的项目实践，如软件项目的类互联网开发运维一体化的工具链（DevOps），硬件项目的基于模型的系统工程（MBSE）等。

中兴通讯项目管理实践思想主要体现在以"组织、资源、方法、工具"为核心的"4个 2 工程"。

（一）2 个组织——静态与动态

1．PMO 三级架构

中兴通讯设立了项目管理委员会及三级架构的 PMO 组织（见图 4），作为静态组织负责组织级项目管理建设的专业推进。其中项目管理委员会作为公司项目管理最高决策机构，主要负责相关政策决策及重大问题协调。PMO 三级架构分设于公司、领域和事业部层面，定位于"连接者、助推者、践行者"，横向打通与其他相关职能单位的业务协同，纵向推动项目管理政策及方法落地至一线项目团队。

图4　PMO组织架构及定位

2．项目团队

项目团队动态调整，根据项目需求和角色分工，穿透跨行政线壁垒，进行高效和扁平化的团队运作，提高组织决策效率，帮助组织目标分解落地及收益实现。

（二）2个焦点——人力与财力

1．项目人力资源管理机制

以项目为中心的人力资源动态分配，基于项目能力需求进行资源规划及培养建设，并通过合理调配与货币化结算手段使合适的人进入合适的项目，推动组织内的人力资源效率最大化。

2．项目财务管理机制

以项目经营为目的，通过"概预核决"的项目四算机制，在概算环节明确成本基线，充分披露风险，在预算环节进行授权，在核算环节进行挣值分析及成本管控，在决算环节复盘总结并更新成本基线。

（三）2个方法——抓手与推手

1．公司对项目的考核激励

在项目考核度量的基础上，评估项目收益，并实施项目奖励，发展"以做项目为荣"的文化导向。

2．项目经理对项目团队的考核激励

在人事管理权、业务管理权、财务管理权等方面赋予项目经理政策支撑，为项目经理充分授权。

（四）2个工具——流程与IT

1．适应性的项目管理流程方法

基于 PMBOK®和公司整体框架要求，不断完善项目运作层面流程制度，在营销工服

和产品研发等主要业务领域适应性地运用项目管理方法论，实现项目交付及战略落地。以业务流程为驱动，项目管理贯穿业务全流程，转化为关键动作进行端到端的落地执行。

2．PMIS 工具支撑

以项目流程为对象的项目管理信息系统，支撑五大过程组管理应用；同时在与组织环境相关的人力、财务及采购等相关业务间打通 IT 系统的联结，实现信息高效流转（见图 5）。

项目管理和公司LTC\HPPD业务流程相辅相成

图 5　业务流程驱动的项目管理方法

案例 1：营销工服领域项目管理方法实践

在营销工服业务领域，基于 PMBOK®和本领域项目特点，提炼出适用于本领域的项目管理最佳实践系列，转化为项目管理关键动作，在推广复制过程中不断迭代更新。项目管理关键动作涵盖了项目管理五大过程组和十大知识领域要求，作为项目过程管控工具进行落地，确保项目交付管理的一致性。同时，结合进度、成本、质量三大核心指标及业务实践，分别提炼出"进度管理 163""成本管理 176""质量管理 166"等方法并持续优化，以强化对一线在进度、成本和质量管理工作中的指导和支撑（见图 6）。

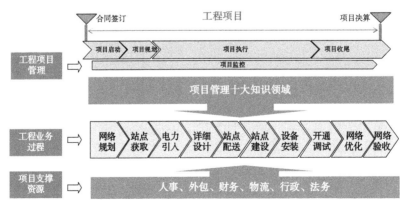

图 6　工程项目管理全景图

案例2：产品研发领域项目管理方法实践

在产品研发业务领域，本着快速研发出有竞争力产品这个核心价值观，逐步建立了高效产品开发（High Performance Product Development，HPPD）框架（见图7），并持续融合国际标准和新的开发模式进行改进。

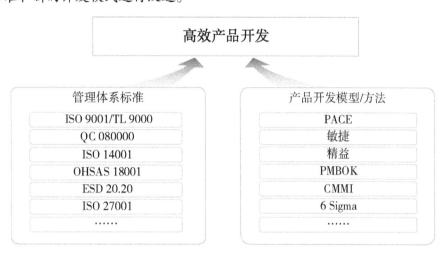

图 7 HPPD 持续融合国际标准和新开发模式

其中的关键要素主要体现在以下四个方面（见表1）。

表 1 HPPD 框架的关键要素

关 键 要 素	主 要 说 明	图 示
要素一： 充分授权的跨职能团队	·端到端地组建团队，最大限度地保证绝大部分事情在团队内即可得到快速解决 ·团队内设核心组和专业组，充分利用团队成员的跨领域知识，提高工作质量 ·团队成员代表各自部门，保证沟通渠道顺畅，"推倒"部门间的"墙"，降低协作成本 ·团队保持目标一致，为项目的成功交付负责	
要素二： 把研发作为投资进行管理，强化选择和资源调配能力	·项目开发过程中的阶段决策是由产品决策团队从投资角度审视项目目标市场的变化和项目开发状况而做出的，基于全生命周期的财务分析与管理，在过程中及时有序地调配资源，决定项目开发的下一步走向 ·同时采用结构化流程，使相互关联的工作有一个框架结构，并有一定的组织原则来支持它，确保规范性、灵活性和适应性，有助于实施分层管理，简化项目管理，平衡创新和规范的冲突	

续表

关 键 要 素	主 要 说 明	图 示
要素三： 实施异步开发与并行工程，提高效率	·并行工程将本来串行的工作并行实施，大大缩短了开发周期 ·异步开发把技术研究、平台开发和产品开发分开进行，以降低开发风险、减少浪费，并提高效率、快速复制 ·其中，平台是共同技术要素的集合，特别是一系列产品实施过程中的核心技术	
要素四： 质量内建，聚焦客户价值，打造零缺陷文化	·遵循消除浪费的精益原则，将提高质量管控内建在过程和活动中，而不仅是在过程的最后以检查的方式保证质量 ·实施的典型实践包括测试驱动设计（TDD）、协作式设计（Working Together）、结对开发、持续集成（CI）、敏捷架构等	

三、中兴通讯项目管理变革之路

在过去的近 20 年中，中兴通讯项目管理变革是组织管理变革的主要线索，非常明显地体现了职能型组织向矩阵型组织及向流程型组织的转变（见图 8）。

图 8　组织变革之路

职能型组织通常职责分工明确，决策层级多，是典型的金字塔形结构。这种类型的组织结构适用于稳定的、重复性的环境，职责边界之内效率非常高，跨职责协同困难，通常只有组织地位较高的人才能胜任。组织行为通常表现为命令与控制。

矩阵型组织通常资源利用率很高，但是双线指挥的冲突非常明显，是典型的条块纵横型结构。这种类型的组织结构适用于需要充分利用组织资源以应对环境变化的情形，通常组织需要制定大量的制度规范以改变资源唯一归属的认知惯性。组织行为通常表现为激励与平衡，激励管理人员和员工深度参与，但也需要在一定程度上平衡不同方向的管理诉求。

流程型组织通常流程角色明确，目标结果一致，决策层级简捷，是典型的贯通流线型结构。这种类型的组织结构适用于业务规模大、重复性高的环境，流程中角色的授权充分时效率非常高，通常组织需要根据最优的业务实践重新构建业务流程，定义业务流程中的角色。组织行为通常表现为授权与自主。

项目级管理变革时期：2008 年以前，中兴通讯的组织结构是典型的职能型，在这种组织结构下开展的项目活动，大多数是部门或者项目团队的自发行为，而非公司整体层面的行为。职能型组织结构下的各级管理者的管理惯性仍然非常强大，通常会为项目中的业务活动制定完整且详尽的规章制度，用以明确各部门职责边界和岗位分工，尤其是特别关注工作的过程和结果的标准化，以及是否可以度量。典型的管理观念认为，只有在标准化和可测量的基础上，才能进行有效的管理和控制。在这个阶段中，部门和项目活动中引入项目管理方法和工具，大量的项目管理模板开始使用到项目管理活动中。同时，有些重要部门开始设置项目部（相当于部门级 PMO）统一监督和控制项目的状态。这些部门和项目团队大力提倡员工学习项目管理知识，同时提供大量的培训和学习机会，比如，引入 PMP®认证和 CMMI 模型。这一阶段的项目管理活动通常表现为以命令与控制为主的"管理"行为。这种实践做法符合当时的业务需要和整体认知水平。

组织级项目管理变革时期：2008—2011 年，中兴通讯的组织结构中已经明显地出现了项目结构，此时项目管理发挥出的作用获得了内部相当程度的认可。项目管理变革的基本条件已经具备，中兴通讯引入咨询公司，开展有目的的公司级项目管理变革。变革的方面主要体现在正式确定了矩阵式组织结构，设置 PMO 三级架构，定义项目三级结构，建设项目经理职业发展通道，建立项目财务管理框架，明确项目奖励政策等。同时，项目管理信息系统同步进行了规划和建设，用来取代以模板为代表的离线工具，从全局的角度集中监控项目的进展，以提升整个公司的项目管理效率并且为项目决策提供数据支撑。这个阶段依然通过行政管理手段进行强力推进。经过长期推进和统一认识过程，虽然还存在较大阻力，但项目管理理念和价值逐渐获得认同。这种在公司层面通过建立更权威的组织政策，设立固定的行政部门推进项目管理变革符合当时的组织成熟度和员工变革准备度。这一阶段的项目管理活动通常也表现为以命令与控制为主的"管理"行为，但是已经关注项目活动中激励的重要性，开始制定用于促进项目协同的奖励政策。

组织级业务流程重构时期：2012—2017 年，中兴通讯在巩固了之前组织变革成果之后，又进行了影响更为深远、规模更大的组织业务流程重构。在这次变革中，中兴通讯两个最主要的业务流程最终形成：①面向客户交易的营销项目业务流程 LTC（Lead to Cash，从线索到回款）。②面向市场创新的研发项目业务流程 HPPD。这次流程重构为项目工作中业务活动的连续性奠定了基础。借此，中兴通讯从依赖项目经理个人能力的弱矩阵组织结构向依托流程稳定性的平衡矩阵演进，甚至在国内营销和海外营销出现了强矩阵组织结构，并最终向流程型组织转变。

为了确保项目管理变革持续深化，在推进过程中争取更多的干部和员工加入项目管理变革中来，中兴通讯改变了公司的奖励政策，强化奖金要更多地从项目过程中获取，而非年终的奖励。为了更高效的创新，释放员工的创造力，中兴通讯在稳定的管理框架之下引入敏捷的方法。这一阶段的项目管理活动通常表现为以授权与自主为形式的"激励"行为。

四、中兴通讯项目变革未来之路

（一）组织级数字化转型时期

当今世界环境的特点是易变的、不确定的、复杂的和高度模糊的，即我们处在所谓的VUCA 时代。中兴通讯认为，在多变的商业环境和跨领域竞争的现实下，数字化转型的实质是业务转型，根本的目的是提升企业竞争力。这不是选择问题，而是生存问题。

中兴通讯所在的电信行业的商业模式具有其固有的特点，尤其是处在 IT 和 CT 融合的前沿阵地，就更加需要将业务和技术紧密结合起来，更加智能地、灵活地调整战略与配置资源，最终实现效能提升、运营和生产效率的优化，才能应对威胁，抓住机会。

中兴通讯通过新一代数字技术的深入应用，旨在构建一个全感知、全联结、全场景、全智能的数字世界，进而优化再造物理世界的业务，对传统管理模式、业务模式、商业模式进行创新和重塑，实现经营效率成倍甚至成数量级的提升，最终为实现业务成功服务。

在 2017 年，中兴通讯已经明确提出 3～5 年的数字化转型战略，通过技术和业务相结合的方式，打造灵变型组织，促进整个组织扁平化，解耦强关联性的流程，实现业务按场景编排功能，实现数据信息透明化。在这个大背景下，项目管理作为企业战略落地执行的有效方法，必须在企业级战略转型过程中优化改进。数字化转型本质上是业务转型，而项目又是企业业务的真正载体。所以，项目管理必须适配数字化的趋势，成为变革转型的核心内容。

在项目管理的视角下，数字化转型通过先进的数字技术将复杂性封装起来，通过提供服务的方式同时为传统项目管理和敏捷项目管理带来便捷性。在中兴通讯项目管理变革的过程中，两大项目场景已经明确，分别是面向客户交易的营销项目场景和面向市场创新的研发项目场景。两大项目场景进一步细分成更多的具体应用场景，每种应用场景就是具体的项目。

（二）组织级敏捷转型时期

中兴通讯认为敏捷是以人为核心，在动荡的市场环境和易变的业务需求为特征的时代，增强自身适应性，快速迭代、快速响应的工作方式。但是，敏捷也并非放之四海而皆准的方法。中兴通讯在其 HPPD 框架下，根据软件和硬件的特点差异化地应用敏捷与精益进行实践。

2010 年中兴通讯首先在产品研发领域引入敏捷管理思想，以及大量敏捷的实践，如Scrum、XP、Kanban 和 DevOps 等，历经了团队级敏捷、项目级敏捷、规模化敏捷，为最终向企业核心领域的产品级敏捷迈进。在规模化敏捷涌现大量敏捷团队的情境下，组织中的运营部门就成为不可忽略的因素，中兴通讯将会借助企业数字化转型的契机进行深入变革。

总体上，项目管理根据电信行业特点，坚持传统中长周期计划驱动和短周期敏捷迭代驱动相结合的方式。产品创新以敏捷为灵魂，业务交付以瀑布为根本。

在以项目为中心的管理理念之下，推进组织结构网络化、去中心化，保持组织管理层对项目可视，下发组织权力和资源给项目，唤醒项目经理自驱力，培养项目成员自主性，以项目团队间协同的方式应对商业环境的不确定性，通过项目管理的数字化转型推动项目管理价值实现。

五、中兴通讯项目管理的作用与效果

项目管理体系的运作促进了公司内外部的价值创造，一方面，通过项目成功交付有效推动了中兴通讯战略落地及业绩增长，同时实现了客户满意度提升；另一方面，通过对项目最佳实践的沉淀形成组织过程资产进行推广复制，通过项目实战打造专业的项目管理人才队伍，建立了多层次的人才梯队和培养体系，提升了组织运作能力。2018 年实施的 W 项目便是组织收益的最佳例证。

案例 3：中兴通讯 W 项目交付

意大利 W 项目是业界在欧洲最大的全国无线网项目，也是中兴通讯在海外交付项目中的 TOP1。该项目在启动初期面临巨大的交付压力，但项目组通过精细的策划，以PMBOK®为指导，通过工程服务领域提炼项目管理关键动作 V4.0 使项目规范落地，在实践中不断反思总结，在整个项目交付过程中取得了巨大的成功。

2016 年 9 月，意大利电信运营商 Wind 和 H3G 合并，改名为 Wind Tre（简称 W|3），成为意大利第一大无线运营商。2016 年 12 月中兴通讯独家中标 W|3 全国网项目（W 项目），为客户提供双网融合方案，实现网络升级，涉及上万个物理站点。项目于 2017 年年初启动执行，在启动时就面临着项目规模大、进度严苛、方案复杂、界面多、交付基础薄弱等严峻挑战。但项目组根据 PMBOK®，通过不断探索实践，总结形成"334"项目管理创新模式，确保项目成功。"334"项目管理创新模式即三个管理、三个创新和四大保障。

（一）三个管理

1. 目标管理

建立"项目任务书—项目里程碑—执行计划—关键任务—AP"逐级分解细化的目标管理模式，将目标进行不同纬度的分解，分解后的目标责任落实到团队，对团队负责人进行任务书目标考核，对各级目标责任人实施月度绩效考评，强化结果应用及落实台账管理，按周通报进展及奖罚记账，按月核定及应用。

2. 流程管理

根据项目特点，制定业务SOP，并通过EPMS（中兴通讯工程项目管理系统）上线固化，按照公司流程规范，细化具体场景下操作规范，指导项目运作，将PMBOK®过程要求融入工程项目关键动作，从基础层面推动项目管理与业务融合。

3. 精细化管理

基于站点进行管理，按进度分解业务节点，按天监控进展；按成本分解条目和科目，预算和资金管控双管齐下；按物料按照代码管控，定期盘点资产及分析改进，确保账实相符，开展自查自纠，持续改进。

（二）三大创新

1. 管理创新

试点项目型组织变革，成立W项目部，强化项目资源定向投入及责权利管理，提高项目运行及决策效率。

2. 方案创新

站点综合方案端到端落地，实现方案贯通和物料代码贯通，确保方案最优、物料齐套，摸索并固化替换双网融合方案，网络性能大幅提升，具有广泛的指导和借鉴意义。

3. 工具创新

EPMS（中兴通讯工程项目管理系统）全面应用，打通客户、外包商及公司内部各项业务，提升项目管理效率。定制开发自动派发作业、特殊机械申请、客户系统集成、业务审批等功能。财务电子开票、外包无纸化结算等率先试点并落地，大幅提升交付效率。

（三）四大保障

1. 人力保障

高效组建团队，精心选拔交付管理团队，全球调配人员快速落地，多管齐下补充本地人力。推出员工大会、"爱在中兴"等活动，加快跨文化融合，打造"One Team, One Goal"团队文化。推出项目积分、岗位津贴、奖金包等组合拳激励方案，激发员工潜能，激活团队。

2. 财务保障

通过总部+欧洲资源池机动调拨，满足项目现金流需求，基于框架合同及落地PO进行预算备案，满足外包派工提前量及非变动适时需求，落实月度分析及滚动预测。

3. 物流保障

物料管理从国家库延伸到区域库、外包商库，落实端到端管理，保障物料一次齐套性。召开中兴通讯第一个基于项目需求的全球供应商大会，为项目供货提供了重要保障。快速引入本地供应商，应对欧盟物料标准切换，缩短关键物料的供货周期。

4. 外包保障

多渠道收集本地和周边潜在合作资源，中兴通讯+客户双重认证，确保外包商资质。强化周例会，设立 Partner Room，定期举办外包商大会，培育长期合作伙伴。

W 项目的交付获得内外部的高度认可。2018 年，该项目获得中兴通讯内部最高荣誉——"总裁荣誉奖"。客户 CEO 高度赞许中兴通讯的专业能力，充分肯定了双方的战略合作价值；客户 CTO 在接受媒体访问时，称赞"中兴通讯在技术上非常优秀，而且在中国的网络建设中积累了很多非常有价值的经验，对于我们来说是最好的设备提供商"。

中兴通讯的创新技术和产品，以及强大的交付能力，实现了客户网络升级换代，快速提升网络性能，帮助客户降低了运营成本，带来高收益，从而提高了市场竞争力，实现通信行业绿色健康发展。同时，优秀的网络性能给用户带来更好体验，也加剧了运营商之间的竞争，从而导致资费下降，惠及广大用户。

W 项目的成功交付也为中兴通讯建立了多层次人才梯队及完善的培养体系，其中培养了多名公司级项目经理及技术总监，以及外包、物流、设计、文档、质量等业务骨干百余人，本地员工中逾百人在项目中获得项目管理能力提升和岗位晋升。2018 年 3 月，W 项目本地项目经理代表中兴通讯参加法国 PMI Global Executive Council Meeting，并进行项目管理经验分享。此外，项目输出了大量的组织过程资产，为其他项目的交付提供了丰富的最佳实践。

六、中兴通讯项目管理经验与启示

（一）战略导向，文化先行

作为战略执行的框架，中兴通讯的组织级项目管理从诞生伊始便决定了以战略为出发点的导向定位，通过各个层面的项目管理实践，自始至终地、可预测地交付组织战略，以产生更好的绩效、更好的结果和持续的竞争优势。

在组织内部，中兴通讯一直以来倡导"以项目为核心"的项目管理文化，鼓励员工以"做项目为荣"，职能部门"一切为项目服务"，通过文化建设推动各岗位层级及各业务领域之间项目管理思维模式和行动方式的协调一致，形成组织的竞争优势。

（二）高层支持，流程保障

组织级项目管理体系的建设与发展涉及公司内部众多部门的管理变革及资源投向，因此需要公司整体层面的资源支持与统筹规划。中兴通讯设立了公司级的项目管理委员会，高级管理层亲自参与组织级项目管理建设的相关决策，提高决策效率，确保资源支撑。同时，对于涉及各业务领域的项目管理建设，固化于各项业务流程，并通过 IT 系统进行落地保障，确保变革成果交付及价值实现。

（三）敏捷创变，持续改进

随着企业内外部环境的变化，中兴通讯的项目管理体系建设同样具有自适应发展的内生需求，上承公司战略，下接运营收益，通过对组织最佳实践和经验教训的不断吸收转化，适配业务发展需求进行项目管理体系的持续优化改进。

项目管理实践：金风科技篇①

一、企业概况及项目管理环境概述

（一）企业概况

1982 年，新疆水利水电科学研究所成立电气室，开始专职从事水电自动化、小型风力发电机、牧区太阳能抽水等应用研究和技术推广。1986 年，新疆水利水电研究所（水电）经批准正式成立，在所长王文启带领下，开始进行风力发电探索，在乌鲁木齐东南郊柴窝铺湖附近建立了风资源气象观测站，研究风力发电的基础风资源数据。这是新疆风电事业和金风科技发展的正式起步。

1988 年，以新疆水利水电研究所（水电）为基础成立了新疆风能公司。它凝聚并培养了金风科技的创业团队，至今仍然是金风科技的主要股东之一。1996 年，新疆风能公司发起、员工与投资者入股成立了新疆新风科工贸有限责任公司，这是金风科技的组织前身，也是实现机制创新、管理创新与技术创新的关键举措。2001 年，新疆金风科技股份有限公司正式成立。

2007 年年底，金风科技成功实现在深交所挂牌上市，募集资金约 18 亿元，为后续解决直驱永磁的自主知识产权及实现量产提供了重要资金支持，是金风科技的一次重要命运转折。

2010 年 10 月，金风科技 H 股在香港联合交易所成功上市，募集资金约 80 亿港元，为公司的未来发展奠定了坚实的资本基础，代表着公司的又一次命运大转折。

继 2011 年之后，2012 年金风科技凭借技术创新开发出适用于不同区域环境的个性化风力发电机组，蝉联美国麻省理工学院《技术评论》（*Technology Review*）杂志评选出的"2012 全球创新力企业 50 强"。12 月，公司获得《知识产权资产管理》杂志授予的"中国知识产权倡导者"（China IP Champions）称号。2016 年 8 月，国际信用评级机构标普全球评级、穆迪全球评级分别授予金风科技投资级别主体信用评级，充分认可金风科技良好的资信能力和偿债水平，为今后公司在国际资本市场的融资活动奠定了良好基础。2017 年 10 月，金风科技在 2017 北京国际风能大会暨展览会（CWP2017）上，发布陆上全系智能风机——GW2.X、GW2.5、GW3S 三个平台的多款新机型，同时发布新一代海上大兆瓦产品——GW6.X 平台及整体解决方案。

金风科技成立至今实现全球风电装机容量超过 50GW，31 000 台风电机组（直驱机组

---

① 本篇资料由北京金风科创风电设备有限公司提供。

超过 27 000 台）在全球 6 大洲、近 24 个国家稳定运行，公司具备深度开发国际市场的能力。2018 年在风电行业排名中国第一位，全球第二位。

金风科技的成长历程如图 1 所示。

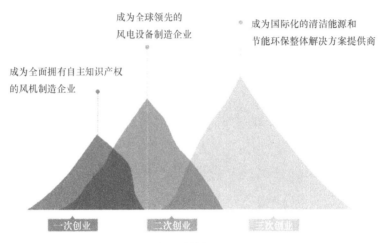

图 1　金风科技的成长历程

公司目前在全球范围内拥有 7 大研发中心，与 7 所全球院校合作，拥有强大的自主研发能力，承担国家重点科研项目近 30 项，掌握专利技术超过 3 900 项，获得超过 33 种机型的设计与形式认证。

金风科技致力于推动全球能源转型，发展人人可负担、可靠、可持续的未来能源，凭借科技创新与智能化、产业投资及金融服务、国际开拓三大能力平台为人类奉献碧水蓝天，给未来留下更多资源。

（二）项目管理环境和挑战

1. 企业项目管理环境复杂

金风科技所在的风电行业业务链条长，业务模式复杂，不仅是在装备制造业，而是涉及风电产业链上下游全链条业务，覆盖以风电为主的清洁能源开发、风电场建设 EPC、风电场运营、风电后服务、资本运作等，并不断与电网企业探讨整装开发集中送出、风光互补、风水互补、风热储互补等电源互补开发方式，将业务逐渐拓展至光伏发电、智能微网、风电制氢、混凝土塔架等创新业务；不仅向国际市场输送金风科技生产的风电机组，同时针对国际市场开展风电项目开发、风电场建设、长期运行维护服务及其他清洁能源创新业务，具备强大的国际项目和国际资本营运能力。

围绕能源用户需求，进一步提供智能微网与分布式能源、电力交易、综合能效管理和数字化云平台等系统解决方案，助力客户降低综合用能成本、提高清洁能源占比，重塑能源价值，共创绿色未来。此外，还涉及资产管理、水务和环保等多个业务领域。

承接复杂的能源相关业务，金风科技在技术及管理领域涉及的领域也非常广。技术领域包括技术研发、技术咨询、产品设计、工程设计、建筑材料、机械设备、金融服务等多个专业领域，同时涉及能源物联网、软件、智慧和数字化服务等其他技术领域。在管理上也需要各种不同专业管理方法和实践的落地和应用，助力公司多业务的快速发展。

与此同时，金风科技的风电主营业务发展快速，也处于企业转型期，公司为了适应环境和产业的变化及探索更好的发展方向和模式，对业务模式、组织架构及人员安排频繁做出调整。

项目管理建设面临着复杂的业务、专业领域及频繁的内外部变化，需要在短时间内实现价值，被企业认可，并帮助公司顺利转型。

2. 项目管理建设面临的挑战

和中国大多数企业一样，早期的金风科技管理层和广大员工对项目管理的作用和价值的认识和认同比较差，企业还是以技术创新和业务发展为核心，对各种专业管理方法和机制的价值并不重视，尤其是中高层。这对推动项目管理文化和体系建设非常不利。

那个时候，公司内的项目管理机制并不健全，缺少有效的、可落地的项目管理制度，也缺少对项目的定义，分类分级和项目的评价机制。在开展项目的过程中，项目经理与成员角色职责定义不清、无共识，成员调配难，且工作积极性差；项目目标定义不清，交付物亦不明确，项目收益描述笼统而且无法测量；项目过程中关键信息的监控、汇报机制不完善，项目风险和问题管理机制缺失，不同类型项目缺失合适的项目管理工具和模板。在信息层面，上下层级和跨部门沟通机制不完善，项目经理缺少适合自己管理项目的软件，在工作中需要填写不同报告、表格，大量重复性工作。

在项目管理人员方面，大家不清楚谁适合做项目经理，项目经理职业发展路径缺失，无合适的项目经理考核、激励手段；对如何培训、培养项目经理不清楚，专业的项目经理和PMO管理人员非常少，仅有的一些从事项目管理工作的部门和人员并不受重视，很难证明自己的价值，在组织内开展项目管理机制建设工作非常艰难。

在这种情况下，从事项目管理专业的人很难在企业中有晋升通道，企业内部的人才不愿从事与项目管理相关的工作，企业外部高级项目管理人才也没办法在企业内长期生存和发展。如何打破这样的负向循环，把项目管理体系建设从这种怪圈中脱离出来，形成从0到1的突破，是困难和充满挑战的艰巨任务。

二、组织级项目管理体系建设历程

金风科技研发中心的组织级项目管理体系建设实践，正是在这种背景下，克服种种困难和各种挑战，走出了一条独特的适合金风科技发展的道路。以下是整个过程的回顾。

（一）项目管理体系基础建设阶段（2015—2017年）

在金风科技的项目管理体系建设是从诊断和差距分析开始的。诊断的时候使用的是我们自己基于 PMI 的知识体系结合企业实际特点后总结和梳理出的组织级项目管理分析框架（见图2）。在近期新发布的 PMI 组织级项目管理标准中，也非常欣喜地发现，我们自己总结的组织级项目管理框架与 PMI 的组织级项目管理标准几乎完全吻合。

图 2　金风科技 PMO 基于 PMI 知识体系结合企业特点后设计的组织级项目管理框架

我们在这样的一个框架中，把组织内与项目管理相关的工作分成了四类。

第一部分的工作是组织治理层面的工作，偏向于顶层设计和系统化的框架。我们可以基于一个系统化的组织级项目管理框架来判断一下金风科技当时的企业组织结构与未来我们所期望的矩阵型组织结构或者项目型组织结构之间的差距到底有多大，并且根据我们公司自己的战略及领导们的期望来设计切合我们自身特色的组织级项目管理建设方案，并去游说各个部门的领导支持我们的想法，组织各个部门的骨干和我们共同推动各个不同部分的组织级项目管理机制的落地。

第二部分的工作是项目层面的工作，组织有组织的管理成熟度，项目有项目的管理成熟度。企业内有很多种不同的项目，这些分布在不同业务条线、不同部门的不同类型的项目都被按照各不相同的方式进行管理，有的管得好，有的管得不好。为了能够提升每个不同类别的项目管理方式的规范性和受控性，提升项目的绩效及项目管理的成熟度，我们需要评估各个不同类别的项目的管理成熟度，并且分别制订项目管理提升的方案并带领大家共同优化项目管理流程和推动优化后的项目管理流程落地。在这个优化各个不同类别的项目管理流程和机制的过程中，我们要扮演教练和辅导员的角色，把优化项目管理的工作变成一个个不同的课题，分派给各个不同条线的 PMO 负责人、PMO 专员、项目经理甚至部门领导，然后组织和辅导他们来共同优化项目管理的流程和方法，而不能简单粗暴地自己从外边找来一些流程和模板强迫大家使用。

第三部分的工作是推动组织级项目管理的信息化和数字化的工作。高效的项目管理离不开项目团队内外部的信息透明和协同，因此要建立更要借助信息化和数字化的工具，帮助我们实现项目中的信息收集、提炼、传递和展示。在这个过程中，项目配置管理和知识管理的优化工作也要配套地开展。

第四部分的工作是关于项目管理从业人员能力提升的工作，如果我们希望组织级项目管理的机制在企业中能够落地和流畅运行，那么必须培养足够多的项目管理专业人员。因此，定义研发体系不同部门的项目经理能力模型和建立集团统一的项目管理从业人员的职业发展通道及与之配套的评价、考核和激励机制是势在必行的。

依据对金风科技集团研发中心在项目管理机制上的差距分析，结合我们自己设计的组织级项目管理框架，与金风科技的相关领导们共同制定了组织级项目管理体系建设三年规划（见图 3）。

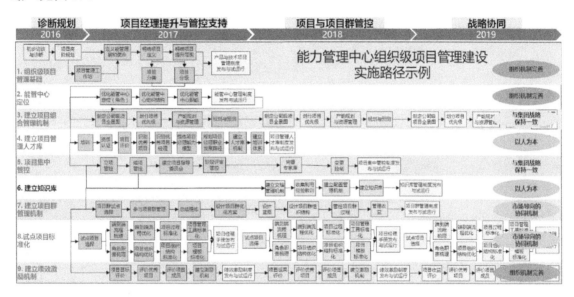

图 3　金风科技组织级项目管理体系建设三年规划

在当前这个阶段，绝大多数中国企业的 PMO 比较像一个转型变革的部门，需要用变革的视角推动项目管理文化的形成。在当前的环境下能够让 PMO 这个部门在企业内得到大家的认同，能够让大家看到价值，是一个比较有难度的事情。所以我们在企业内要首先坚信自己的价值。我们在金风科技采用的一个最常见方式就是在企业内给自己的部门制定愿景，明确 PMO 的使命，存在的价值。然后确定当时的主要工作是什么，工作的理念是什么。我们把 PMO 的愿景定为将来要成为项目管理生态环境里的缔造者。PMO 的使命是用专业的方法建设当初在企业内缺少项目管理的专业能力，不再出现很多的业务因为项目管理不好而不能顺利进行，很多的创新工作因为项目管理不好而没办法开展下去，很多的战略由于没有充分的项目组织保障而不能落地（见图 4）。

接下来，我们根据 PMO 的愿景和使命确定了 PMO 的工作理念。

在推进项目管理工作的时候要求本着简化的工作理念，更多的是做减法，通过我们的制度、流程和推动协同来打破部门"墙"。

项目管理也需要打造基于科学的方式做决策。规避拍脑袋做决策所带来的风险，推动决策由定性走向定量。当没有切实可用的数据源或是合格质量的数据的时候，即使企业有再好的信息系统或数字化系统，也很难发挥出作用，因此，为了确保项目决策的科学性、效率和效果，项目管理办公室也需要在企业中推动项目管理和项目相关工作的规范化、标准化、信息化和数字化。

图 4　金风科技 PMO 的愿景和使命

在定义了 PMO 的工作理念之后，我们做了一个调整，把原来在 PMO 部门中从事相同工作的 PMO 成员们分成了七个团队，即项目组合管理团队、整机项目管理团队、PMO BP 团队、项目群管理团队、数字化项目管理团队及支持研发中心的运营和流程管理团队。我们创新地构建了一个叫作 PMO BP 的团队，就是 PMO 部门派驻到其他板块或部门的 Business Partner 即业务伙伴部门。之所以构建这个 PMO BP 团队的原因之一，是以前从事其他部门项目管理工作的团队成员一直都被叫作 PMO 助理或者项目助理，感觉比较像行政角色，专业性差，地位比较低，因此，大家都不愿意干。由此导致了这个岗位的人员流失率高，而且招募新人不容易。为了提升这个岗位工作的专业性和地位，我们决定把岗位名称改为听起来更专业的 PMO BP，这样不仅会改变其他部门同事对这个岗位的认知，也会改变自己人对这个岗位的认知，可以看到自己和岗位要求之间的差距，看到岗位的发展前景，这样才能激励大家去学习和成长，愿意干好这份工作，好让自己能够配得上这个岗位名称。

调整了 PMO 部门的组架结构之后（见图 5），我们接下来的工作是打造项目管理文化。最直接的建立文化的方式是大量的培训，通过大量的培训来改变员工，从而改变组织。只要有广泛的员工认同项目管理的文化，认同项目管理的方法，组织的转变一定是可以实现的。没有足够多的培训大家的观念是不会转变的，大家的观念不转变，组织的任何一个变革乃至项目管理机制建设都会遇到重重的质疑和阻力，以至于无法推动下去。在推动企业项目管理文化的时候，我们有一个非常深刻的体会，就是企业的 PMP® 持证人员永远是我们推动项目管理机制建设和推动项目管理文化最坚定的支持者和先锋，企业内的 PMP® 持证人员越多，推动项目管理机制建设越容易，因此，把企业内的每个 PMP® 找出来，把他们组织起来参与项目管理体系建设是非常必要的。另外，我们还要不断地组织和鼓励更多的人考取 PMP® 证书，来扩大项目管理文化的支持者的数量。

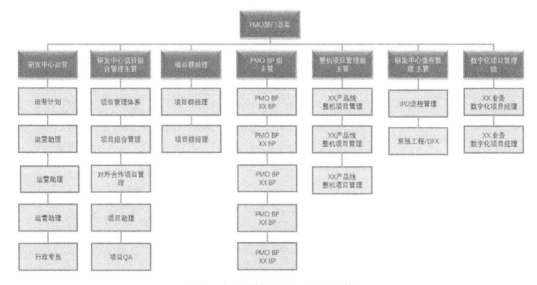

图 5　金风科技 PMO 的部门架构

（二）项目管理专业机制的构建阶段（2017—2018 年）

在这个阶段，组织内需要构建一个可以更深入和广泛地推行项目管理机制的网络，组织层级越多，推动转型的工作越困难。企业的这种转变不能仅仅靠高层的呼吁，企业真正完成转变是因为有一部分人真正改变了企业一线的广大员工。金风科技 PMO 在推行项目管理的过程中，时刻提醒自己要确保能够接地气，能够花足够多的时间、精力去覆盖企业一线人员，让他们在实际工作中把项目管理用起来，这时候企业的状态才会发生变化。所以我们当时做的很重要的一件事是把项目管理推行到组织的各个层面，特别是一线员工，不断地发展总部 PMO 的下级组织，在不同的中心建立中心级 PMO，中心级 PMO 的下面建立部门级 PMO，在大型的战略项目和项目群中建立项目和项目群 PMO（见图 6）。通过这些努力形成了一个多 PMO 的组织网络，成功构建了生态型、分布型的 PMO 组织架构，不断促进各个 PMO 之间协同、联动，保证大家统一思想、相互支持、相互监督，逐步促进企业组织的转变。

在 PMO 管理体系构建的过程中，另一项很重要的工作是处理好项目管理和战略管理、运营管理及流程管理之间的协同关系。在很多的企业里，负责项目管理的部门与负责战略管理的部门、负责运营管理的部门、负责流程管理的部门往往不同属于一个部门，它们之间会形成一种竞争关系，这样不利于组织的发展。对于项目管理来说，首先要搞清楚项目和战略的关系，项目管理是战略落地的工具，如果没有清晰的战略到项目的分解，没有好的项目组合管理，没有形成项目管理的组织保障，战略是不可能完全落地的（见图7）。

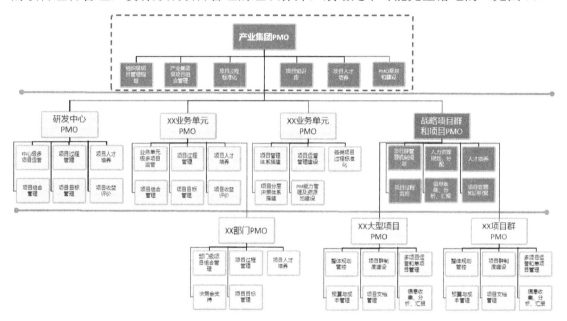

图 6　构建金风科技分布式的多层级 PMO 管理体系

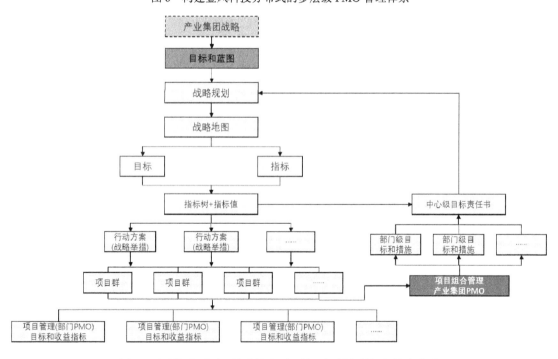

图 7　通过战略到项目关联的多项目管理机制支撑组织战略落地

在实践中，金风科技 PMO 通过"平衡积分卡"或者"战略地图"等工具，实现战略目标和指标与项目目标和指标的关联，明确项目和战略的关联关系。创新和变革的工作我们以项目来管理，在项目的过程中不断地加强对事情本身的理解，理解深了之后逐渐总结并形成流程，从而实现熟悉的事情按流程管理。

除流程外我们也需要考虑运营，组织的运营更多的是解决资源整合的问题，项目管理其实也是资源整合，两个都是负责资源整合的部门应该形成合力，常态化的工作由运营来负责，非常态化的工作由项目管理及多项目的运营管理机制进行管理，它们之间要形成良好的协同关系。运营过程中的创新和变革类的工作要交给项目，当项目走向成熟就要转交给运营。它们之间的良好配合可以帮助更好地去解决企业内需要改变和需要保持不变的这些不同种类工作之间的迭代和协同。

在不断扩大组织内部项目管理机制覆盖范围时，一个很重要的工作是需要建立多项目管理受控机制。在组织中，项目的进行需要不同相关方站在各自的角度做出正确的决策，然后在他们之间再进行平衡，进而达成对项目的控制的。金风科技 PMO 是通过建立项目的分阶段和分层的评审机制来实现这种受控机制的。项目管理的决策分层，首先从项目本身的角度解决它的成本、范围、质量的平衡，这更多的是基于目标的管理。项目评审之上是质量评审，目的是确保项目的交付物能够得到内部的认同，能够得到客户的认同，得到行业的认同。质量评审一定要有质量专家在不受任何干扰的情况下进行。再向上才有可能进行业务评审，由业务部门结合项目的状况和外部的商业环境做出决策。

项目的阶段评审到位，真正能够去帮助企业验证项目的价值是很不容易的，因为它需要基于数据，需要基于各种科学的假设和预测。所以我们不断地在项目的不同阶段建立评审点，完善评审依据，选出合适的评审人，以合适的方式组织评审，逐步完善评审机制（见图 8）。

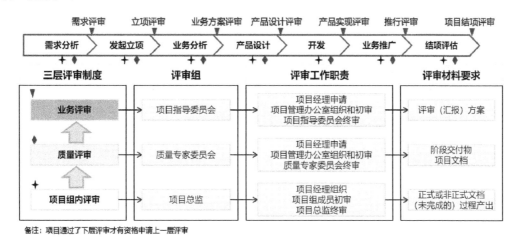

图 8　通过分阶段的项目评审控制项目的节奏

我们认为项目管理和职能管理最大的区别在于，它推崇的是集体决策，而且这种集体决策不仅仅是在一个组织内领导班子的集体决策，而是分层的集体决策，把原来领导班子需要做的集体决策下沉，下沉到中层跨职能部门的集体决策，甚至下沉到一线跨职能部门的集体决策，这时整个组织的决策能力和执行能力及灵活应对能力其实都会大幅度提升。

建立这种跨职能的、分层的、下沉的和基于不同维度的集体决策一直以来都是组织级项目管理体系建设中非常重要的一个方面。

金风科技PMO在实践中也不断加强和调整项目的定位及和业务之间的关系（见图9）。项目管理最终的目的是促进业务，但在当时的场景，项目管理范围内的业务和产品是一个相对混沌的过程，是缺少专业性的。在当时的项目中，大家分不清里面什么是产品的工作，什么是业务的工作，什么是管理的工作。我们帮助大家在业务中去梳理这些工作并建立它们各自的专业性，把项目管理和业务管理划分开，强化项目管理的专业性，然后在发展到一定阶段之后让项目管理重新融入业务中去。

图9　将项目管理方法与实际的产品研发流程相融合

一直以来，在大多数的企业包括在我们的企业中，大家认为项目中所有的工作都叫项目管理工作，出现了问题就都是项目经理的责任。为了解决这个问题，我们首先澄清了项目中的工作不完全是项目管理的工作，项目中的工作至少分三类：第一类工作是实现产品的业务工作，第二类工作是对业务工作进行管控和支撑的职能化专业工作，之后进行的资源整合才是项目管理工作。这意味着一个项目经理不可能只有项目管理的能力，作为资源整合者必须懂得他所整合的资源，要懂业务，要懂技术，要懂人际关系，要熟悉各个职能的管理关注点。这样才能在它们之间做整合和平衡。

我们推动项目经理首先锻炼项目管理的专业性和技能，然后再增加业务的能力，最终成为整合项目和业务的优秀项目管理者。他们不仅仅能够做项目管理的决策，更重要的是他们还能做未来的业务决策，能够去从组织如何创造价值的角度开展项目管理的工作。这需要很强的预测和推演能力，需要很强的商业敏感性。

在这个阶段，我们积极地采用各种办法来努力获得同事和领导的理解和认可。项目管理从来都不是一门速成的学问，更不是一种速成的技术，只有花足够长的时间才能够真正地培养出一批优秀的，融会贯通各个业务领域，能够体现专业性并为组织创造价值的项目经理。

（三）完善构建体系阶段（2018—2019 年）

这个阶段我们需要解决如何在企业内形成统一的项目管理的方法和实践。金风科技内有多个不同的项目管理部门，每个业务条线或每个分公司都有自己的 PMO。很多时候，各个 PMO 的做法不一样，会产生冲突。所以需要 PMO 建立协同关系，产生共同的语言，统一的思想，统一的方法。这个过程就是统一企业中对项目工作的认识，形成企业标准的过程。企业协同的 PMO 应该是分层和分布式的，虽然各自服务的条线、部门，甚至公司不一样，但是大家的思想、工作方式和信息的交流传递必须是高度协同和一致的。这个过程需要依靠项目管理体系的建设，需要有人站出来去尝试统一别人的制度、流程，最后形成一个相同的体系（见图 10）。

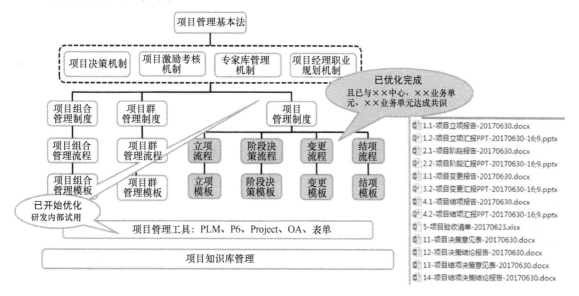

图 10　形成统一项目管理标准化制度和流程

金风科技 PMO 在项目管理建设过程中，一直在把公司内其他项目管理部门的负责人组织在一起，辅导他们，分享最佳实践，不断推动不同的条线和不同的部门自己制定制度和执行，但支撑的思想来源于同一源头，把大家的行为和做法进行统一，从而逐步统一整个企业的项目管理方法、思想和标准。

组织级项目管理是企业级的，任何一个企业和组织都需要依据标准开展业务。依据标准建立受控体系，在任何一个企业内都是必需的，所以项目在企业的项目管理发展离不开标准化体系的建设。金风科技在项目管理体系建设过程中，不断以 ISO 发布的项目管理标准作为对标参考，作为推动体系建设的依据（见图 11）。同时也参与到项目管理标准制定的工作中，把企业最佳实践做体系化总结，从而形成标准，为项目管理的推广做出自己的贡献。

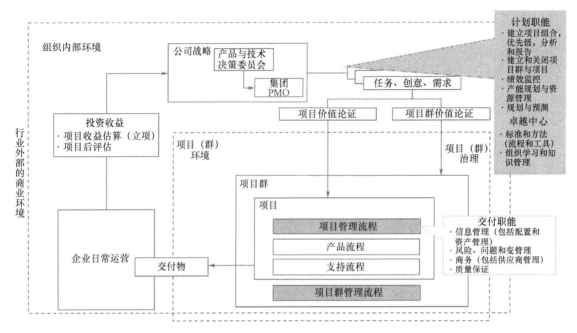

图 11 基于 ISO21500（国家标准 GB/T 37507—2019《项目管理指南》）的项目管理体系框架全景

三、金风科技组织级项目管理建设最佳实践总结

现在国内可以看到各种流派的项目管理方法和西方成熟企业的企业级项目管理最佳实践，很科学，很令人向往，然而不一定适合自己企业的现状。但当我们实实在在地回到自己企业的时候，一定要想到我们的管理基础与西方发达国家的差距，中国文化与西方文化的不同，我们的人员能力还需大幅提升。如何把西方的舶来品真正地降维到我们能接受的程度，克服重重挑战在企业中真正应用起来，其实一直以来都是非常费心和费力的过程。经过这几年金风科技在项目管理体系建设方面从 0 到 1 的实践，可以总结出如下的组织级项目管理体系建设的十个步骤。

现状诊断：基于成熟的组织级项目管理框架进行差距分析。

定位愿景：基于企业的现状和蓝图，定位 PMO 的愿景和使命。

构建团队：设计可落地的 PMO 职能和职责。

转变观念：通过海量的项目管理培训获得领导和员工对项目管理的认同。

铺开网络：构建分布式的多层级 PMO 管理体系。

支撑战略：通过多项目管理机制支撑组织战略落地。

建立控制：通过分阶段的项目评审控制项目的节奏。

业务导向：将项目管理与实际业务相融合。

统一标准：在企业内部形成统一项目管理标准化制度和流程。

形成体系：基于项目管理标准构建系统化的项目管理体系。

我们相信，不仅仅是在金风科技，这十个步骤在国内应该具有普适性，以这十个步骤来指导其他中国企业在组织级项目管理机制建设方面的工作，应该也会很适合。

四、金风科技组织级项目管理建设的下一步发展方向

基于前三年的项目管理建设，管理层对项目管理越来越重视，越来越多的项目经理考取了 PMP®证书和其他项目管理证书，集团研发中心 PMO 和金风大学管理学院 PMP®普及率达到 100%，并且还在不断学习和考取更高等级的项目管理资质。热衷学习和实践项目管理依然在全集团范围内形成一种趋势，越来越多的项目经理和管理干部都主动要求参加项目管理培训，集团总裁和高管们也在各种公众场合提倡全体员工对项目管理的学习和项目管理能力的提升。

原有的组织级项目管理体系建设主要在集团研发中心和技术体系内开展，从 2019 年开始，在金风科技集团董事长和总裁的大力支持下，金风科技高管团队决定在全集团范围内大力推行项目管理方法，要求所有的管理干部都要学习专业的项目管理方法，深度推行项目制。借助金风科技本部的集团运营和企业大学管理学院的力量，在中国国际人才交流基金会、PMI、全国项目管理标准化技术委员会、知名大学院校及一些项目管理专业培训机构的协助下，金风科技的组织级项目管理建设团队，正在通过企业内部项目管理培训、咨询、辅导的方式，把金风科技自身的项目管理体系建设的最佳实践在全集团范围内进行推广。

项目管理实践：网易杭研院篇①

一、企业及项目管理概况

（一）企业简介

网易公司是中国的互联网公司，利用互联网技术，加强人与人之间信息的交流和共享，实现"网聚人的力量"。网易公司创始人兼 CEO 是丁磊。在开发互联网应用、服务及其他技术方面，网易公司除了推出包括中文全文检索、全中文大容量免费邮件系统、无限容量免费网络相册、免费电子贺卡站、网上虚拟社区、网上拍卖平台、24 小时客户服务中心在内的业内领先产品或服务，还通过自主研发推出了国产网络游戏。网易公司推出了门户网站、在线游戏、电子邮箱、在线教育、电子商务、在线音乐、网易 bobo 等多种服务。网易公司在广州天河智慧城的总部项目计划 2019 年 1 月建成，网易游戏总部将入驻。2016年，游戏业务营业收入在网易总营收中占比 73.3%。2011 年，网易杭州研发中心启用。网易传媒等业务在北京。网易公司在杭州上线了网易考拉海购、网易云音乐等项目。

网易杭州研究院（简称杭研院）是依托网易大平台成立的全国研发中心，旨在吸引海内外的优秀研发人才。杭研院成立于 2006 年，位于有"天堂硅谷"之称的杭州市高新滨江区，杭研院下辖 20 余个二级部门，现有员工 2 000 余人，50%以上人员拥有博士、硕士学历。杭研院致力于为整个网易集团提供先进的技术解决方案，优异的技术支撑平台和基础技术支持，在大数据处理、云计算、移动互联网、多媒体、游戏开发和前端开发等方面开展各种前沿技术探索及关键核心技术攻关，是网易技术的孵化器、人才的培养基地和市场的发动机。

（二）企业项目管理情况

1. 项目管理办公室的使命、业务范围和核心定位

网易杭研院 PMO 的使命：建设项目管理专业能力，提升组织研发效率及业务效能，保障战略与业务目标落地。业务范围：保障战略落地，加速业务创新。核心定位：①战略落地：组建专业团队，面向互联网产品和交付项目，提供全方位精细化项目管理，建立关键战役专家会诊机制，保障关键战役落地；②效能提升：面向音乐、严选、考拉和传媒等部门，建立效能指标体系，提供企业研发效能平台、效能官和工程效能教练，实现整体降本增效；③专业赋能：对内建设项目管理专业体系训练营，提供 360 度陪伴式赋能体系，

---

① 本篇资料由网易（杭州）网络有限公司提供。

从学习流程方法工具到案例实践,阶段性培训加全程教练辅导;通过项目管理微专业课程、书籍和公众号,建立互联网项目管理业界品牌认知。

2. 项目管理系统：JIRA 系统

互联网产品的项目管理,比传统软件研发项目管理涉及的环节要有所延伸和拓展,原本需求和研发之间的反馈闭环,需要拓展到市场运营的阶段,从而形成更快的反馈闭环,来调整产品的价值取向,于是在这个反馈闭环中,项目管理的范围和责任就会相应扩大,而网易公司遵循的基本原则,就会如图 1 所示,互联网项目管理覆盖产品、研发、运营三大环节,核心目标是在产品闭环周期内,提升各个环节的效能（效率、质量）,以提高产品成功的概率。

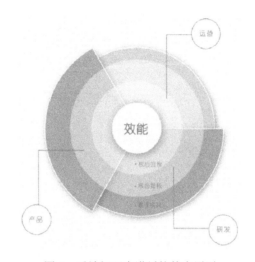

图 1 反馈闭环中遵循的基本原则

网易杭研院研究采用的项目管理工具是 JIRA。JIRA 是一个具有很强大的配置化能力的项目管理工具,支持各种类型的项目管理,所以为了用好 JIRA,必须对它进行一系列的设计、定义和配置,使得工具的使用可以适应当下的流程规范和使用场景。

首先,定义项目管理范畴内的所有问题类型。①Epic：产品的里程碑目标；业务合同的商业化项目。②Feature：能形成功能闭环的产品功能,相对会比较大,策划和交互都会基于 Feature 来进行。③Story：可以被验证交付的最小功能单元。④Task：可以执行的任务,如策划、交互、开发、测试等。⑤Bug：测试出的缺陷,不仅包含内部和线上的产品功能缺陷,还包括策划案、交互等有实际输出的交付物的缺陷。⑥Advise：用户对产品的改进反馈。⑦Ticket：线上问题工单。⑧Incident：线上事故。

各个问题类型的关系,如图 2 所示,特别是 Epic、Feature、Story 和 Task 是基于用户故事地图的理念进行设计的,通过这个工具方式主要能够达成以下目的：

1）能够追溯从目标到功能到任务的完整价值链。

2）能帮助管理者对目标进行层层分解直到可执行的任务。

3）每一个问题的负责人必须负责起该任务的完整生命周期直到最后关闭,形成从目标到任务责任的层层覆盖，形成完整无死角的责任链。

4）每一种问题都有其背后流程，以帮助团队通过接到不同类型的问题，就可以进行相应的流程进行处理。

5）统一了所有工作管理的平台，打通了全流程的管理工作和问题类信息，不仅可以帮助提高协作效率，还可以帮助做更多的全局性决策。

图2 项目管理范畴内所有问题类型的关系

3．近年企业项目管理相关的获奖情况

1）2018年浙江省软件行业十佳项目/项目经理奖。

2）2018年金云奖——最佳就业支持奖。

3）2018年度网易云音乐"最佳支持奖"。

二、互联网产品的项目管理实践及成效

（一）项目概况

1．产品介绍

网易云是基于网易多年来服务内部产品的基础平台技术积累而孵化出来的云计算产品，它深度整合了 IaaS、PaaS 及容器技术，提供弹性计算、DevOps 工具链及微服务基础设施等服务，帮助企业解决 IT、架构及运维等问题，使企业更聚焦于业务，是新一代的云计算平台（见图3）。

图3 新一代云计算平台

2．组织结构

网易云产品是一个比较大的产品，组织结构复杂，具体结构如图4所示。

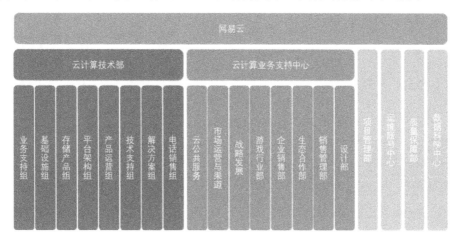

图4　网易云产品组织结构

在实际工作过程中，团队的结构会复杂得多，有多种形式的团队进行组合，来完成平时产品的功能迭代，如图5所示。

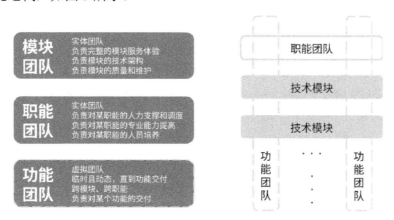

图5　团队结构

3．角色分工

（1）角色分工（见图6）。

图6　角色分工

（2）角色合作流程（见图7）。

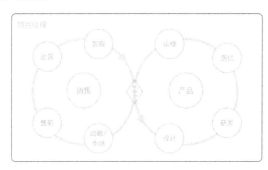

图7　角色合作流程

4．项目特点

①由众多模块组成的复杂云计算平台类互联网产品；②多层次，多服务的复杂微服务技术架构；③500人左右规模，扁平化、多维度的团队组织形式的复杂组织架构；④角色众多，与传统软件研发项目相比，要往上游市场运营和下游运维拓展，管理完整的产品闭环。

（二）目标管理

1．目标项目制

在网易云，采用项目制来进行目标管理（见图8）。目标分别来自产品的里程碑计划和外部商业化业务合同。一旦目标确立，立即明确指派目标负责人，按照项目交付流程和规范，负责目标的管理和实施直至完成交付。经管理层确认的核心目标和商业化项目，由项目经理统筹负责，其他目标指派负责人跟进实施。

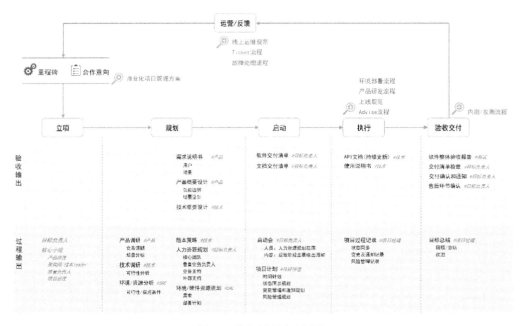

图8　项目目标制示意图

2．里程碑计划

每半年，网易云项目整体制订里程碑计划。里程碑的内容，包含但不限于产品功能/性能优化、重要客户服务指标、内部效率提升目标等。由核心管理团队首先给出下个里程碑的整体核心目标及优先级，继而各服务模块细化各自产品目标，汇总复核，形成网易云项目里程碑计划，每条目标均细化目标负责人、交付标准和完成期限，并重点明确若干核心目标的重要性、优先级和预期成本投入，宣贯到项目团队全体。在里程碑计划执行中，每季度进行阶段性检查和复议，根据业务需求变化，进行增补或裁剪。

3．里程碑同步

在里程碑计划执行中，各项目目标的进度同步，分为两种方式，以全面、高效地统筹项目目标的实施情况。

（1）核心目标：管理层周会定期同步。根据里程碑计划，各项核心目标的状态同步列为周会固定议题，由目标负责人事先汇总进展，在周会上按照目标优先级依次同步；对于重大问题或风险，可通过管理层周会快速形成决议，最大限度地调配资源予以支持。

（2）其他目标：目标负责人风险报告和阶段性检查。项目管理团队将风险报告模板和常见风险应对策略宣贯至各目标负责人，在目标实施过程中，由各目标负责人识别并考量是否报告风险。项目管理层每季度对各项目标做阶段性检查，以覆盖各项目标的实施跟踪。

4．里程碑评审

里程碑周期末，项目组发起里程碑评审流程。评审团队为项目管理层，评审内容包括各项里程碑目标的完成情况、过程控制和改进。各项核心目标由目标负责人整体汇报，其他目标由分属的各服务模块负责人汇总进行评审。

里程碑评审的结果直接关系着各目标负责人和服务模块的绩效评价，也将影响下一里程碑计划的规划。

（三）产品研发管理

网易云计算作为一款互联网产品，对于产品研发的管理，也是重中之重，是助力产品成功的基石，覆盖了互联网项目管理中产品、研发、运营环节中两个重要环节。

目标管理基于 Epic 进行管理；产品研发管理是 Epic 的具体落地和执行，是基于 Feature 进行管理的，将 Feature 拆分成 Story，对 Story 再继续拆分成 Task，最终保证从需求到任务的执行。

1．需求管理

需求是可以形成闭环的产品功能（Feature）。Feature 来源于两部分，整体团队目标（Epic）和用户对产品的改进反馈（Advise）。整体团队目标包括半年度里程碑和项目制的目标。Epic 在目标管理中已经做了详细的介绍。下面再对 Advice 做一个详细的介绍。Advise 是用户对产品改进的反馈，定义了 P0、P1、P2 的优先级，其中 P0 Advise 要求两个研发 迭代内必须解决。同时，每周会对提出和解决的 Advise 信息进行信息同步和数据统计，以此保证高优先级 Advise 的响应时间和目前 Advise 的整体解决状态（见图 9 和图 10）。

图 9 公有云和内部云 Advise 同步图

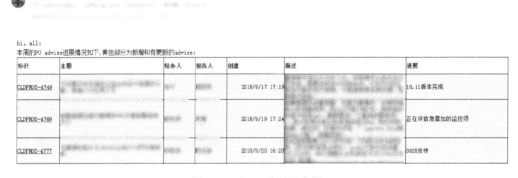

图 10 Advise 进展同步图

Advise 的数据统计主要包含当前状态和历史状态工具，如图 11 和图 12 所示。

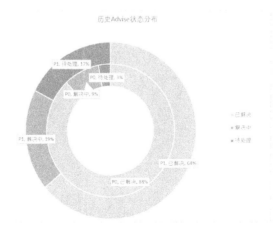

图 11 历史 Advise 状态分布

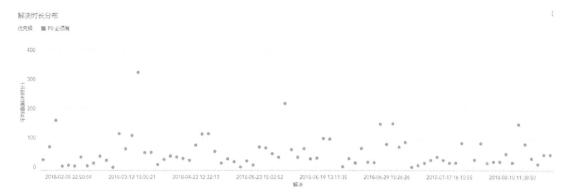

图 12　解决时长分布图

Advise 最终也会形成产品 Feature 一同输出需求，排入版本计划。产品经理输出需求以一个完整的功能闭环为单位。Feature 的生命周期如图 13 所示。

	Feature	is blocked by	交互Task	视觉Task	Story（若干）	is blocked by	前端/后端/接口/外部依赖Task
创建时间	需求开始准备		需求评审前2天		需求评审前2天		需求评审后
报告人	产品		产品	交互	产品		开发负责人
经办人	产品		交互	视觉	开发负责人		前端/后端/接口/外部依赖方开发
验证人	产品		前端	前端	QA		QA
解决时间	Feature完整上线		交互完成	视觉完成	测试完成待上线		冒烟通过，提测
关闭时间	—		验证人通过	验证人通过	已上线		验证人通过

图 13　Feature 的生命周期

Feature 下面会建立交互和视觉的 Task，在执行的过程中会进行需求、交互、视觉的评审，同时对 Feature 进行拆分，成为可以被验证交付的最小功能单元（Story），并将 Story 排入版本，由研发人员保证排版版本计划的 Story 按时上线。

除对 Feature 进行拆分外，还会以迭代为单位，对与 Feature 相关的数据做统计，以便了解目前的状态和问题，为下一阶段的改进提供数据依据。对于 Feature 主要统计两方面的数据——交付时间分布和云计算累积流图（见图 14 和图 15）。

2．研发管理

研发管理是对产品需求具体落地的执行策略管理。重点关注 Story（可验证交付的最小功能单元）和 Task（可以执行的任务）。

在网易云计算的项目管理过程中，对于研发的管理，以迭代和版本为基准开展，具体如下分述。

（1）迭代（Sprint）：Sprint 是敏捷中的概念，把一个负责且开发周期很长的任务，分

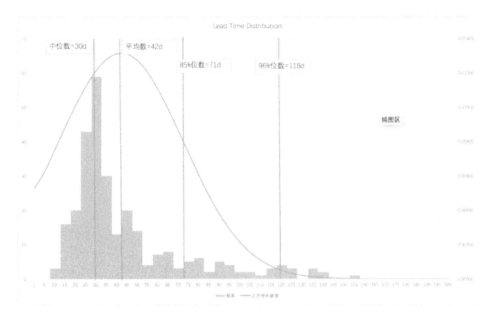

图14 交付时间分布

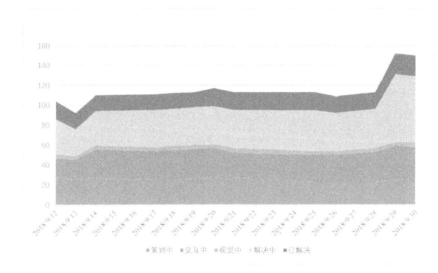

图15 云计算累积流图

解成很多小周期可完成的工作，这样的一个周期就是一个迭代的过程；同时，每一个迭代都可以产生或开发出一个可以交付的软件产品。

（2）版本：在当前迭代中，确认完成上线的功能列表。

目前，网易云计算的迭代为两个自然周，每个迭代制订一次版本计划，流程如图16所示。

整个研发模式基于 OpenAPI，后端 API 在当前迭代安排上线后，前端基于后端提供的 API 能力，进行开发和上线。产品经理输出与 API 相关需求后，完成需求评审，将 Feature 拆分成若干个 Story，每个 Story 都有明确的 Story Owner（主要由研发人员担任），等待排入版本计划；在排版本计划的过程中，由 Story Owner 进行综合评估研发和测试的时间，最终确认排入版本计划的 Story。对于排入版本计划的 Story，Story Owner 保障功能按时上线，管理所有依赖，拆分到具体的 Task，克服中间过程中出现的风险和问题。Story 的整个生命周期如图 17 所示。

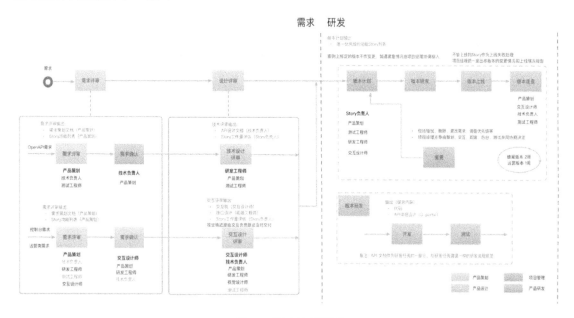

图 16　版本计划流程

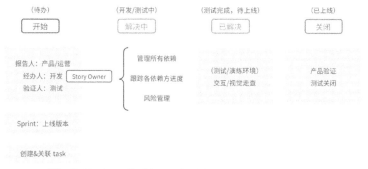

图 17　Story 的整个生命周期

在每个 Sprint 中，版本是连接产品和研发的枢纽。产品经理关注产生的需求是否排入版本计划，研发人员关注排入的版本计划如何保证完成上线。因此，版本计划统一由项目经理进行管理。确保等待评估排入计划的 Story 都是需求已经确认，或者前端需求交互已经确认，达到这种状态后，才可以进入评估范围；排入版本计划的都要保证准时上线，不能随意进行变更。

对于整体的变更管理，统一由项目经理负责，原则上排入版本计划的内容，不允许变更，因为两个自然周作为一个迭代，对需求的响应速度已经达到相对快速的水平。如有变更发生，变更申请人向项目经理提出申请，项目经理评估整体优先级，变更的实际影响等，然后决定是否变更到版本计划中。

每个迭代结束后，会对迭代中产生的数据进行统计和分析，以找到团队目前的瓶颈环节和主要矛盾，并采取相应的手段进行解决，实现了流程—工具—度量的闭环（见图18）。

图18 流程—工具—度量的闭环

目前，网易云计算研发数据主要统计有效工作量、有效产出率、迭代总完成工作量、迭代总体完成度、bug率等（见图19和图20）。

	迭代总工作量（人天）	迭代总完成工作量(人天)	总体完成度（%）	有效工作量 story（人天）	有效工作量 Epic（人天）	有效产出率（%）	新增bug数量(个)	迭代完成task 总工作量(人天)	bug率（%）
云计算-	.00	.00	81	.00	.00	50	.00	.00	.00
云计算-	.00	00	29	.00	.00	82	.00	.00	53
云计算-	.75	13	.61	.00	.00	66	.00	.13	.44
云计算-	.00	00	.39	.00	.00	.00	.00	.00	.00
云计算-	.00	00	.25	.00	.00	.33	.00	.00	.00
云计算-	.00	00	.00	.00	.00	.00	.00	.00	.00
云计算-	.00	00	.00	.00	.00	.00	.00	.00	.00
云计算-	.13	13	.44	.63	.50	.07	.00	.88	.04
云计算-	.13	75	.22	.50	.00	.45	.00	.88	.46
云计算-	.90	50	.23	.00	.00	.75	.00	.50	.03
云计算-	.00	50	.10	.00	.13	.84	.00	.13	.96
云计算-	.50	00	.77	.00	.00	.41	.00	.00	.00
云计算-	.00	00	11	.00	.50	.00	.00	.00	.33
云计算-	.50	50	.00	.00	.00	.82	.00	.00	.75
云计算-	.13	00	16	.00	.00	.00	.00	.00	.00
云计算-	.88	38	.43	.13	.00	.53	.00	.13	.46
云计算-	.58	00	.87	.00	.00	.00	.00	.00	.50
云计算-	.00	00	.22	.00	.00	.33	.00	.00	00
总计	**.48**	**.88**	**.72**	**.25**	**.13**	**.91**	**.00**	**63**	**.12**

图19 网易云计算研发数据统计图（1）

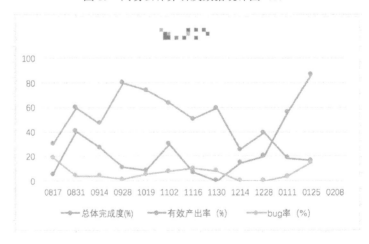

图20 网易云计算研发数据统计图（2）

3．质量管理

作为项目管理铁三角之一的质量管理，必然贯穿项目管理工作的日常。对于质量的管理，主要采用七层质量保障体系，制定执行上线规范流程，并结合自动化工具，提高整体的产品质量。

（1）七层质量保障体系。七层质量保障体系的核心是人人都是质量保障官，全员一起保障系统功能，保障系统的稳定性和健壮性，提高自动化覆盖，提高测试深度和完整度，不断改进。七层质量保障体系核心理念如图 21 所示。

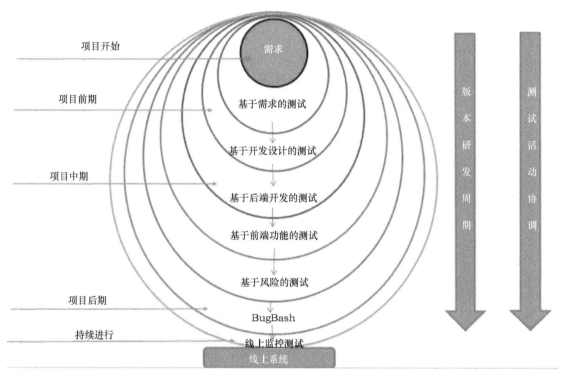

图 21　七层质量保障体系核心理念

第一层：基于需求的测试。需求的完整性、正确性、合理性直接影响项目质量，保障项目组成员对需求的理解一致，减少偏差合理评估工作量等。

第二层：基于开发设计的测试。设计时开发的前提是，保障系统功能正确性的同时，要保障系统的健壮性、可测性等。重要功能或模块要有明确的设计文档，说明数据流转，异常处理等。

第三层：基于后端开发的测试。验证功能和设计的完整性、正确性。保证每行代码有测试覆盖，给出测试覆盖率。

第四层：基于前端功能的测试。确保产品与需求、交互设计的一致性，从业务逻辑和用户体验角度验证产品。确保前后端开发代码集成后，系统功能的正确性。

第五层：基于风险的测试（重点放在异常、稳定性、性能）。通过前期一系列工作，能够判断出重要模块和功能，对其进行重点测试覆盖。反向思考，从出现质量问题的影响程度思考，确保上线后无重大缺陷。

第六层：BugBash（bug 大扫除）。通过前期一系列工作，能够判断出重要模块和功能，对其进行重点测试覆盖。反向思考，从出现质量问题的影响程度思考，确保上线后无重大缺陷。

第七层：线上监控测试。监控服务器 log、性能等，及时发现系统隐患等。及时发现线上问题，减少对用户的影响。

（2）上线流程。质量保障最终体现在线上的产品质量，因此对于上线的过程，要制定严格的规范，提高大家线上服务的意识和质量意识，目前我们制定的上线流程如图 22 所示。

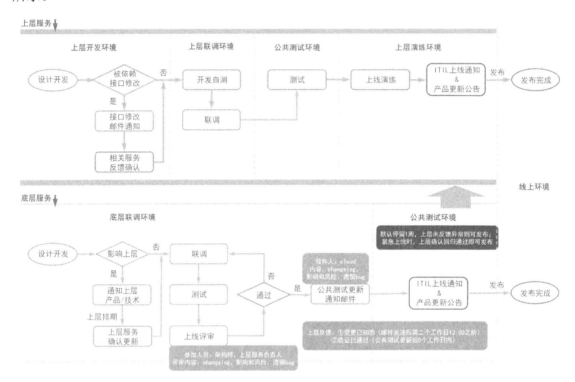

图 22　上线流程

设计阶段已识别对上层服务有影响，须适配更新，须经过架构师评审方案，同相关上层服务负责人和产品确认，明确相关变更开发排期，同步更新上线。

上线评审由底层服务发起，参加人员包括架构师和各上层服务负责人，评审内容包含但不限于 changelog、影响和风险、遗留 bug。

公共测试更新通知邮件，发送到 cloud 邮件组，邮件内容包含但不限于 changelog、影响和风险、遗留 bug。

公共测试更新后，上层服务须及时反馈跟进，反馈响应链接，会包含在上述公共测试更新通知邮件中，具体操作如下：

1）变更已知悉（通知邮件发送后第二个工作日 12:00 之前）。

2）验证已通过（公共测试更新后 5 个工作日内）或异常问题记录（jira）。

底层更新在公共测试环境默认停留 1 周，到期上层未反馈异常则可发布；紧急上线时，上层确认回归通过即可发布。

（3）自动化工具。质量保障更多地要依赖技术，因此在测试和版本发布的过程中，都有相应的自动化工具进行支持。

测试阶段提供自动化的测试脚本，一方面提高工作效率；另一方面保证工程质量，目前网易公司还在试点前端的自动化。

发布阶段有自动化的发布平台，并且都是基于容器来操作的，减少环境不一致引发的相关问题。

4．文档管理

文档是信息传达、组织资产积累的重要手段，目前文档管理主要拆分成两条线：产品研发文档和项目交付文档。

产品研发文档主要包含需求文档、交互稿、视觉稿、概要设计文档、详细设计文档、测试用例集等。以产品功能为维度进行维护，保证产品研发过程中的资产积累。

项目交付文档主要包含产品使用说明书、管理员手册、技术白皮书、功能说明书、运维手册、部署手册、测试验收用例等。以项目为维度交付，提供相应文档。

5．沟通管理

在日常的工作中，沟通管理是项目经理非常重要的软技能，除面对面的沟通方式外，网易云计算依赖以下几种途径来沟通。

（1）会议。会议作为正式的沟通渠道，如何通过会议达到相应的目标，主要从以下三方面进行说明：会议准备、会议过程、会议记录。会议准备：需要明确会议主题、列出会议议程、准备会议材料、确定会议组织形式，确定与会人员、时间、地点，并提前发出会议邀请给与会人员，与会人员要先对会议材料进行了解，事先做好准备。会议过程：守时（准时与会、准时开始、准时结束）；始终讨论一个焦点，不私下交流；不玩手机、笔记本电脑（紧急事情和会议纪要除外）；控制会议时长（单一主题的时长控制在 1 小时之内）；控制会议议题，不随意蔓延讨论主题。会议纪要：会前确定记录人员；会议纪要的形式可以是文本、图片或其他形式的文档，但必须明确会议记录的结论；会议纪要必须通过邮件发送给至少所有与会人员。

网易云计算常规会议主要有云计算周会、云计算版本计划周会、云计算运营支撑版本计划周会等。云计算周会：参与者为重要目标负责人、各模块的负责人、部门主管，主要用于同步重要目标进展，重大风险进度，资源寻求及其他临时重要信息。云计算周会已经有 5 年多的历史，会议的组织形式、议题、流程一直在不断演进，以期达到最佳效果，适应团队现状及接下来的改进方向。云计算版本计划周会：参会者为各 Story Owner，即保证每个排入版本的计划任务准时上线的负责人。云计算版本周会主要用于同步当前版本计划任务进展及下一个迭代计划的排期。通过版本计划周会进一步强化版本的概念及版本计划中的功能按时上线。云计算运营支撑版本计划周会：由于云计算整体研发分成主干版本和运营支撑版本，因此版本计划周会分成两部分，运营支撑版本计划周会参会人员也是各个 Story Owner，用于同步当前版本计划任务进展及下一个迭代计划的排期。

（2）邮件组。邮件是正式的通知，因此邮件组的管理尤为重要，要控制邮件组的数量，实际工作中经常会新建邮件组，邮件组中随意添加人员，导致信息淹没和重要信息传达的有效性低，因此网易云计算只有一个官方邮件组（Cloud），由项目经理进行维护，及时添加新进项目成员和剔除已经离职的成员。

（3）即时通信联络群。网易云计算是大约 500 人的团队，如果只依靠面对面交流和邮件沟通，整个沟通效率将会降低，并导致信息湮没，因此我们构建了专门即时通信联络群，基于网易自研即时通信工具，涵盖电脑和手机端，方便大家的沟通和交流。目前，云计算只有一个官方大群，由项目经理进行维护。其余的小范围沟通或某一专题、团队的沟通，可以建立多人会话或群进行管理。

6. 风险管理

目前，对于网易云计算风险的管理，主要从以下四个维度进行识别、评估、应对和控制，包括时间、成本、范围、质量。由于网易公司一直在执行目标化管理的整体策略，每个任务都有明确的目标负责人，因此，风险的第一责任人也比较明确，即目标负责人。目标负责人对风险进行管控在团队内已经形成了一种文化。

（1）识别。风险识别是风险管理的第一个环节，如果风险在过程中没有被识别出来，最后发展成问题，将对团队产生重大的影响。

风险的识别需要以目标的达成为评估标准，阻塞目标按时保质完成的因素都要考虑在内，常见的风险有需求维度风险（产品规划和定位不清晰、需求变更频繁、需求不清晰、主要相关方的期望高）、技术维度风险（设计复杂、设计质量低、技术设计评审不够、代码管理不到位、外部依赖未识别、使用不熟悉的技术等）、人员风险（招聘人员时间过长、实习生或正式员工离职、任务分配与人员技能不匹配、项目后期加入新成员导致沟通成本增加等）、流程风险（缺乏必要的规范增加重复劳动、过于正规导致过度无用的工作、JIRA更新不按规范增加沟通成本等）。以上是公司在日常工作中发现的一些风险。风险每天都可能发生，因此风险的识别工作贯穿始终。

（2）评估。风险评估主要考虑两个方面：风险发生的概率和风险产生的影响。目标负责人综合考虑二者，然后制订风险应对方案。

（3）应对。风险的应对一般从时间、成本、质量、范围的维度进行考虑。每种应对策略都有其利弊的两面，以下是梳理的常规应对策略，可以根据需要和实际情况进行选择（见图23）。

风险应对维度	风险应对清单	风险应对方案（以下为举例内容）
时间	时间排期调配 利：合理安排排期，并进行优化，能够在最短时间内达到业务目标	寻找关键路径，进行优化
	并行赶工（设计、开发、测试） 利：减轻集中测试的压力，缓解后期测试人力瓶颈，完成业务目标 弊：前期需求可能变更，导致返工；同时多轮测试，会有反复	mock、测试用例先出、分批提测
成本	组织人员进行加班 利：能够在短期内降低风险，达到业务目标 弊：长期加班不利于团队的稳定与发展，可能隐藏团队其他问题	安排相关成员周末加班或者集中办公
	团队内部人力进行协调 利：短期内，达到核心的业务目标 弊：优先级低的任务或模块搁置，后面会产生新的隐患	从团队内做其他低优先级任务的人员中进行抽调
	跨组人员借调：①人加进来；②事情分出去 利：当前模块的当前重要业务目标可以完成 弊：其他团队的业务目标可能不能按时完成，技术架构和基准可能变动	跨模块组进行人员协调
范围	满足业务目标的前提下对范围进行裁剪，包括需求和技术 利：可以满足业务需求，按期交付 弊：可能损失部分用户体验和架构优化设计，造成后续工作的增多	在满足业务需求的前提下，对锦上添花的一些功能进行裁剪；或者摒弃复杂的技术设计，先以实现功能为出发点
质量	需求质量保障 利：前期需求质量高，能够减少返工，缩短关键路径 弊：需求质量的细致评估，前期投入时间过多，减少后期的开发和测试时间	前期对需求质量细致评估
	开发质量保障 利：可以提高开发质量，减少返工，缩短关键路径 弊：任务已经开始过程中，做自动化和持续集成，短时间内可能延长时间	自动化、持续集成等

图23　风险的常规应对策略

（4）控制。在云计算周会中对重要风险状态和解决方案进行同步，跟进最新情况，决定是否需要寻求新的资源或者其他解决途径。同时，对于重大的项目风险，除在云计算周会中进行同步和寻求资源外，还需要定期邮件同步进展和影响，以便尽早消除风险，以防风险转变成问题。

（四）运维管理

1. 网易云 SLA 和值班响应

网易云 SLA 管理分为三层：产品服务、用户技术支持和研发技术支持。从技术手段和人工值班响应上，全面保障产品可用率和用户体验。

（1）产品 SLA 比照业界标准制定，公示于网易云官网，通过产品高可用、监控报警和线上巡检等技术手段，保障产品服务高可用。

（2）用户技术支持途径包括官网工单系统、7×24 客户支持电话和多种即时通信渠道的大客户服务群，由专门技术支持团队负责，对回复时效、话术规范和技术能力都有明确的考核要求。

技术支持对接的用户反馈，将经过初步过滤，形成产品建议（Advise）或运维工单（Ticket），录入产品内部项目管理平台中，由相应负责人继续跟进落实。

（3）研发技术支持的值班具体到网易云服务的各垂直／横向用户服务、底层模块和公共服务组件。要求值班期间 7×24 随时随地对接排障，接口人一跟到底。

技术支持团队对经其发起的研发值班响应情况做记录和公示，不断敦促团队强化响应意识和提升排障能力。

2．线上运维规范

网易云产品线上发布、更新和紧急变更操作，均严格遵循相关流程规范（见图 24、图 25 和图 26）。

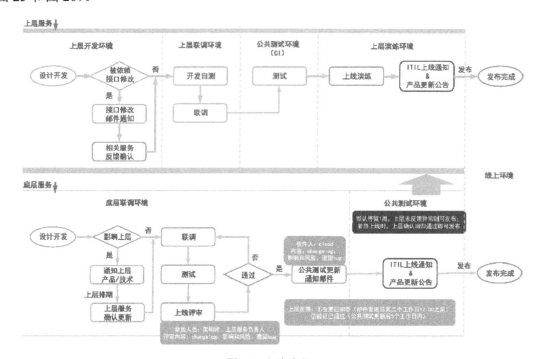

图 24　上线流程

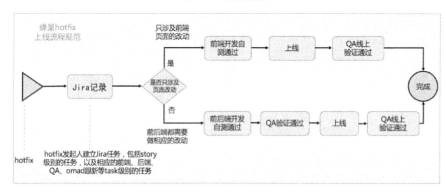

图 25　上线流程规范

图 26　产品开发流程规范

3．Ticket 处理流程

Ticket 是用户通过产品外部工单系统和其他各个途径提出的线上技术支持要求经过筛选，被判定为需要研发紧急介入排查或修复的部分（见图27）。按照紧急程度，优先级分为P0/P1/P2，由技术支持裁定。P0 Ticket 要求最高优先级支持，当天解决。

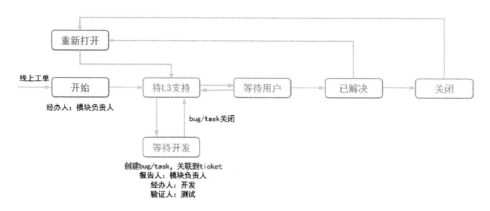

图 27　Ticket 处理流程

Ticket 响应和解决情况，定期度量并展示，敦促各服务模块重视线上问题的处理和产品质量提升（见图28）。

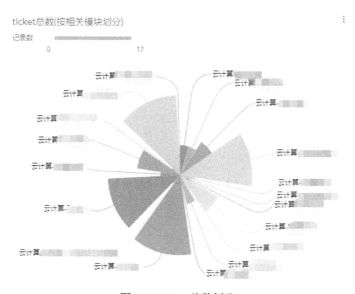

图 28　Ticket 总数划分

4．故障处理流程

对于线上故障，依照故障处理流程，故障信息汇总至故障应急小组，对内由研发和运维团队第一时间介入排除、明确并落实优化措施，对外由技术支持团队统一记录故障过程、对接用户和信息发布（见图29）。

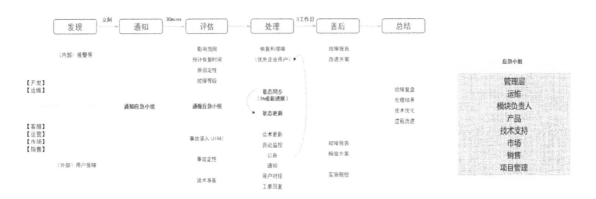

图 29　故障处理流程

5. 故障处理工具

网易云服务通过监控报警、日志追踪等手段，快速发现和定位线上问题；通过服务限流、降级、熔断和自动恢复等机制，最大限度地优先保障用户服务可用；建设有内部运营、运维平台，集成各项常规运维操作，搭建完备的运维网络，保障故障处理高效可达；并由技术支持团队和各服务研发团队维护自动化运维脚本、运维手册和排障清单等，保障人工运维有章可循（见图 30、图 31 和图 32）。

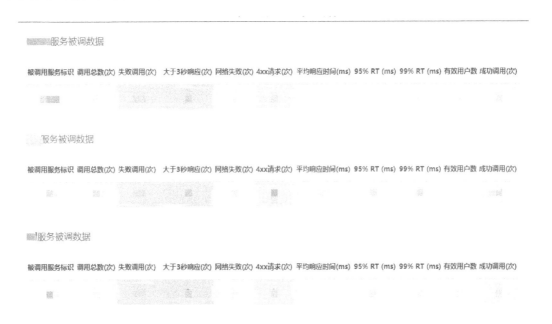

图 30　服务被调数据统计

NVS当日数据汇总如下：

关键操作	总数	失败数	失败率
创建云主机			
启动云主机			
停止云主机			
重启云主机			
删除云主机			
获取控制台信息			
从镜像恢复云主机			
设置管理员密码			
创建自定义镜像			
删除镜像			
挂载云硬盘			
卸载云硬盘			
挂载外网IP			
卸载外网IP			

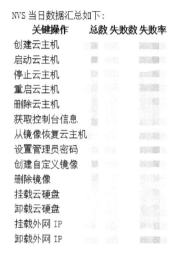

图31　NVS当日数据汇总

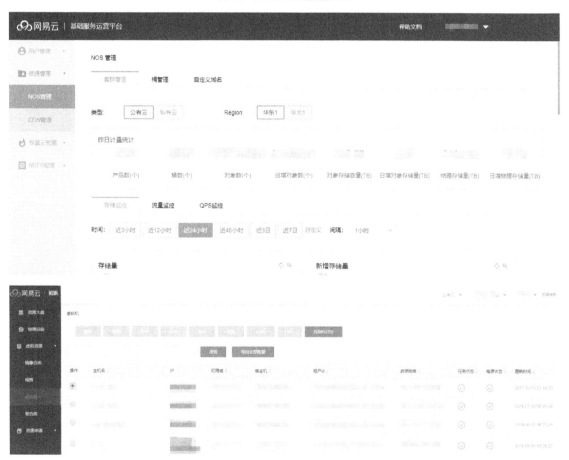

图32　内部运营、运维平台

（五）运营管理

1. 用户线索漏斗

（1）现有网易云账号线索分发逻辑如图33所示（集成在账号模块中）。

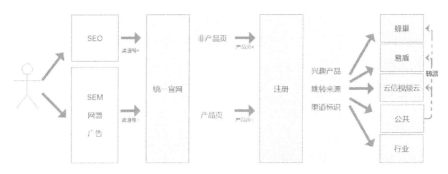

图33 网易云账号线索分发逻辑

（2）产品目的。线索分发模块从账户模块中迁移；线索统一分发（云账户线索&专属云表单线索&解决方案表单线索）；实现游戏行业部、有料、企业销售部、云信线索自动推送，蜂巢、易盾切换接口。

（3）框架流程（见图34）。

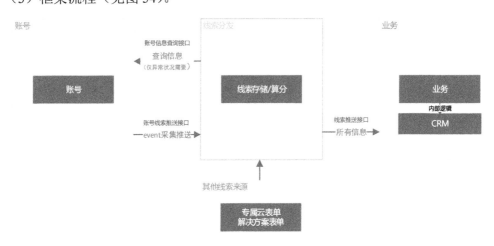

图34 用户线索框架流程

2. 用户需求反馈

（1）公有云对外采用工单系统。工单系统（Ticket System）又称为工单管理系统，根据不同组织、部门和外部客户的需求，有针对性地管理、维护和追踪一系列的问题和请求（见图35）。一个完善功能的工单系统又可以成为帮助台系统。在国外，工单系统一般被广泛用于客户帮助支持服务、客户售后服务、企业 IT 支持服务、呼叫中心等，用来创建、挂起、解决用户、客户、合作伙伴或企业内部职员提交的事务请求。规范化、统一化和清晰化地处理和管理事务。一个完整的工单系统还需要配套拥有一个帮助文档知识库（Knowledge Base），里面包含客户的一些常见受理问题相关信息、常见问题的处理方式和一些其他的帮助文档等。一个工单系统就像一个问题追踪器，能很清晰地追踪、处理和归档内外的问题事务请求，标准化服务追踪用户。一个工单系统需要有一套标准化体系，来使工单系统所有的操作、处理、管理和维护全部满足和履行该标准化的内容，避免服务拖延或延迟，避免降低服务质量和资源浪费。

SLA 服务目标能让工单系统的工单处理操作和相关服务满足 SLA 服务目标协议，当在实际服务中，有工单处理威胁而不能满足该服务目标时，会及时做出提醒，以让系统管理人员进行及时处理。

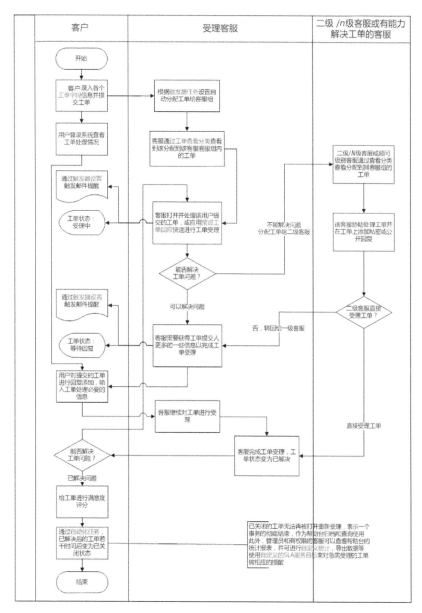

图 35　工单系统

（2）用户需求和工单转化为 JIRA 跟踪。在网易云，通过技术支持、解决方案、销售、市场等直面用户的团队，将外部工单和用户反馈等，汇总到内部任务管理平台上，进一步转化为需求和任务，进入产品研发环节，形成产品反馈链路的闭环。

Advise 由技术支持、解决方案、销售、市场等团队，通过对来自用户的产品反馈进行筛选和梳理，形成对公有云产品的改进建议，录入 JIRA 平台，直接指派给对应的产品经理处理。Advise 定义了 P0/P1/P2 的优先级，其中 P0 Advise 要求两个研发迭代内必须解决。Advise 工作流程如图 36 所示。

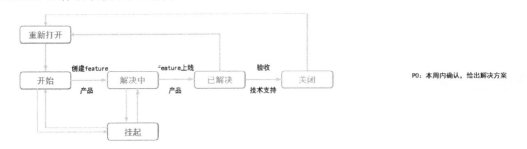

图 36　Advise 工作流程

每周公司会对提出和解决的 Advise 信息进行信息同步和数据统计，以此保证高优先级 Advise 的响应时间和目前 Advise 的整体解决状态（见图 37）。

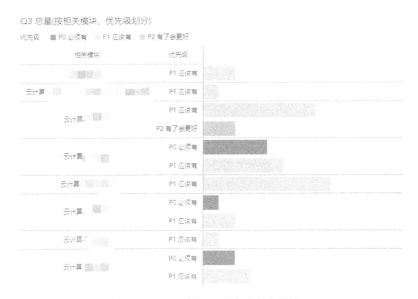

图 37　Advise 的信息同步和数据统计

3．技术支持

网易云服务的 12 个标准服务流程如图 38 所示。

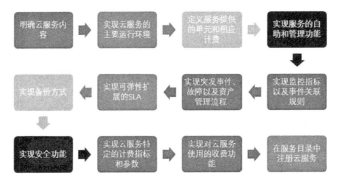

图 38　网易云服务的 12 个标准服务流程

项目管理实践：中国银联股份有限公司篇①

一、企业及项目管理概况

（一）企业简介

中国银联股份有限公司（简称中国银联）是中国银行卡联合组织，通过银联跨行交易清算系统，实现商业银行系统间的互联互通和资源共享，保证银行卡跨行、跨地区和跨境使用。中国银联已与境内外 2 000 多家机构展开广泛合作，银联网络已延伸至欧洲、美洲、大洋洲、非洲等。

中国银联大力推进各类基于银行卡的综合支付服务，满足客户多元化用卡需求，携手境内外合作伙伴，进一步推动我国银行卡产业又好又快发展，为人民群众提供优质、安全、高效的银行卡综合支付服务，把中国银联建设为在国内具有权威性和公信力，在国际上具有竞争力和影响力的国际性银行卡组织，把银联品牌建设为具有全球影响力的国际主要银行卡品牌，实现网络全球化、品牌国际化的发展愿景。

中国银联信息总中心是企业的数据中心和运行中心，属于企业的中台部门，主要负责企业生产系统的运行维护、转接、清算和机构入网等业务的处理，以及生产运营管理制度和流程的规划和制定。作为企业的职能部门之一，信息总中心为成员机构、分公司和总公司各部门提供生产运营服务，制定并实施生产运营基础架构和管理机制的发展及创新规划，按照一体化运营管理体系统筹联动各生产单位和部门运营工作。

（二）企业项目管理情况

随着中国银联业务的迅速发展，以及坚持自主创新的技术发展理念，企业不断加强和优化项目管理体系，目前已建立起由技术管理部门牵头的技术项目和由企划部门牵头的业务项目两大管理流程。其中，为保障生产系统安全、稳定运行，对信息技术系统及 UPS、柴油发电机、精密空调、监控系统、KVM 系统等基础环境进行新建、设备改造、扩容和更新、应用软件升级优化的项目，前瞻性的电子支付技术和应用研究项目，管理类信息系统建设、升级优化及其相关的机房基础环境改造、扩容更新等项目，均属于技术项目管理范畴；因业务发展和管理需要，进行业务品种、业务功能、业务渠道、业务管理等方面的改进或创新项目，均属于业务项目管理范畴。

合理的职责划分提升了审核流程效率，保障了各个项目的落地实施。组织、流程、技术、风控的完善，则系统地提升了企业的竞争力。同时，企业十分重视项目管理人才的培

---

① 本篇资料由中国银联股份有限公司提供。

养。近 5 年来，企业项目管理培训经费年投入增加至 150 万元左右，共进行培训 50 次，考证总人数达到 500 人；企业的项目管理咨询次数约为 10 次。

信息总中心作为数据中心负责生产系统的运行维护，为确保适应公司业务发展新形势、新任务的需要，确保国家金融核心网络的安全运行，需要按业务变化对各重要系统及基础环境进行改造扩容和更新、升级优化应用软件等工作。针对多系统、多任务的复杂情况，信息总中心内部建立了项目管理体系以保证整体工作有条不紊地开展。

信息总中心内部的项目管理主要分为两方面：一是加强公司技术项目资源到位后在中心内实施阶段的管理；二是加强中心内部重点工作的项目化管理。整体项目管理流程的建设和实施由中心 PMO 团队进行统筹推进。在实践中，PMO 不断摸索适合业务发展的项目管理模式，并取得了良好的成效。信息总中心于 2002 年初步形成项目管理流程，2008 年引进 PMBOK®。2011 年，根据实施情况对项目管理流程进行重构，完善了项目管理流程五大过程，增加了项目绩效考核规则。2013 年，完善了项目分级分类管理，建立起项目知识库。同时，还实现了项目管理流程平台化、一体化管理落地，加强了项目信息的内部共享。2015 年，中心实施项目后评估，用来衡量项目建设效果和实施质量。2017 年，为适应业务发展需要，信息总中心增加了双项目经理管理和项目集管理模式，以更灵活多样的管理模式支持业务开展。在此期间，也吸取 PRINCE2 和六西格玛等最佳实践，不断研讨深化项目管理流程体系。自中心项目管理流程平台化以来，共计 498 个有效项目顺利开展实施，如 2011 年一体化运用建设、2013 年二代转接隔日切换、2015 年双中心多点接入、2016 年银行卡手续费改造、2017 年二三类账户产品业务导入等项目。通过历年来对项目管理体系的打造和完善，中心的项目管理能力也被业内广泛认可，信息总中心 PMO 于 2014 年荣获了 PMI 中国项目管理大奖、2019 年荣获了中国项目管理发展 20 年企业最佳实践奖。

二、银联信总项目管理的最佳实践

随着组织规模增长、项目类型多样化，中国银联始终以服务市场业务需求、支持业务发展为导向，不断建设和维护统一、科学、规范的流程和制度，打造优质项目经理队伍，提供战略执行主力，时时刻刻为项目团队提供专业支持，提高了项目成功率。

信息总中心在公司打造"具有全球影响力的开放式平台型综合支付服务商"的指导思想下，努力做到：第一，认真做好项目流程制度推广和跟踪工作，及时发现和处理项目危机问题；第二，认真做好项目经理队伍建设工作，为项目经理提供专业支持；第三，持续做好自身能力的提高，积极主动发现改进机会；第四，为组织控制运营成本，统筹工作开展，防止重复建设投入。

（一）项目管理流程与运营流程的关系

信息总中心借鉴业界运营支持管理的最佳实践，结合实际情况，不断地在运营管理体系建设上探索，目前参照 COBIT、ITIL v3、ISO27001 和 DevOps 等国际标准和最佳实践，结合银联运营工作快速发展的具体情况已建立和发展出一整套运营管理体系（见图 1）。针对数据中心运维特性，项目管理流程为各运营流程提供横向支撑，通过项目管理流程组织产品上线过程，经过测试流程验证产品质量，且符合高可用管理要求后，通过变更流程生产上线，并按服务流程提供对外服务。项目化管理可以统筹资源进度，有效把控风险，保障生产安全、稳定运行。

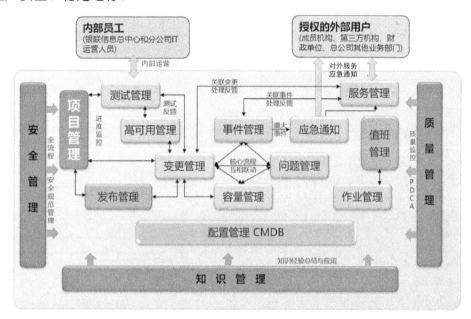

图 1　中国银联信息总中心一体化运营管理体系示意图

随着项目管理流程的不断完善和改进，其与各运营流程间的关联程度也逐步加强，如项目重要里程碑和生产变更计划相结合，形成了日历视图。梳理全年项目计划启动及涉及生产上线工作的里程碑时间点，结合国家重要会议、各类重大营销活动的日历表，以可视化的形式为制订生产变更计划提供错峰参考，从而有利于从部门整体层面更直观地协调资源，也在重要保障时期、重大营销活动时期加强了风险管控，保障了生产安全。

在项目管理平台中，已实现 ITIL 中各运营管理流程单据与项目里程碑的关联，有效地避免了项目经理重复上传提交物，既减轻了项目经理的工作，也实现了交付物的统一存储管理。同时，结合部门工时管理模块，直观地体现了员工在各管理流程中的工作量占比情况。

（二）项目分级分类管理

为配合公司市场化转型发展需求，进一步保障核心生产系统安全运行，信息总中心着重加强了生产系统架构优化和扩容项目，以提升业务容量保障和对创新业务的支持能力。在上述背景下，中心 PMO 对项目管理体系不断进行优化改进，在已积累的项目管理实施经验之上制定出符合中心业务发展需求的项目分级分类管理体系。

目前，中心的项目分级分类管理中定义了部门级项目和室内项目，项目经理可按项目级别裁剪项目管理过程。根据业务条线，将项目分为开发类、测试类、部署上线类、业务上线运营类等 8 个类型。结合项目知识管理，PMO 从已完成实施的项目结项报告中提炼经验教训，按项目类型梳理总结，形成每个类别的项目里程碑、项目交付物和项目风险的标准模板，通过项目管理平台实现按类精准推送标准化模板，有效支撑项目经理制定合理可实施的项目规划。

（三）多样化项目管理模式

公司提出"大智云移"（大数据、人工智能、云计算、移动互联网）的战略，使新一代信息技术飞速发展，应用范围不断扩展，催生着新的商业模式和产业革新。信息总中心加强研究如何在新形势下保障生产系统整体安全、平稳、高效运行，支持公司交易规模稳步提升。基于弱矩阵型的组织架构，PMO 在引入的管理体系框架下也积极探寻可靠实用的管理模式支持当前的发展需求，以期用多样化的优化措施来平衡各项资源，让项目成果最大化，最终实现战略目标。目前，信息总中心已纳入项目集管理模式和双项目经理管理模式。

项目集管理模式可以有效地提高多个项目之间的配合程度，最大化地发挥组织团体能力，减少单个项目在资源、视野和目标上的个体局限性。例如，2017 年公司重点项目——核心系统扩容项目集，包含了转接、清算等多个银联重要系统扩容工作及配套机房建设工作，任务复杂度高，涉及面广，各室共投入约 700 人。通过项目集的管理模式，各子项目根据项目集的总体计划分解任务，制定里程碑。项目集会议能及时评估单个子项目风险对其他子项目和项目集进度和目标的影响性，明确验收标准，并且通过整体项目集进度汇报形式集中展示。整个实施过程很好地管控了项目集整体的进度和风险，平衡了中心内部资源消耗，在确保生产安全稳定运行、用户无感知的前提下，项目组顺利完成了系统扩容目标。

双项目经理管理模式是指由业务方或需求方指派一名项目经理作为业务项目经理，由技术实现方指派一名项目经理作为技术项目经理，共同负责项目的实施。这种项目管理模式吸取了敏捷开发的优势，以用户的需求进化为核心，采用迭代、循序渐进的方法推进项目计划的实施，有效地加强了对项目各层面的风险及进度管控。例如，统一运营管理平台配置模块迁移优化项目，该项目采取敏捷开发的方式进行，经过磨合后，以 2 周一个迭代的速度进行开发，由技术项目经理管控开发进度，跟踪 Bug 的修正情况；业务项目经理负责开发需求和后期成果验收。由于需求方和开发方共同对项目负责，每周需要对项目进行回顾，该项目比同类开发项目 Bug 数明显减少，开发质量超出预期。

（四）项目相关方管理

项目团队必须识别项目相关方，确定他们的需求和期望，尽最大可能地管理与需求相关的影响，以获得项目的成功。然而，数据中心运维值班机制导致中心内部项目普遍存在项目成员固定性弱的特点。对此，PMO 推进由各个参与室指派项目接口人，负责协调室内资源的运行机制。通过部门项目会议、项目组会议、U 聊群，以及项目管理平台的派工单方式，多维度地加强项目相关方沟通和汇报频度，促成对项目目标和任务达成共识，有效地减少了偏差。

除项目团队内部因素外，PMO 对项目实施过程中所涉及的各阶段审批流程也做了额外评估总结，特别是对涉及公司级的评审，梳理总结了各评审员的操作习惯和审核周期，该项数据可以帮助项目经理在制订项目计划时预留出合适的审批时间。

在弱矩阵型组织架构中，核心层相关方对项目资源的调配起到至关重要的作用。因此基于项目会议上的管理层评审意见，形成了 PMO 和项目经理须关注的项目管理各阶段的注意事项列表，为中心日常项目管理和 PMO 日常质量检查提供参考。

（五）项目考核机制

如何保证项目实施的规范性，以及鉴定项目管理水平，评价项目管理成果呢？一套科学的项目考核机制将起到至关重要的作用。

对于实施阶段的项目，信息总中心把项目管理流程纳入部门月度考核机制中，赋予项目经理对项目成员评分的权力，提升其在弱矩阵组织中对跨室组建项目团队的管控权，有利于项目计划的顺利推进。考核指标并非一成不变，PMO 根据内部实践情况定期对考核指标和评价方式进行调整，做到与时俱进。从最初的各类交付物提交及时性、工时填写率等，更新为现阶段的重要工作立项率、运营职责承担、与各运营流程关联等，以正向激励为原则辅助项目管理体系的良性发展。

对于项目实施后的评价，信息总中心的项目后评估方法是根据 PMO、用户、分管领导和总经理等不同角色，从不同角度对项目进行 360°评分，再按不同的权重计算出项目的最终得分。该评分结果也与部门季度考核相结合，作为项目组获得奖励的依据，一样起到正向激励作用，也对项目质量的提升有很大作用。要能客观直接地体现项目成效，让项目评分结果客观公正，设立项目 KPI 是非常好的方法。中心项目管理体系要求每个项目在结项和后评估时均要提供 KPI 数据，以此体现项目效益和收效，评估项目的建设效果和实施质量。

经过多年的考核机制实施，中心已积累一定数量的 KPI 数据，PMO 通过数据分析，探索对应的基准值，用于衡量中心内部整体项目管理成熟度，进一步寻找改进方向。

（六）项目知识管理

缘于多年的项目管理建设与推进工作，中心内部已经形成了良好的项目化管理氛围。PMO 于 2013 年建立项目知识库（见图 2）作为传递的载体，确保项目的经验和过程资产持续积累，以此作为对后续项目的指导和借鉴。知识库中的内容不局限于项目管理过程，还结合中心的八大项目分类，从知识地图、知识条目、风险列表、典型案例四个方面进行知识积累，并通过项目管理平台进行推送。

第1部分 **项目启动**（点我进行展开，再次点我进行折叠）。

项目过程	项目启动
过程经验	《信息总中心项目管理知识库》 1.2 知识条目
参与人员/岗位	PM、相关室领导、中心领导
可求助专家	PMO、相关室领导、中心领导
模板工具	《项目立项申请表》模板
制度标准	《信息总中心项目管理办法》
产出文档	《项目立项申请表》
风险列表	《信息总中心项目管理知识库》 1.3 风险列表
经验教训	新技术新方法可以参考相关业界经验开展项目

第2部分 **项目规划**（点我进行展开，再次点我进行折叠）。

第3部分 **项目执行**（点我进行展开，再次点我进行折叠）。

第4部分 **项目监控**（点我进行展开，再次点我进行折叠）。

第5部分 **项目结尾**（点我进行展开，再次点我进行折叠）。

图2 项目知识库示意图

同时，PMO 对项目管理办法进行浓缩，形成了各阶段模板、制度标准、过程经验、产出文档、经验教训的快速阅读版，方便项目经理使用，提升了工作效率。

（七）项目经理培养

以人为本的观念和质量效率兼顾的原则已经成为企业发展过程中需要遵循的重要目标。信息总中心重视项目经理的培养和成长，每年组织项目经理候选人员参加各类项目管理培训和经验交流分享，如项目管理核心体系认知与实战演练、一页纸项目管理等，定期参加 PMP® 认证考试，目前约有 20% 的员工通过 PMP® 认证，提升了整体项目管理水平。

为进一步协助完善人才梯队建设，信息总中心建立了项目经理资源池，从综合能力、技术能力、沟通能力、管理能力、项目经验、工作经验和总经理奖励获奖次数等方面，多维度评定项目经理的综合能力，为重要项目指定项目经理提供依据。一个项目的成功与否也取决于项目经理的综合能力。目前，中心的项目经理结构由候选项目经理、初级项目经理、资深项目经理组成。中心内项目启动时，综合能力评价为领导层授权项目经理提供参考依据。

（八）PMO 工作效能提升

跟随内外部环境的快速变化，PMO 同样需要积极提升能力，充分发挥自身专业作用，首先，能够建立贴合组织战略执行的流程规范，确保项目过程规范，各个环节有条不紊；其次，通过项目经理培养体系建立，能够为组织战略的落实提供有力的执行者；最后，要确保项目风险和问题得到有效控制，进度和质量符合并超过预期。

信息总中心 PMO 从项目统筹、深入支持、知识与培训、项目考核、平台优化 5 个方面持续提升工作效能。项目统筹方面，PMO 团队试点深入各室的项目规划，建立全中心项目优先级评价体系。深入支持方面，PMO 团队深入重点项目组，统筹项目资源，组织项目会议，协调项目风险。知识与培训方面，持续优化项目知识管理的方法，进行细分管理，提供更加有价值、有可操作性和借鉴意义的知识管理成果分享，帮助项目经理团队实现从技术走向管理的思维转化。项目考核方面，优化当前的项目绩效考评与激励机制：缩短激励周期与兑现周期、激励创新、建立项目惩罚与激励的分级体系、优化 PM 对于项目成员进行激励的可操作性。平台优化方面，进行项目管理模块持续优化，对现有操作流程进行优化，支持多维度可视化展现项目进展。

三、银联信总项目管理成功案例

信息总中心项目管理体系经过十多年的精心打造，在 PDCA 循环加强中不断完善，支撑各信息系统的快速发展。中心是在公司内最早建立且项目管理成熟度高的部门之一，目前的项目管理体系符合实际，具有较强的可操作性，经常参与业界经验交流，以下选取的两个成功案例分别具有数据中心运维特色及配合金融政策落地的项目特性，特此总结分享。

（一）信息总中心 UPS 系统更新及优化项目

信息总中心肩负银联生产系统的运营维护工作，保证生产系统的持续供电是 IT 系统运营的万源之本。考虑到 UPS 投入运行已经多年，存在设备部件老化和性能下降、设备效率偏低等问题，为保障生产系统的安全供电，特立项 UPS 系统更新及优化项目。

该项目是具有数据中心特色的基建类项目，通过信息总中心的项目管理流程与基建工程做了融合，使项目整体实施在确保生产安全的前提下有序展开。

由于项目实施涉及中国银联生产环境运行的重要系统，稍有不当将影响中国银联受理网络的 174 个国家和地区超 5 500 万个商户的日常交易。因此在项目实施前，项目组识别了能影响项目或受项目影响的全部系统与相关负责人员，并制定出了合适的管理策略，有效调动了相关方参与项目决策和执行。项目组邀请了华东建筑设计研究院、工商银行数据中心、万国数据、华东电脑有限公司、施耐德等行业内的资深技术专家，召开专题会议，对 UPS 更换实施方案进行评审。方案中的影响性评估、风险防控措施、应急预案、实施计划等内容考虑较周全，方案制订较详细，风险整体可控；同时提出操作过程中做好检查、预案及风险防控等建议。同时，进行项目风险识别和分析，做好风险应对。例如，桥架安装及电缆敷设阶段，经分析可能存在高空落物影响 UPS 正常运行，或者误动其他配电设备的风险。

施工前，结合基建工程要求，先对运行系统进行了防护隔离，确保不会对运行中的系统产生影响；严控现场施工纪律，做好对施工人员的管控；实施方安全员、监理相关人员全程现场监护。在项目实施过程中，对外部市电风险及预案运用项目管理体系的识别方法，同时对照国标 50174 规范条款要求，对各种可能出现的风险进行分析并制定出相应的应对措施。

项目组对实施工程的影响范围及 IT 业务系统影响性做了反复评估论证，基础环境方面细致到每个机房的每个机柜，应用方面对银联的联机交易（转接、POS 机收单、云闪付、ATM 取款等）和非联机交易（跨行清算、人行对接系统等）都做了逐一的风险评估，每个业务系统均有受影响程度评估及应对策略，各项应急预案和应急手册进行了回顾。在项目实施各关键切换节点，安排人员不间断地现场值守。

正是由于项目组充分评估项目所有环节存在的风险并制定预案，建立了内外部相关方间畅通无阻的沟通汇报机制，才确保了项目的顺利实施完成。当前 UPS 整体运行正常，实施过程中银联所有业务均正常开展未受到影响。

（二）银行卡刷卡手续费改造测试及业务切换上线项目

2016 年年初，国家发改委、中国人民银行联合下发《关于完善银行卡刷卡手续费定价机制的通知》，总体上较大幅度地降低收费水平。新政要求，自 9 月 6 日起，调整发卡行服务费费率水平，实行不区分商户类别，采取政府指导价、上限管理的模式，并对借记卡、贷记卡（信用卡）差别计费，同时信用卡刷卡手续费不再有上限。

为配合中国人民银行完善银行卡刷卡手续费定价机制落地，信息总中心立项银行卡刷卡手续费改造测试及业务切换上线项目，积极保障金融稳定。

该项目必须在既定时间内顺利完成。因此，在项目启动阶段，项目组进行评估后明确了项目范围：借贷记分离，统一定价；新增非标价格商户，作为差别定价依据。项目方式：对清算文件及商户注册改造；测试以文件测试为主、联机测试为辅。项目目标：所有机构完成改造；来不及改造的机构必须兼容；划定重点机构范围作为跟踪对象。项目对外需协调完成 754 家机构的文件测试、28 家机构的联机测试、174 家重点机构的测试结果收集工作。

在项目规划阶段，项目组根据发改委要求的 9 月 6 日上线时间，结合版本完成时间进行倒推，明确了项目的关键路径及时间点，具体内容包括版本提交时间、测试启动时间、测试结束时间、上线时间。然后进行项目工作包拆分，明确各阶段任务，分为测试前准备、机构测试、运营测试、投产前准备、投产、投产后运维几大块内容。根据细分的工作包，项目组结合关键路径规划了总体工作计划，在项目实施过程中，根据项目开展情况及当前资源情况滚动规划，做到渐进明细。

在项目执行阶段，项目工作计划虽然滚动规划，但项目组坚持关键路径上的工作时间不动摇、不延迟，关键路径工作的前导工作的缓冲时间留有余地。由于涉及的内外部项目相关方分布广，项目组定期或不定期地与外部门、分公司和公司领导之间进行沟通，确认项目进展情况。根据项目阶段采用双周报、周报、日报等方式向相关方报告项目进展，做好相关方管理。项目经理通过每月例会、知识分享、核心成员每周例会的形式进行项目团队管理，明确项目各阶段任务目标。

基于项目的特性，项目组在项目范围管理、进度管理、沟通管理、质量管理、相关方管理等方面都做好了监控工作。例如，重点机构范围划定、改造机构清单整理、改造要点及内容明确等，以及时发现风险、问题，保障该项目的顺利开展。

在项目收尾阶段，项目组进行了 FAQ 评审整理，采取了现场讲解的方式向服务台对重点问题进行介绍，确保了日常支持服务的平稳移交。

最终，该项目按照计划完成系统扩容工作，并于 9 月 6 日完成手续费改造切换上线工作，切换后系统运行正常。累计收回 100 家机构的投产验证结果反馈，机构验证无问题。上线后，整理得到 70 个 FAQ 并整理成一线手册，累计支持机构发现问题 261 个。

四、项目管理在银联信总发挥的作用与效果

信息总中心负责生产系统的运行维护及灾备管理的职能，负责转接、清算、差错、机构入网等业务的处理，为海内外业务发展提供安全、稳定、高效、优质的信息系统服务。中心建立了全球领先的核心生产环境，构建了自动化、智能化运营平台。随着技术路线的演变，确保适应公司业务发展的新形势、新任务需要，确保国家金融核心网络的安全运行，项目管理体系按照"总体规划、分期建设、保障稳定、滚动发展"的总体策略，满足了各项创新业务发展的需要。

（一）项目化管理，支撑业务发展，强化内部管理

运用项目化管理手段，平衡资源分配，保障关键任务实施所需，同时做好风险识别、规划应对措施，信息总中心实现了核心系统无中断，主要外围系统收单，行业与内容平台无系统中断的良好运行记录。随着公司"二次创业"战略转型，信息总中心在保障传统业务系统安全稳定运行的基础上，积极贯彻公司战略落地措施，不断深入，依托不断完善优化的符合信息总中心发展需求的项目管理模式，按计划完成各类公司重点项目上线，确保了在两会、十九大、G20、进博会等国家重要会议，以及公司重要营销活动期间的生产系统安全稳定运行。

2018 年中国银联网络转接交易金额首次突破百万亿元大关，达 120.4 万亿元，同比增长 28.1%。云闪付 App、银联手机闪付、银联二维码支付等移动支付方式快速普及，产品功能与场景建设持续完善，成为新的业务亮点。银联卡交易量占全球银行卡消费总额的 44.13%，交易量增速为 32.3%，均居各大国际卡品牌首位。银联品牌影响力随之增强，优质、安全的综合支付服务惠及境内外广大持卡人。

业务的蓬勃发展需要强大的应用平台作为支撑。信息总中心构建的中国银联数据生命

周期和容量管理平台实现了针对 PB 数量级银行卡交易数据集中管理、自动恢复、统一容量管理和灾备数据一键恢复等功能,降低了运维人力成本。通过评估和预测银行卡交易量,提高了银行卡交易系统的持续服务能力和增值服务水平,为客户提供及时数据服务奠定了技术基础。该项目采用模块化设计和分布式部署方式,自主研发了多种备份和存储设备的接口,运用模板化和策略化相结合的数据管理方法,实现了数据转储、备份检测和灾难恢复等自动化处理。该平台已在银联、银行、商户、持卡人、公安、司法等全面推广运用,运行稳定,处于国内先进水平。该项目亦荣获银行科技发展奖三等奖。

同样荣获银行科技发展奖三等奖的则是面向产品全生命周期服务的统一运营平台项目——强化信息总中心内部管理机制。鉴于中心内部流程管理精细化、专业化程度的不断提升,IT 服务种类不断拓展,流程间的协同要求越来越高。信息总中心基于 ITIL 最佳实践,运用项目管理手段实现了面向产品全生命周期服务的统一运营平台。该平台利用规则引擎定制化开发了一套适应中国银联运营特点并具有可扩展的运营管理流程;建立一种面向客户交付的全流程装配装置,实现了跨流程的灵活编排,适应多变的运营需求;通过引入适配器层实现自动化框架高可扩展;建立以配置库为中心的监控体系;建立健康子系统,实现对自身业务场景的检查和探测。有效提升了运营管理效率和效果,也大幅提升了运营管理效率和 IT 服务交付质量。面向产品全生命周期服务的统一运营平台构建了一套运营管理工具体系及配套的管理制度和组织机构体系,整合运营资源,充分发挥了各个角色在运营体系的作用,为自动化、智能化运营提供平台支持,对保障生产各系统安全稳定运行、提高对外服务质量和效率、探索新的运营模式等方面具有深远意义。

(二)巩固项目成果,深化技术创新

随着银行卡清算市场的开放,以及互联网企业不断加速向线下支付市场渗透,支付市场竞争日益激烈。国际卡公司及国内第三方大量进行专利布局,且呈现"国际化、自由化、多元化"的趋势,专利工作对于提升企业核心竞争力、维护企业技术的领先性、保证品牌的独特性等方面的重要性越来越明显。目前,分布式和开源自主的技术路线成为主流,银联的生产系统引入开源软件三十余个,云计算、存储、大数据、应用架构方面全面引入分布式架构,在性能、高可用性和高可扩展性方面全面提升。

在公司专利布局指引下,信息总中心鼓励员工要善于在项目实施过程中挖掘专利点。自 2013 年至今,中心平均每年提交专利提案 12 项,截至目前,共有文本比对方法和设备、一种数据处理方法及装置、一种基于全量访问日志分析的网站后门检测方法及装置等 10 个专利已获国家授权,为公司实现攻防一体化专利布局战略添砖加瓦。

信息总中心 PMO 也将不断探索适用且实用的项目管理最佳实践,以迎合内外部环境的快速变化。在多项目的环境下,以公司的战略为基础,保证资源分配最有效,达到效益最大化,保障银联生产系统安全稳定运行,为银联持卡人提供良好的用卡体验。

项目管理实践：天士力医药集团股份有限公司篇[①]

一、企业及项目管理概况

（一）企业简介

天士力控股集团是以大健康产业为主线，以全面国际化为引领，以大生物医药产业为核心，以健康保健产业和医疗康复、健康养生、健康管理服务业为两翼，形成产业与资本双轮驱动的高科技企业集团。1994 年，天士力控投集团始创于中国人民解放军第二五四医院，从一个现代中药高科技成果的产业化开始，走上创新与发展之路。在创业创新的历程中，始终秉承"追求天人合一，提高生命质量"的企业理念和"创造健康，人人共享"的使命，逐步形成了以"通"的哲学思想为指导，继承与创新为灵魂的企业文化，构建了大健康产业跨越式持续发展新模式。

天士力医药集团股份有限公司（简称天士力）是天士力控股集团的核心产业，是中国中药现代化的标志性企业。公司聚焦心脑血管、消化代谢、抗肿瘤三大治疗领域，积极推动现代中药国际化、标准化、智能化，坚持做特做优化学药、做高做新生物药，构建了三大药协同发展的大生物医药产业格局。公司 2002 年 8 月在上海证券交易所挂牌上市（600535），连续多年入选"中国最具竞争力医药上市公司 20 强"，并被纳入"全球 MCSI 指数成分股"。

公司通过自主研发、合作研发、产品引进和投资市场许可优先权"四位一体"的研发模式，加速创新成果转化：内部创新研发管理机制，利用 IPD 实现研发、生产、销售、投资一体化流程变革；外部寻找最新最健康医疗资源高效转化为产品集群组合，在需求上实现精准医疗，在供给上实现精准研发。公司拥有世界上最先进的、全球唯一的超高速微滴丸机；曾荣获第四届中国工业大奖，荣获国家发改委批准建设"中药先进制造技术国家地方联合工程实验室"，荣获工业和信息化部"2016 年智能制造试点示范"企业称号，是天津市唯一一家获批企业，并且通过首批全国两化融合管理体系评定。

天士力致力于将中医药推向世界，实现了中药国际化的历史性突破。在复方丹参滴丸美国 FDA 申报过程中，通过国际化的现代医学评价体系，证明了现代中药的配方科学性、机理明确性、安全有效性和质量可控性，为中药国际化开辟了走向世界的新方法、新通路。

[①] 本篇资料由天士力医药集团股份有限公司提供。

（二）企业项目化管理情况

自 2002 年开始，天士力倡导并推动实施项目化管理。在企业的不断发展和变革中，天士力始终坚持着项目化创新的思路。2013 年，在董事长闫凯境先生的引领下，公司提出"战略共享、集成创新、主动变革、追求卓越"的战略发展主题，强调要进一步发挥好项目化管理的集成作用，快速承接企业战略，整合资源，追求效益增量，实现 1+1>2 的目的。项目化管理作为战略执行的推动器，不断发挥着更大的作用。

历经十余年，项目化管理已成为一种特色企业文化，成为现代企业运行中行之有效的管理方法，给企业带来了巨大的变化。它可以将组织的战略目标分解渗透到具体的项目中去，也可以将批量较小的新产品按项目方式来组织生产，它不仅能够有效地管理企业计划内的项目，而且能够及时地管理突发事件和活动；它大幅度提高了管理的有效性，使管理层能够依靠科学且精确的方式来量化、评估员工的绩效及其对企业的贡献；大大调动了基层员工的工作积极性，为更多的人提供了发挥才能的平台；解决了企业的管理瓶颈，培养了一批优秀的项目管理人才，塑造了拼搏进取的项目团队精神。

"今年你做项目了么？""A 级 B 级还是 C 级？""你的项目进展怎么样了，什么时候结项啊？"天士力员工日常交谈中经常会听到这样的对话，可以说，项目化管理已经深入每个员工的心中。

天士力的项目化管理实践与探索得到了国际认可。2006 年，天士力获得 IPMA 国际项目管理大奖银奖；2012 年，荣获组织项目管理能力国际认证体系三级证书。

二、企业项目化管理实践

天士力项目化管理实践是项目管理在制药领域的应用，可以为运作性生产企业的项目管理提供思路与方法。

（一）职能工作项目化，传统企业转型的一大抓手

研究表明，企业中有 50%的活动是具有项目性质的。随着市场竞争的加剧，产品升级、市场创新速度的不断加快，创新性的管理活动越来越多，但大部分企业没有充分认识到对这类工作进行科学系统管理的重要性，仍然采用传统的管理方式，将其置于职能部门中进行管理。这类工作往往需要调动其他部门的资源和人力，而协调和配合往往是职能组织中困难最大、效率最低的活动；因此其结果往往达不到预期的目的，采用传统的管理方式越来越难以应付这类工作。

"项目化"是将原来管理项目的方法上升为管理组织中一次性工作的方法，把组织中临时性的，具有明确目标、预算和进度要求的复杂任务从原有的职能式的工作中分离出来，组织跨部门的矩阵式团队，按照项目技术和方法进行管理，从而能够比常规方法更好

更快地实现目标。本质上，是把企业中的一次性任务按项目进行管理。其核心思想是把职能工作转化为项目。项目化管理与项目管理的主要区别，如图1所示。

图1 项目化管理与项目管理的主要区别

天士力在实践中将职能工作转化为项目归纳为八个步骤，如图2所示。

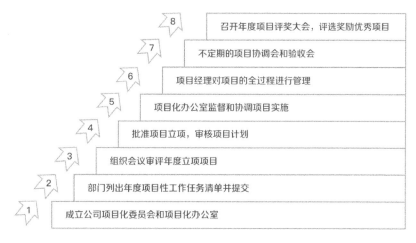

图2 职能工作转化为项目的八个步骤

第1步：由职能经理、项目管理专业人员及公司高管人员组成项目化委员会，下设专家委员会和项目化办公室，董事长或总经理担任项目化委员会主任。项目化委员会是战略机构，项目化委员会的常设管理机构即项目化办公室，由总经理任命项目化办公室主任。项目化委员会和项目化办公室共同负责项目的评估、论证、过程监控及验收等工作。

第2步：每年由各部门根据该年的工作计划提交该年度的工作任务清单，并将涉及C（成本）、T（时间）、S（范围）的跨专业、跨部门的工作和任务，按项目立项，上报项目化办公室。

第3步：项目化办公室组织召开项目化会议，由项目化委员会从申请的项目中选出本年度立项项目，并根据项目的来源、重要性、复杂程度和涉及资源的大小来确定项目管理级别和优先顺序。

第 4 步：项目化委员会批准项目立项，并与指定的项目经理签订正式的项目合同，审核项目经理提交的项目计划。项目计划应包括目标描述、任务分解、团队成员、责任矩阵、交付物、工期、资源计划和验收标准等。

第 5 步：由项目化办公室对各项目的实施进行监督和协调，并协助项目经理对各项目进行管理。

第 6 步：项目经理按照项目管理的程序和文件要求，运用技术工具按照项目计划的目标、预算、进度、里程碑计划、工作分解结构、人员分工、变更控制和项目报告等要求，对项目的全过程进行管理，并随时与项目化办公室保持联系以获得其支持。

第 7 步：由项目化办公室不定期地举行项目协调会和项目验收会，随时对项目运行过程中出现的问题进行评估，并对各项目间的冲突进行调解，优化资源配置；根据项目环境的变化提出暂缓、加快、合并或中止项目的决定，组织专家委员会对完成的项目进行验收。

第 8 步：每年召开年度项目评奖大会，选出"优秀项目"和"优秀项目经理"，并从项目获得的收益中提取 5%～10%作为项目奖励基金，对优秀项目团队进行奖励，并选派优秀员工参加专业项目管理培训。

（二）稳步推进，组织赋能，形成专业型项目化办公室

解决在推行项目化管理时遇到的各种各样问题的关键是，必须在公司内组建一个推动项目化的组织系统；这个组织系统的核心就是项目化办公室。

天士力的项目化办公室在项目管理方面起到重要作用，分为专家团队和信息团队。专家团队是公司项目管理中的智囊团，由项目化办公室主任和项目管理专家组成，主要负责建立和维护企业的多项目管理程序，进行多项目的选择和评估，为各项目合理配置和协调资源、提供培训与指导，进行多项目验收和奖励，并对项目进行后评价等。信息团队为保证正确的决策而提供必要的信息，其成员来自各个部门，负责收集信息、监督项目执行。

天士力专业型项目化办公室是逐步形成的，形成过程经历了四个阶段。

第一阶段：概念型的项目化办公室。

天士力项目化办公室于 2002 年正式成立。当时公司把重点工作定义为项目，把负责这项工作的人员称为项目经理，由于大家对项目化不了解，项目经理也只是个挂名称呼，看不出工作方式与以往有什么不同，于是让所有部门的经理都参与其中，成立一个专管内部项目的虚拟机构，这个机构利用现有人员，没有增加任何人员编制。由于很多项目资料保存得不完整，所以公司开始计划建立规范的项目管理体系，做好完整的记录，在实践中逐步提高水平。公司项目化办公室就在这样的背景下成立了，按照公司的规划，这个机构应该是对公司所有的项目进行指导的办公室，这也就是概念型项目化办公室的形成。

所谓概念型的项目化办公室，是对项目化工作早期不成熟的一种形象比喻，具有无形、非正式的特点。这个特点决定了它不太可能对大部分项目实现规范的管理，项目团队

没有正式沟通的制度，通常通过临时性的会议来解决问题。这一阶段项目化办公室的工作主要是宣传、培训，如果要说系统管理项目化的具体工作，也就是到处追着项目经理填表单了。

第二阶段：秘书型的项目化办公室。

项目化推进的团队成员始终是弹性的，随时在调整。人员是为具体任务需要而配备的，某个时期的重点任务确定后，就要为任务选择合适的人员。项目化推行的混沌期过后，重点任务就是制定大量制度和流程，对人员进行专业培训，实现系统化和制度化的管理。项目化办公室的人员也随之改变，其职能转变为专门为项目经理服务，这一阶段可以称为秘书型的项目化办公室。这一阶段主要是解决项目信息的标准化及项目分级问题。

这样不仅有利于项目的沟通和报告，而且对不同层次的项目要求不一样，各类资源也好协调分配。就这样，出台了天士力项目分级标准（见图3）。

评价指标	A级项目（公司级）	B级项目（部门级）	C级项目（小组级）
项目来源	企业战略所计划的、自上而下的项目	1. 原职能管理的任务 2. 跨部门的一次性工作	1. TPM获奖提案 2. 员工自发的、改善局部业绩的一次性任务
对项目的基本要求	1. 符合企业战略 2. 推动建立竞争优势 3. 降低项目期内成本，获得项目期后效益 4. 满足客户需求和期望 5. 提高企业声誉和社会形象	1. 符合部门使命及年度目标分解 2. 推动建立竞争优势 3. 满足客户需求和期望	1. 符合部门使命及年度目标分解 2. 改善部门管理 3. 满足客户需求和期望
项目的范围和复杂程序	1. 范围广 2. 复杂度高 3. 风险程度高	1. 范围较广 2. 中度复杂 3. 风险程度中	1. 范围较小 2. 不复杂 3. 风险程度低
项目管理的范围和内容	1. 详细的计划 2. 全面的成本控制 3. 严格的进度计划及控制体系 4. 严格的文控程度及完整的记录 5. 全面系统的风险分析及风险管理计划 6. 经常性会议	1. 较详细的计划 2. 能够进行成本控制 3. 较详细进度计划 4. 定期报告及记录 5. 有一定的风险意识，能够进行风险分析 6. 经常性会议	1. 简略计划 2. 部门预算控制 3. 有总工期，无细分进度 4. 口头沟通 5. 无风险计划 6. 不必召开会议
管理人员的知识和能力	1. 充分了解项目管理知识，具有一定的项目管理经验 2. 具有管理复杂项目或多项目的能力	1. 了解项目管理知识 2. 具有管理较为复杂、较高风险或较关键项目的能力	1. 充分了解项目管理知识，具有一定的项目管理经验 2. 具有管理简单、风险较低的项目的能力

图3 天士力项目分级

天士力项目化的标准是：由原部门负责、部门经理组织的复杂活动项目化；涉及跨单位、跨部门的工作项目化；涉及多人合作，可分解任务工作项目化；涉及有确定完成期限、预算的活动项目化。其中，全员绩效改善是项目化管理体系中非常重要的一个环节，是公司降低成本、提升效率、改善管理、强化竞争力的有效工具。它充分地调动了一线员工参与管理的热情，培养了员工的问题意识和改善意识，将企业文化从制度的角度给予了提升，并对其进行了规范化、大范围的推广。

项目分级制定完成后，项目化办公室还对项目管理流程进行了归纳总结，并设计了项目管理流程（见图 4），制作成展板挂在办公区内，使员工们随时可以看到，起到了很好的宣传和培训作用。

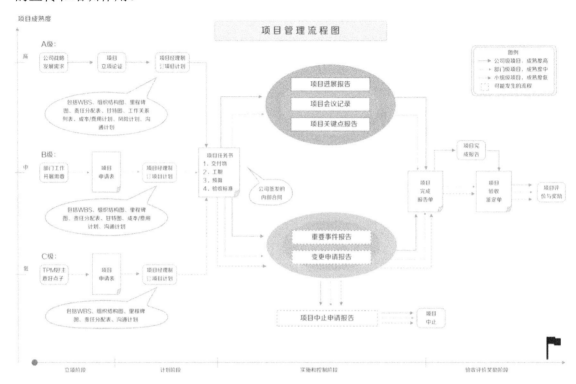

图 4　项目管理流程

将项目分级后，项目化办公室开始了项目管理的体系建设工作，并初步拟定了制度清单（见图 5）。

天士力公司项目化初期的项目管理制度清单			
序　号	名　称	序　号	名　称
1	项目分级管理制度	9	项目风险管理程序
2	项目选择和优先权评价制度	10	项目采购管理程序
3	项目论证报告编写程序	11	项目预算及费用管理程序
4	项目计划书编写程序	12	项目沟通管理程序
5	项目范围管理程序	13	项目团队的建设、激励和培训制度
6	项目验收管理程序	14	项目经理管理程序
7	项目立项管理程序	15	项目会议管理程序
8	项目变更管理程序		

图 5　天士力项目化初期项目管理制度清单

项目化办公室的职责被以文件的形式确定下来，其中公司级项目信息员由项目化办公室主任任命，主要负责协调各部门项目信息员开展工作，收集建议和意见，负责 A 级项目的信息处理与档案管理；部门级项目信息员的选择由项目化办公室主任与职能经理协商后确定，主要负责所在部门的 B 级、C 级项目的信息处理与档案管理。

第三阶段：全员型的项目化办公室。

在项目化管理的初期，有些部门普遍认为部门的工作都是本职工作而不愿意立项。他们或者是习惯了固有的管理方式而不愿意改变，或者是认为立项以后业绩变成项目经理的业绩而不再属于部门经理了，又或者是觉得项目会使他们面临双重汇报关系而难以处理……总之，部门经理可能拒绝一切将要改变他们现状的变化，所以处理这种状况时，需要信心，更需要耐心。

如何处理好项目工作和职能工作之间的冲突，是摆在管理者和员工面前的一道难题。解决好这道难题需要一个磨合过程，需要管理者和员工的认真探索和制度的不断完善。这个过程的长短取决于组织推动项目化的范围和力度。

在实施项目化管理时，所识别的项目其实是与职能工作分不开的。项目并不是独立于职能工作之外的，项目经理多数情况下是与项目任务所涉及的职能工作有很大相关性的，所以项目经理不会总是同一批人。每年立项、审核、验收的标准也会逐步提升，员工们管理项目的能力就在这种"魔高一尺，道高一丈"的压力下成长。

第四阶段：专业型的项目化办公室。

项目化办公室的主要职责是"做正确的事"和"把事情做正确"，前者是基础。如果用这样的标准来定义项目化办公室工作的两大基本面，那么就应该是项目的选择评估和项目过程管理。

为保证项目化办公室的专业性和独立性，天士力项目化办公室的组织和职责不断升级优化，如图6所示。

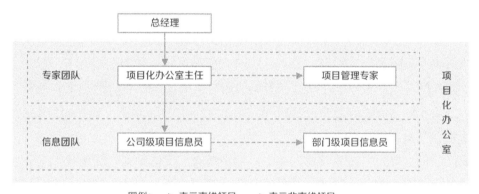

图例：—▶ 表示直线领导，--▶ 表示非直线领导

图6　项目化办公室

图中阴影部分即天士力项目化办公室的结构，这是一个跨职能的矩阵式组织，对公司所有项目进行管理。可以看出，项目化办公室受总经理的直接领导，办公室主任向总经理汇报工作；项目化办公室分为专家和信息两个团队。

项目化办公室主任由总经理任命，其职责就是负责协调专家团队开展工作，对信息团队的工作进行指导，协调企业所有项目。

经批准后，天士力的项目化办公室定义了四大职责。

1）建立健全项目化管理体系。其包括进行项目选择和优先级评价，保持项目与企业战略一致，为项目进行资源协调配置，促进项目经理之间协调沟通，向最高管理者汇报项目情况，制定标准的项目化管理流程，组织进行项目验收，项目的后评价，项目经理的评估与考核，奖励优秀项目团队，等等。

2）提供项目管理的方法和工具。其包括提供项目管理的工具模板，开发和维护多项目管理软件，管理各级项目档案，建立项目管理资料库，等等。

3）监督和控制项目质量。其包括收集有关项目状况的信息，进行沟通分享，定期审查项目绩效，评估并跟踪问题点，对有困难的项目提供帮助，控制项目变更，根据需要适时中止项目，等等。

4）提供项目管理咨询、指导和培训。其包括开发和维护项目管理分级培训及内部项目经理认证体系，为组织培养合格的项目经理提供项目管理咨询和指导，总结项目管理经验教训，推广最佳项目管理做法，等等。

由此看来，项目化办公室在企业向项目化转型的过程中扮演着十分重要的角色。

首先，项目化办公室是项目化转型的推动组织。项目化办公室在前期准备工作尤其是员工和管理层的项目管理理念的导入，知识的培训，学习和交流成功案例等工作中，承担着倡导者和领导者的职责。项目化办公室的人员是两重兼任身份，他们应该是最具进取心和创新意识，并具有较高管理经验的一组人。刚开始项目化的发动和宣传导入，虽然从高层开始，但项目化办公室是将理念渗透到企业中的每个细胞的中坚力量；它联系着职能母体系统和新的项目化管理系统，是两个系统进行融合、交换、平衡的桥梁。

其次，项目化办公室在实施项目过程中还扮演着规则制定者的角色。项目化初期所需要的各项管理程序、标准、模板由项目化办公室制定并下发；项目管理文件，项目沟通和报告系统所需的各类报告、图表、工具和沟通制度等由项目化办公室建立和维持。文件、制度、流程的持续完善和升级，报告和表单的标准化，项目过程中的规定和监督，这些工作都是项目化管理与职能管理相互协调和完善所必需的，通过这一过程逐步建立一套企业项目化的管理体系。

最后，项目化办公室在项目化的中、后期扮演着"交通警察"的角色。项目化办公室在项目化推进过程中的一个重要工作是组织各类项目会议。通过会议的形式推进项目管理的标准和规范，使参与项目管理的员工能学习项目管理知识，尽快熟悉和掌握项目管理的工具和方法。项目化办公室通过定期会议来确保整个项目管理体系的正确运行，检查上期的任务进展情况，对异常情况进行评估和处理，协调和解决职能部门和项目小组之间因为资源、人力、资金、进度安排方面等原因而产生的矛盾，缓解双方的冲突和压力。项目化办公室还承担着为新项目经理们提供后备支援和辅导的责任。

项目化管理的实质就是将人从层级制的固定而重复的工作中解放出来，激发人的责任心和创新意识，将人的智慧和能力发挥出来并变成可视的、对组织有经济社会意义的成果，让普通员工也能通过项目的成功而对自己充满信心，使公司也因项目的成功而不断发展和强大。在所有过程中，项目化办公室的工作至关重要。如果没有项目化办公室卓有成效的工作，那么就没有项目化管理模式的成功。

（三）成立项目管理学院，为项目化管理持续输送人才

随着项目化管理在天士力的不断深化，公司的高管团队和决策层对项目化管理也逐步形成共识。公司鼓励员工参加外部项目管理专业知识的培训，根据当时的实际情况，公司推送骨干员工参加 IPMP® 的相关认证，并安排参加外训的员工培训回来后，将培训内容转化成内部培训课件，让更多的员工得到系统的学习，形成了团体带动整个企业项目化发展的局面。

为了顺应企业项目化管理的发展，天士力成立了自己的项目管理学院，目的是专注于项目化管理人才的培养，为公司培养内部项目经理。天士力项目管理学院与普通的学院一样具有完整的学院结构，有课程体系、系统的教学模式与运行机制、运行管理部门、讲师及学员管理规范制度等。课程体系涵盖理论讲授和实践应用传授，共计 43 门（见图 7），并按照学员需求被分为入门级、初级、中级和高级四个级别。学院现有资深讲师32 名，其中内部 28 名，外部 4 名，为了保证培训师的教学水平，同时建立了内部培训师筛选体系。每年有专职人员负责学院的招生工作，设计了科学的学员进阶模型及学分达标要素。

分类	课程名称	课时（小时）	分类	课程名称	课时（小时）
基本知识点、工具课程（9门）	项目管理知识培训（新员工）	2	专业化延伸课程（8门）	精益类项目管理	2
	项目过程管理	2		设备工程类项目管理	2
	项目管理基础知识与概念	2		质量类项目的项目管理	2
	项目计划制订	2		活动组织的项目管理	2
	一页纸操作培训	2		研发类项目管理	2
	项目管理信息系统	2		项目管理在科研技术领域的应用探讨	2
	项目管理制度培训	2		资源管控类项目的立项策划	2
	PROJECT 2007	2		新品产业化类项目管理	2
	项目管理应用工具介绍	2	分类	课程名称	课时（小时）
分类	课程名称	课时（小时）	实践课程（6门）	沙盘模拟训练	3
天士力项目管理方法论课程（12门）	项目管理知识体系指南简介	1.5		项目管理案例实践讨论	3
	项目整合管理	1.5		项目道德、信任、治理	2
	项目范围管理	3		企业项目化管理及案例学习	3
	项目时间管理	3		天士力的企业项目化管理实践	3
	项目成本管理	3		天士力项目管理案例实务分析	2
	项目质量管理	3	分类	课程名称	课时（小时）
	项目资源管理	3	能力课程（8门）	项目经理职业生涯规划	2
	项目沟通管理	3		从技术骨干到优秀的项目经理	2
	项目风险管理	3		项目经理的领导艺术	2
	项目采购管理	3		标准项目报告	1.5
	项目相关方管理	3		关键链项目管理	2
	项目全过程管理	3		精益项目管理中的财务核算	1.5
				企业中的项目化组织	1.5

图 7　项目管理学院的课程表

入门级培训主要侧重于理念建立，内容包括基础知识概要及企业项目管理制度的介绍，其目的是引导员工尽快融入企业项目化管理的氛围中。该培训主要针对新入公司的员工。

初级培训主要侧重于项目生命周期全过程管理，尤为重视项目计划的制订，其目的是使员工的认识从概念阶段进入理解阶段。该培训主要针对入公司半年以上的员工，其中很多人已经负责或参与了项目，对项目化管理有了一定的了解；初级培训可以大大增加他们的兴趣，提高其项目管理水平。

中级培训主要侧重于项目管理知识体系的十大知识模块，基本培训对象为参加过初级培训的人员或企业中的中高级管理人员。他们具有项目管理经验，但是缺乏理论知识；中级培训可以使他们系统地掌握项目管理的基本知识，有利于企业的项目化管理逐步走向标准化。

高级培训注重能力训练，除了聘请外部项目管理专家进行授课，还可以采取模拟训练的方式，模拟实际项目产生的过程，要求项目的交付成果，并设定一定的市场环境。模拟训练可以使受训员工在负责重要项目时，能够随时关注项目目标、市场变化和利益相关者需求，从全局角度出发，在可能的条件下主动为项目利益的最大化和企业利益的最大化考虑，而不是像以往那样只顾埋头苦干。

内部项目经理的认证是对培训效果最有效的评估。培训只有与认证挂钩，并且对认证通过者给予一定的制度倾斜，才能更好地调动参训人员的积极性，培训也才能更有效。

凡参加中级培训的员工，均可报名参加内部项目经理资格认证。内部项目经理资格认证每年举办一次，考试分为三大部分：一是闭卷笔试，主要考核员工的项目管理知识；二是案例研讨，主要考核员工在项目模拟环境中的沟通、协调、处理问题等项目管理能力；三是面试，主要考核员工的项目管理经验及其对项目化管理的理解。单项分数和总分数均合格者，方可获得内部项目经理资格，并颁发证书。只有通过了内部认证，才具有负责本公司各级项目的资格。

三、项目化管理实践发挥的作用

（一）降低组织内耗，提升管理有效性

天士力所使用的项目化组织结构是矩阵式的。企业内部一旦熟悉并掌握这种矩阵式的分权扁平模式，过去单一的职能体制所导致的物资浪费、工期延迟、工作无人负责、职责相互推诿及企业文化空洞等现象会大量减少，使项目管理的有效性大大提高；针对特定的任务进行人员配置有利于发挥个体优势，集众家之长，提高项目完成的质量，提高劳动生产率。该组织纵向上保持原有的直线式层级和汇报结构，横向上增加了由各个功能部门组成的项目团队，专门负责组织中一次性的跨部门工作。这样的组织结构可以让管理者不受部门视野所限，可以关注到企业整体的目标。

（二）全面规划管理跨部门（公司）工作

项目化管理有利于避免冲突，减少琐碎的请示、批准及缩短大量的文件流程，项目经理一开始就明确项目范围，制订进度计划，安排团队成员，规划资源配置，有效地跟踪控制，并在项目立项的初期就设定参与项目各部门的投入和产出的分配标准，这样就可以让横向跨部门的工作件件有人计划，事事有人负责。多年来，天士力千余个项目的实施，其中 70%以上是跨部门的任务，这说明项目化管理在完成横向跨部门任务及解决涉及体系的系统性问题上发挥了重要作用。

（三）及时管理突发事件，提升反应速度

当企业面对例外事项、突发事件的时候，各部门很难统一行动或迅速地对突发事件进行反应，以至于越忙越乱，自相矛盾，这将导致事件错过最佳的处理时机，最终造成更大的危机。通过项目化管理，项目团队将从职能部门中抽调人员组成临时团队，统一思想，共同策划，一致行动。由于他们具备不同的专业知识和经验，可以取长补短，信息可以完整地传递和沟通，因此能够快速一致地应对外界变化与突发事件。

（四）承担管理创新的先导任务，全面管理创新过程

在没有实行项目化管理的企业，即便具有创新意识的企业，大力投资于创新，但如果缺少严谨的方法来推进管理创新流程，也往往难以按目标实现创新带来的价值，投入产出不成比例。如果企业采用项目化管理方法，就可以迅速地将企业的各类管理创新活动进行全面的组织、计划、执行、检查和评价，而达到预期效果，因此是企业创新性活动顺利开展的组织保障。

（五）统筹解决复杂问题

将复杂的企业日常经营活动转化为项目，可以深入地分析和解决问题，可以降低企业内部成本的复杂问题。公司日常经营活动中还存在一些比较复杂的、协调成本高的管理活动，常规的管理方式不能很好地满足企业的需要。采用项目化管理，企业可以实现从各部门内抽调人员，形成专业小组，实事求是地针对问题进行研究，使问题的焦点从"是谁的问题，谁应该负责""应该怎么处理"转移到"是系统问题还是偶然问题""怎样改善系统""如何防范类似问题"等。

（六）吸引保留核心人才，快速培养复合型管理者

在常规组织中，员工处于独立职能部门，没有机会经历整个管理过程和独立处理整体性问题，很难成为综合性的人才。有复合性职位的机会时，企业往往到外部寻找，挫伤了内部资深员工的积极性，导致专业人才的流失。在项目化组织内，员工有机会接触其他领域的知识，个人能力可以平衡而全面地发展，可以独立管理整个项目。这对于员工来说是

学习和实践的良好机会，也为他们今后独立处理全局性问题积累了经验，有利于员工的综合发展。在天士力的实践中，中高层管理人员都要有担任项目经理这一环节，通过评估他们对复杂项目的管理过程来考察和培养人才。项目化管理也是企业培养人才、选拔人才的有效工具。

（七）快速提升青年管理者的领导能力

当前许多企业的高层看上去个个都是能人，为了突出自己的地位，往往代替下属思考和决策，久而久之，中层始终感到自己能力跟不上，企业就形成了这种"领导怎么说，我们怎么干"的文化，当企业抓住了市场机会，突破性地高速成长时，被授权去独立管理一块业务的经理们却习惯性地请示和汇报，已经不知道该怎样单独决策，下属的独立领导团队的能力越来越弱。这种行为方式极大地限制了整体的组织功能和理性意识。企业组织项目化后，可以给管理人员搭建一个可以充分施展领导能力的工作平台，青年管理者可以独立带领跨部门团队完成任务，快速成长为企业的中坚力量。卓越的项目管理经验可以帮助他们走向管理的顶峰。

（八）改变态度，激发热情，增强责任心和归属感

为什么现实中很多企业精心规划的战略和计划往往难以转化为员工的主动行动？问题的根源在于，制定战略和计划的过程缺乏员工的参与和配合，传统的直线性命令式结构让员工习惯于被动地接受指示或指令。这种沟通方式会让员工心存不满，导致其投入的热情低下，使其缺少责任感。在项目化管理模式下，这种状况得到改变。当项目开始被讨论和立项时，发起人就会召集可能参与项目的同事一起商讨，共同制订计划和预算，按各自的专长进行分工，这样就会使参与项目的成员心甘情愿地承诺对项目做出贡献，并认同自己的角色和工作内容，触发员工自己的主人翁精神和创新热情，使其主动执行力得到增强。在整体绩效得到提升的同时，员工的责任心和归属感普遍增强。

四、企业项目化管理实践的效果

2005 年，南开大学对天士力进行了"项目化管理对员工的心理影响"的课题研究，调查显示，天士力的项目化管理的推行促使员工产生了更强的工作责任心、更高的团队意识和创新意识，并感受到了更多的企业关注和重视，这促使员工对公司有更好的制度评价，增加了员工对企业的凝聚力和归属感，从而不同程度地提高了员工的满意度、涉入度和忠诚度。

2006 年，在第 20 届项目管理全球大会上，全球范围内包括中国"神舟六号"载人飞船项目、德国西门子公司、德国大众公司总共 11 个入围项目展开了激烈角逐。这届大会也是新中国成立以来项目管理领域规格最高、规模最大、影响最广的全球性项目管理产、

学、研交流合作的盛会。最终天士力申报的"企业全面项目化管理项目"脱颖而出，一举获得"IPMA 国际项目管理大奖"银奖。这是中国医药行业迄今为止在国际项目管理领域获得的最高奖，标志着在项目管理领域中中国的企业管理水平正在快速提升，达到了国际先进标准和水平，打破了传统的欧美国家垄断格局，成为新的代表国际项目管理发展方向的创新典范，是中国企业国际竞争力和影响力不断提高的又一个证明。

2012 年，天士力邀请 IPMA 对企业进行了 IPMA Delta®认证，是中国第一家申请该认证的企业。企业顺利通过了由国际评估师团队开展的全面认证评估，荣获组织项目管理能力国际认证体系三级证书。

五、结束语

项目化管理给传统制药企业注入了新鲜血液，明确了新的企业管理发展方向，为企业带来了显著的经济效益和社会效益。

创新是天士力的 DNA，推行项目化管理成为推动企业成功变革的动力，项目化管理作为企业发现的有利工具在新时代下继续助推企业发展。作为一个追求卓越的优秀企业，天士力会更好、更强、更稳健地发展，在通往国际化的道路上打造百年企业，彰显中药魅力，传播传统文化！

天士力也会持续优化项目化管理实践，与各专业组织一起继续为推进我国项目管理专业化发展，加强与国际项目管理专业领域的交流与合作，促进组织项目管理水平提升做出一份贡献！

项目管理实践：京东篇①

一、项目管理在京东

（一）京东简介

京东于 2004 年正式涉足电商领域，2018 年，京东市场交易额近 1.7 万亿元。2019 年 7 月，京东第 4 次入榜《财富》500 强，位列第 139 位，是中国线上线下最大的零售集团。

2014 年 5 月，京东在美国纳斯达克证券交易所正式挂牌上市，是中国第一个成功赴美上市的大型综合电商平台。

京东是一家以技术为成长驱动的公司，从成立伊始，就投入大量资源开发完善可靠、能够不断升级、以应用服务为核心的自有技术平台，从而驱动零售、物流等各类业务的成长。京东已经形成鲜明的技术驱动发展战略，打造出独特的软硬件一体化的互联网技术体系，引入国际性人才，夯实核心研发能力，建立多个开放平台，积极对外服务。

（二）京东项目管理发展历程概述

京东零售项目管理团队发展历程是项目管理在京东发展史的缩影，团队初建于 2012 年，初创阶段的主要特点是跟随，团队的主要工作模式是跟随研发团队找项目。2013 年，团队处于稳定发展阶段，得到了研发团队认可，逐渐开始有重要项目向团队提出需求。2014 年，部门发展到了新阶段，从"跟随"模式逐步升级为"驱动"模式，研发的重点项目做到项目管理团队全覆盖，团队也开始积极参与战略项目。2014 年恰逢京东上市，配合公司内控合规要求，项目管理部着重建设了项目 SOX 规范，指导和检验项目过程和工作产品的合规性，规范了项目管理流程，部门在正规化上又上一个大台阶。2015—2016 年，伴随着京东业务的迅速发展和业务量的迅猛扩大，各业务方对研发的响应速度和质量提出了更高的期望，为了实现业务需求的无缝衔接，加速业务需求的流转，项目管理部建立业务 BP 机制，提出了全生命周期的项目管理流程，同时加大了对项目成本的控制，提出了从"驱动"到"引领"的又一次升级。2017 年是项目管理向"优质、提效"前行的一年，积极践行"引进来，走出去"的项目管理思路，积极利用 PMI 平台，向外宣传团队，向内引入经验，打造项目管理界的京东品牌，向成为业界最优秀团队继续努力。目前，零售项目管理团队已有专职项目经理及项目治理人员 60 多人，是京东集团最大的项目管理团队。

回顾京东项目管理的发展历程，是从"跟随"到"驱动"到"引领"的过程，从初期

---

① 本篇资料由北京沃东天骏信息技术有限公司提供。

的承担各业务单元之间组织协调工作，推进单项目落地，逐步成长为专注项目集管理、项目组合管理、提升整体研发效率的大团队。京东项目管理团队在企业中发挥了更大的作用，更好地保障了京东零售集团战略落地。

（三）京东项目管理的组织架构

京东建立了一套自己的项目管理组织体系。京东各子集团和业务单元拥有自己的PMO，建设其项目管理体系并推广。京东自研项目管理系统，并要求公司所有大于 60 人·天的需求必须立项，跨部门、风险高或工作量大的系统改造和新系统开发必须立项。PMO安排项目经理，按照公司项目管理规范推进项目。对于 PMO 没有安排项目经理的项目，由产品经理或研发经理担任项目经理，PMO 作为支持型的角色，提供项目管理支持和最佳实践咨询。

京东的项目管理组织体系呈现"子集团分属，全链路联动"的特点。在组织架构上，各子集团和业务单元都有各自的项目管理部门，不同子集团的项目管理部门各有特色，但具有共同的项目管理理念，与具体的业务环境相适配。各项目管理部门之间是相互联动的，因为京东的项目特点是跨部门、全链路和高复杂度的，这需要子集团内部前台、中台和后台的协作，更甚者需要各子集团或者业务单元之间的沟通协作。以接受课题组采访的技术与数据中台项目管理部的组织架构为例，具体包括项目规划与治理组（原先的 PMO），主要负责项目管理体系的建设和项目管理理论方法创新；项目经理团队，主要负责中台乃至零售子集团战略方针的落地和实施，包括负责线上交易的项目管理组、线下与共享的项目管理组、数据与架构项目管理组（大数据与技术架构）。

同时，不同项目管理团队之间强调"开放、赋能、共创"的氛围环境，不同项目管理团队的发展阶段不同，有的已经十分成熟，有的还在初创阶段。富有经验的成熟团队会对初级团队进行帮助赋能，通过"能力呈现，达成共识；了解现状，明确需求，赋能计划；方案试运行，方案改进，实现赋能"的过程，相互帮助，共同建设，共同成长。

（四）京东项目管理的制度特点

1. 项目管理制度的本土化

京东在项目管理制度体系建设上实施"本土化"。京东在全面推行项目管理制度体系建设的初期，就组织集团内有经验的项目经理，以 PMP®手册内容为理论基础，以企业特点和发展阶段为现实背景，集中讨论、梳理出了一整套符合京东实际情况的项目管理制度体系，作为开展项目管理工作的指导，也作为进一步推进项目管理工作和进行项目管理培训教育的教材，实现了"本土化"。例如，原商城研发体系 PMO 编制了《项目经理工作手册》，除用作 PMO 的项目经理工作指南以外，还用作对非 PMO 人员的项目指导。

2. 项目管理工具的自研化

京东在项目管理工具上实现了"以自我研发为主，以外部采购为辅"。集团内设置工具研发组，针对各个项目组提出的项目管理工具需求，自己研发相应的项目管理工具软件（见图1）。目前，已经成功研发出了支持项目管理的 PMP®系统、支持敏捷实践的行云系统等多个项目管理系统，在很大程度上对项目管理、需求管理和资源管理实现了增质提效。

图1　京东研发管理平台

3. 项目管理建设的同步化

京东项目管理始终保持与 PMI 同步，获取最新 PMI 咨询及项目经理发展指导。京东项目管理部门与 PMI 建立沟通渠道，分享 PMI 职业脉搏调查报告，交流敏捷项目管理、项目集管理最佳实践；从 2016 年起安排项目经理参加 PMI （中国）项目管理大会，获取项目管理最新调查与资讯、国内外知名企业对项目管理人才的需求信息和国内重大项目的最佳实践分享。项目经理在参会之后，对未参会人员进行分享和答疑；鼓励项目经理参加 PMI 组织的相关活动，进行持续的培训和规范有效的知识传递，对未考取 PMP®证书的同事，公司鼓励其学习考试。

（五）项目管理在京东的价值意义

项目管理在京东具有战略意义和职能价值。京东作为一个大型互联网企业，组织模块多，对部门间的协作、协调要求高；运转速度快，对项目流程的进度把控要求高；高度市场化导致风险程度高，对风险把控要求高；强调效率收益，对资源配置的有效性要求高。项目管理体系在京东发挥着巨大的职能价值：项目管理对于改善项目的跨部门沟通起决定性作用；项目管理对于各类重要会议和活动的组织能显著提升效率；项目管理对各类相关方、利益相关部门的协调作用不可或缺；项目管理对跨多个职能部门的重要问题和风险推进、解决起领导作用；项目管理对整合企业资源保障战略落地起关键作用。

二、京东项目管理的特色亮点

（一）京东项目管理坚持以项目为中心，实施全生命周期项目管理

京东的项目管理始终与具体项目紧密结合。京东作为互联网企业，区别于传统行业中的顾问型 PMO 和控制型 PMO，京东的 PMO 需要在项目前期积极投入项目策划，在项目中期始终横向联通各部门，在项目上线后对项目的效果进行再验证，实现了以围绕项目的全生命周期为核心的项目管理精髓。**在项目前期**，京东项目经理由于大多数是从业务岗位转岗或从传统行业转行的，具有较扎实的互联网技术业务背景，所以积极参与项目的前期规划，从战略和技术层面提前思考如何使项目带来收益、如何合理高效配置资源等问题。**在项目中期**，项目经理充分发挥横向联通各部门的作用，业务部门在项目目标上偏重于流量的增加，研发部门则偏重于技术的突破，项目经理可以统筹协调各个部门的目标，以达成目标一致，通过跨部门的协调，整合各部门的项目信息，对项目的流量进行预估，及时安排、调整相应的服务器资源配置和网络带宽资源，同时积极调度各部门的项目计划和进度进展，精准、精确地做好排期工作，确定各环节的关键时间节点，保证项目有效有序推进。总体来说，在项目中期，项目经理发挥部门间目标的统筹作用，达成项目价值的共识；发挥部门间信息的整合作用，为下一步工作提供信息基础；发挥部门间进程的协调作用，保证项目有序有效推进。**在项目后期**，项目经理还要对上线的项目"回头看"，验证、评估项目是否达成了策划设计时的盈利目标和流量目标，整个项目管理过程是否经济有效、成本可控、风险可控，归纳成功经验，总结问题原因，积累经验化、模块化的项目管理方法。

案例 1：京东零售项目管理团队的全生命周期管理模式

京东零售项目管理积极向前延伸、向后拓展，实现全生命周期管理（见图 2）。在向前延伸方面，项目经理尽早地介入项目，从业务方接到需求时项目经理就开始介入，参与需求沟通、过程明确，甚至直接参与业务方的业务规划过程，有助于深度理解业务需求，更好地推动后续活动。团队积极推行研发业务伙伴（Business Partner，BP）制度，部分研发项目经理担任各采销业务方的 BP，加强研发与业务的沟通，同时协调业务侧和研发侧，提升项目满意度。在向后拓展方面，团队密切关注项目的运行活动，在立项阶段项目经理推动运营人员完成运营计划，确定项目的 ROI 指标、验证时间及验证人。在运营推广阶段，项目经理对照立项时制订的项目运营计划，积极推动、支持运营工作的开展，并且定期收集数据，验证运营实施效果，结合立项阶段设定的 ROI 指标，适时进行验证分析，将分析结果反馈给各方，以继续影响后续的业务和开发活动，形成一个"**沉入前端，提早规划；坚守中端，精细管理；跟踪后端，总结反馈**"的可持续、良性管理循环。

图 2　全生命周期管理

（二）京东项目管理积极响应互联网行业特点，全方位引入敏捷

京东在将敏捷引入项目开发和项目管理能力建设的程度和水平上走在行业的前列。作为互联网企业的典型代表，快速开发、快速验证的业务特点要求团队工作适应快速开发和调整的节奏，这呼唤敏捷管理在京东的全方位介入。

在项目开发中，**第一，京东推行敏捷的项目周期，小步快跑，快速迭代发布**。以负责研发京东商城卖家管理工具的京麦团队为例，将软件版本发布周期从以前的 1～2 个月缩短到 1～2 周，快速发布产品版本，使得产品快速占领市场，拉开与其他产品之间的距离。**第二，京东推行敏捷的沟通反馈，强调激情沟通、高效沟通、及时反馈**。鼓励采取面对面的沟通交流方式，通过每日站会、评审会议、回顾会议等具体形式，快速讨论进展、发现原因并解决问题，建立看板模式，实现工作透明、自我认领、及时反馈，激发团队的工作激情与创造力。**第三，京东推行敏捷的项目管理工具，开展极限编程，部署流水线**。引入大量有效的敏捷实践工具，包括持续集成、自动化部署、静态代码分析、监控报警等，大大释放了团队资源，减少了无效耗损。

在项目管理能力建设上，京东在以下五个方面灵活运用敏捷方法，保持、提升了团队的凝聚力、战斗力、稳定性、抗压性和应变性，为顺利推进项目奠定了坚实的基础。以京麦团队为例，其以 50 人不到的规模，承担了 300 多人大团队中 60% 的工作量，创造了 3 年无一人离职的奇迹，这样的成果无疑与敏捷方法的灵活运用密不可分。**一是工作透明**。对上级领导透明，方便其实时把控项目的进展、问题和风险；对同事透明，让其了解团队中相关方的工作进展；对团队透明，让每个人都可以参与了解整个工作的情况，积极树立主人翁意识。**二是节奏掌握**。团队根据实际能力情况，不断探索符合团队自身能力和特点的发布频率及交付时间点，以实现既能快速交付，又能保证交付质量的目标。**三是庆祝短期胜利**。不等到项目结束时再进行庆祝胜利，在项目进行过程中的迭代成功发布、问题解决等时间点庆祝胜利，鼓舞士气，总结经验，加强团队建设。**四是检查与调查**。新的迭代产品快速投入市场，收集用户使用信息反馈，根据反馈信息决定下一个版本是否发布或者终止，及时对产品进行调整，避免因产品失败而导致的成本沉没，实现公司价值利益最大化。**五是客户参与**。产品需求来源于客户，并被客户所使用。产品的研发过程需要客户参与，需要不断地与客户沟通，理解客户需求，了解客户故事，根据需求及时开展变革，避免闭门造车。

同时，京东十分注重敏捷管理在集团内部的推广。**第一**，积极建立敏捷管理社区，鼓励各个团队内部开展敏捷应用的引导推广，发现优秀案例，树立标杆，积极宣传，通过社区内的沟通交流推广敏捷思想。**第二**，各团队在敏捷初期从内部或者外部寻找敏捷教练，通过培训普及敏捷知识，明确敏捷的适用范围和相应正确方法。**第三**，从领导层入手，鼓励领导理解、接受、推广敏捷思想，充分发挥好领导在推广敏捷中的带头示范效应。

案例 2：京东零售项目管理团队的敏捷经验

项目管理特别是敏捷管理对于进程管理、风险管理和收益管理的控制效果显著。京东零售技术中台原先的项目周期是 13 周，在这期间完成从项目策划到项目交付的全过程。在将敏捷管理引入后，部分团队实现每两周进行一次敏捷交付，将总交付周期缩短至 10.3 周，更好地适应了行业和领域的变化。在此改进过程中，项目管理团队坚持站会制度，以日为单位对项目实施跟进，出现问题第一时间与相关方沟通，实时进行帮助支持，确保联调效率，避免延误周期。项目管理团队坚持沟通常态化策略，在项目周期内与业务方保持高频次的敏捷沟通和敏捷汇报，阶段性成果产生后及时与业务方进行确认，对是否符合需求进行判断，阶段性识别、解决风险。项目管理团队坚持收益效率动态监测策略，项目经理实时动态跟进项目成本收益的匹配度，监督是否按照计划开展项目，以当前收益和实际收益的对比来提醒、鞭策项目推进。

案例 3：京东国际化战略中的敏捷管理

2018 年京东在开展国际化战略时，计划将国内的线上商城模式组件化，以便应用到泰国和印度尼西亚市场，在当地市场实现组件化拼装复制，迅速构建集团的海外经营体系。在执行该战略的过程中，海外项目管理部遇到一个与当地业务需求方的矛盾：将国内业务模式的技术底层组件化长远来看会给企业带来巨大收益，但短期内由于需要占用大量国内资源沉淀底层而不能快速响应当地的即时业务需求，会产生一定的利润损失。面对这个长期利益与短期利益的矛盾，海外项目管理部采取了敏捷的相关方预期管理和业务范围管理，及时、反复地与当地业务方沟通，最终达成了分阶段、多频次、超预期的交付协定，这种明确的分期交付时间表既能很好地稳定当地业务方的短期预期，又为适当地延长总周期赢得了空间，灵敏、及时、妥善地解决了问题，保障了项目的顺利推进。

（三）京东实施完整的需求管理体系，在需求前端保证效率，以效率捍卫价值

京东的项目管理始终坚持以需求管理为导向，以保证效率为原则。作为互联网企业，业务形式和业务需求必须对不断变化着的市场需求超前感知、提前设计和动态调整。这意味着项目管理部门将无时无刻不面临数量庞大、内容复杂、形式多样的业务需求，这要求

项目团队及时回应业务部门的需求，实时掌控项目进行的动态过程。同时，在资源有限的前提下，如何选择、支持最有盈利前景的业务需求成为项目管理部门有效配置资源、保证盈利战略、维护企业价值的重中之重。

针对广泛庞杂的业务部门需求，京东创新地推出了"需求漏斗模型"（见图3）。这是一套合理的需求筛选方案，解决了项目从启动到执行过程中出现的因需求优先级不明确而导致的资源浪费等问题，最终筛选出可落地、有价值的业务需求。需求漏斗的提出，解决了京东项目庞杂混乱、资源浪费的问题，从宏观整体的角度，筛选出了符合整体战略、带来收益的项目和需求。

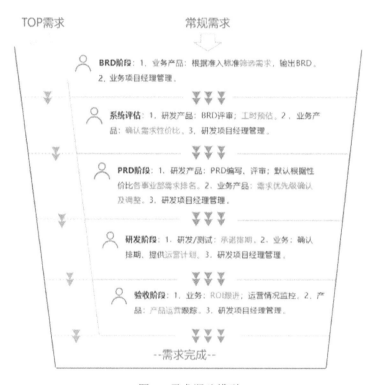

图3 需求漏斗模型

在初期确认项目范围时，需求管理主要经历了以下几个阶段：确认项目相关方、业务模式确认和需求汇总、业务需求调研及汇总、技术可行性评估、业务需求系统产品方案、PRD 评审、需求分级及优先级排定、需求迭代计划。在此过程中，京东项目管理团队积极运用一系列有效的管理工具，如需求窗口、需求优先级排序、需求价值评估等，对业务需求予以系统评估，将有限的项目管理资源集中到盈利前景好、市场潜力大、价值赋予高的项目，在项目前端严格管理需求范围边界、严格把控项目价值前景，塑造公司核心价值。

当业务需求被认可后，项目管理部门将从全流程把控项目进展情况，积极推出针对项目开发阶段、项目测试阶段、项目上线阶段和项目验证阶段的不同项目管理工具，将项目全生命周期中的每一个阶段环节都连贯打通，建设全流程、数字化、可视化的项目管理系统，实时对项目所在阶段、参与项目人员情况、已投入成本情况、风险和错误情况等实时掌握，重点把控好成本和风险这两个关键点，确保项目实施的效率。

为保证项目进行的效率，京东自主研发了项目管理系统——京东研发管理平台（PMP® 3.0），从项目基本信息、工时填报及审批、风险/问题管理、相关方及团队管理、项目相关文档上传和整理、变更管理、成本核算等方面，对项目全方位进行管控，尤其是支持在线查看和管理项目进度。项目经理可以登录 PMP® 系统自行查看所在项目的计划工时、已用工时和完工百分比，根据数据判断项目当前所处进度，从而判断研发进度是否符合排期，更好地对整个项目进度进行把控。

（四）京东重视发挥项目管理的协调功能，既建立完善的相关方管理机制，又鼓励项目经理发挥主动沟通作用的能动性

京东重视发挥项目管理的协调作用，建立了一套完整的相关方管理过程，同时强调项目经理个人的主观能动性与统筹协调性。京东的项目往往相关方众多，涉及产品、研发、测试等部门，甚至会由不同的子集团，如京东数科、京东物流、京东云等子集团，共同推进项目完成。这时，研发团队和需求方的配合协作难度较大，给项目管理团队提出了较大的挑战。为此，京东根据自身实际情况建立了一套完整的相关方管理过程，帮助项目经理更好地实现项目的把控和推动。

首先，对相关方进行识别。明确内外部相关方，设立相关方表。由于项目周期长，随着项目集中某些项目的结束和新项目的启动，会对相关方表定期进行更新。其次，对相关方进行规划和管理控制。针对不同相关方的参与程度和态度，设立相关方参与评估矩阵。采用 RACI 矩阵工具识别相关方，并定义相关方在项目活动中的参与状态。

同时，集团特别强调发挥项目经理的主观能动性，敏捷协调工作，打开工作局面。敏捷思想要求把强调指挥和控制的管理思想，发挥人员能动性，转换到领导、激励、支持和信任上来。京东的项目经理不同于传统的指挥和控制型岗位，在自主谋划项目发展、寻求相关方帮助、处理各类风险等方面发挥了更强的主观能动性，将项目经理个人价值深度融入项目。

案例 4：某京东项目经理发挥主观能动性寻求相关方帮助

2018 年 6 月，京东与沃尔玛在战略层面达成合作，集团高层决定沃尔玛山姆会员店入驻京东商城。该项目被交由技术中台的某位资深项目经理执行，由于只是初期的战略合作层面达成一致，当时的项目信息和项目要求都面临着模糊和不确定性，项目信息有限、业务需求范围不明确、交付时间紧急（工作时间只有三个月）、相关方范围不明晰等一系列问题。这对项目经理的敏捷能力提出了严峻考验。

该项目经理将确定相关方范围并寻求相关方帮助作为整个项目的突破口，确认某位 VP（领导层级）可作为相关方突破口。该项目经理通过将初期获得的信息进行整合，将

目前存在的困难和问题进行分析，并向副总裁进行汇报。与之沟通之后，不仅对山姆会员店的基本情况有了更深了解，同时获得了"山姆会员店曾经在已经归入京东旗下的一号店入驻过"这一重要信息。从而该项目经理敏锐地扩大了相关方的目标范围，赴一号店向作为重要相关方的同事进行进一步沟通，获得了核心模块、预期成果、支持需求、全供应链标准等重要详细信息，并依次制定了细化的业务需求说明书，为接下来项目的迅速、优质、系统开展奠定了坚实的基础。

（五）京东建立了一整套涵盖"培训认证、考核激励、晋升退出"的项目经理培养体系

1. 培训与认证

京东实行"内外结合"的项目经理认证制度。项目经理认证体系分为外部认证和内部认证：外部认证有影响力最大的 PMP®认证（目前专职项目经理持有 PMP®证书的比例接近100%），也有各类专业力或领导力认证，如项目沟通 TTT 认证等；内部认证有面向全体员工的项目经理水平认证，也有京东大学（京东集团 CHO 体系负责组织学习培训的部门）组织的沟通、谈判、面试等方法培训。

京东在项目管理团队建设上实施"重心下放，平台依托，内外结合"的培训体系。重心下放指的是各自体系自己负责制定项目管理培训的目标、形式和内容，集团层面不统一组织安排。平台依托是指集团层面虽然不统一组织安排项目管理培训，但是着重于培训学习平台的建设，依托京东大学建设了项目管理的培训模块，开设项目管理培训课程。积极鼓励集团内资深项目经理参与培训工作成为内部讲师，资深项目经理依据自己的理论基础和实践经验，形成富有个人业务特色的课程设计，涉及项目管理中的引导技术、敏捷管理、沟通技术等众多实用内容，通过培训和实践环节的检验后，获得京东大学内部讲师的认证，形成了一支"懂理论，接地气"的讲师队伍。同时，京东积极支持项目管理人员走出去，参加由 PMI（中国）等行业协会组织开办的学习培训、行业交流活动，如 PMO 发展大会等，把京东的好经验推广出去，把同行的好做法吸收进来，通过行业学习和行业交流提升京东在项目管理领域的知名度与声望，有利于打响京东项目管理的特色和品牌。

2. 考核与激励

京东实行具有导向性特征的项目经理绩效考核体系。项目经理绩效考核体系结合当前阶段项目管理能力的重点建设方向，有导向性地确立考核激励方向，对高质量交付、业务方高满意度、流程合规等重要标准重点设置激励机制，同时通过激励机制鼓励项目经理积极挑战有难度、有价值、有风险的项目，以快速提升自身业务能力，同时激励团队创新，鼓励项目管理的模式创新，以及流程、工具、方法、模板的改进和创新。

绩效考核体系从客户满意度、按时上线度、按时结项度、过程管理符合度、加权工作量等方面对项目经理进行综合考评，随着组织要求的变化，及时调整各项考核指标的权重，

以突出项目管理能力建设的导向性。

　　京东在项目管理团队激励上设置了一套完善的奖励激励体系。集团重视评选和竞赛对项目管理能力和项目管理团队的引导和激励作用。**在集团内**，每年评选优秀项目经理和优秀项目，评选需要上交相关申请材料，进行公开的答辩和展示，对于评选出的优秀项目予以数十万元的资金奖励，起到了树立典型、交流经验、引导激励的良好作用。**在项目管理行业内**，京东积极参与行业评奖，慎重选择参赛人员和项目，精心准备参赛材料，在近年来屡次斩获行业大奖，京东集团618大促研发备战项目获得了2017年度PMI（中国）项目管理大奖"杰出项目奖"，商城研发管理部获得了2017年度PMI（中国）项目管理大奖"杰出PMO奖"（见图4和图5），京东算法大赛项目获得了2018年度PMI（中国）项目管理大会"优秀项目奖"，在行业内塑造了良好的行业声誉。京东集团通过对内部奖项的激励设计和对行业奖项的引导支持，营造了"相互竞争，相互学习，共同提高"的良好行业风气和越来越响亮的京东项目管理的品牌形象。

图4　京东部分获奖证书（1）

图5　京东部分获奖证书（2）

3．晋升与退出

京东实行阶梯化、差异化的项目经理晋升体系。基于对项目经理能力的阶梯化明确，项目管理部门将项目经理分为初级、中级、高级、资深项目经理及项目管理专家，同时设定了"专业序列"和"管理序列"两条职业生涯侧重点不同的成长路线。该体系对于各条线、各级别项目经理都有职级、职责、能力、实践经验等方面的要求，详细分级有利于有效指导项目管理人才的"选""用""育""留"。

专业序列以项目经理为管理对象，分为 4 个层级 15 个子等级，4 个层级分别是初级项目经理、中级项目经理、高级项目经理及资深项目经理，15 个子等级对应 T1～T15。专业序列的项目经理，在项目管理领域深耕，逐步成长和晋升；资深项目经理负责战略项目和项目集/项目组合的管理，同时有责任把项目管理的经验和能力传递给其他同事。项目经理晋升述职的评委一般由高级或资深项目经理担任。管理序列以项目经理团队为管理对象，负责项目经理的高效分工、提升绩效等工作。对于表现优秀且有较强领导力的项目经理，在尊重个人意愿的前提下，可以转为项目经理团队的负责人，帮助更多的项目经理提升专业水平。

在退出机制上，对于考核不合格的项目经理，提供两条发展路径。若因能力或经验欠缺，可以通过一对一辅导和项目锻炼的形式弥补和提升；若因性格不适合或不喜欢从事项目管理的工作，在充分沟通的前提下，提供转岗建议，并帮助联系与之相匹配的岗位。

项目管理实践：阿里巴巴集团基础设施事业部PMO篇[①]

一、企业部门及项目管理概况

（一）企业概况

阿里巴巴集团于 1999 年 9 月由马云在杭州创立，是一家以"让天下没有难做的生意"为使命的全球领先的电子商务公司。阿里巴巴集团旨在赋能企业，帮助其变革营销、销售和经营的方式，提升其效率；为商家、品牌及其他企业提供技术基础设施及营销平台，帮助其借助新技术的力量与用户和客户进行互动，并更高效地进行经营。

阿里巴巴集团经营多项业务，并从关联公司业务中取得商业生态系统上的协同。其核心业务主要包括淘宝、天猫、蚂蚁金服、阿里云、聚划算、全球速卖通、阿里巴巴国际、1688、阿里妈妈、菜鸟网络、盒马鲜生等。

2014 年 9 月 19 日，阿里巴巴集团在纽约证券交易所正式挂牌上市，最高市值曾超过5 000 亿美元，并位列全球市值排名第六位，创造了中国互联网公司最高市值排名纪录。

（二）部门概况

阿里巴巴集团（简称阿里巴巴）基础设施事业部成立于 2013 年 1 月，其前身是阿里巴巴技术保障部，是起源于阿里巴巴 CTO 线的关键部门之一，当前隶属于阿里云智能事业群，并作为阿里云及阿里巴巴经济体的核心底座。基础设施事业部负责在全球建设和运营数据中心，支撑了阿里巴巴及其关联公司的绝大部分业务，其布局覆盖了大中华区、东南亚、欧洲、北美、南美、非洲及中东等地区，并为全球用户访问阿里巴巴的各项业务提供了流畅的客户体验保障。

基础设施事业部经过多年的积累沉淀，已经从技术保障部时期的以资源交付和运维保障为主的部门转型为基础设施事业部时期以研发为导向以运营为基础的综合型部门，其核心技术研发已覆盖数据中心、网络、计算、存储、智能运维等多个领域，并且在业界已经达到国际领先水平，在国际计算机界顶级会议 SIGCOMM、HPCA 等发表多篇学术论文，每年受邀参加 OCP、ODCC 等国内外基础设施领域顶尖的行业会议并做主旨演讲，且每年申请发明专利上百篇。

---

① 本篇资料由阿里巴巴（中国）有限公司提供。

（三）项目管理概况

1. 矩阵式组织架构

2013 年年初，基础设施事业部成立之时，为了适应从技术保障向技术研发转型的需求，提高项目管理水平及人员效率，事业部建立了矩阵式的组织架构（见图 1），并且正式设立了项目管理办公室（Project Management Office，PMO）。在矩阵式组织架构中，参与项目的人员由各职能部门负责人指定，在项目期间项目团队成员听从项目经理安排，虽然汇报关系仍然隶属于各个职能部门，但是必须按照工作分配积极响应项目内各项工作。在实际运行中，PMO 更多地聚焦于跨基础设施内部各职能部门的大型虚拟组织项目，而属于单个职能部门的项目大多由部门内部的兼职项目经理承担；同时，由于是技术线成立较早且处于全链路最基层的项目管理办公室，基础设施事业部 PMO 承担了许多拉通阿里巴巴跨多个 BU/BG 的大型联合项目，包括电商数据中心迁移、东南亚电商数据中心建设、集团双十一稳定性保障等许多集团层面的大型项目。

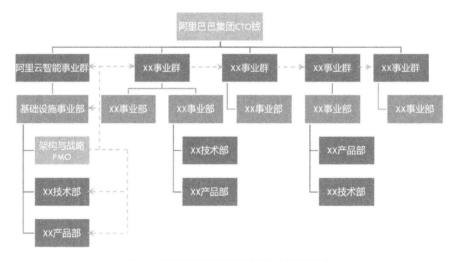

图 1　基础设施事业部的矩阵式组织架构

基础设施事业部的矩阵式结构分可为三个层面，分别是事业部层面、下属职能部门及所属事业群。首先，在基础设施事业部层面，由事业部总裁总揽全局，负责制定整个事业部的战略规划和发展方向，向上承接所属的阿里云智能事业群乃至整个阿里巴巴的战略，向下用以指导下属各个职能部门每个年度的具体工作。其次，在下属职能部门层面，架构与战略团队负责驱动整个基础设施事业部的技术架构与战略规划工作，PMO 正是隶属于该团队。PMO 一方面与基础设施的技术架构委员会紧密结合，另一方面整体负责驱动部门的战略规划与落地工作；其他平行职能部门则包括数据中心、网络、服务器、智能运营等，负责某个纵向领域的资源交付、建设维护和技术研发工作。最后，在所属事业群层面，基础设施事业部隶属于阿里云智能事业群。与其平行的事业群包括新零售事业群、阿里妈妈事业群等，涵盖了阿里巴巴各板块的主要业务。

矩阵式的组织架构，一方面界定了各职能部门的工作部门与职责，另一方面充分发挥横向拉通的作用,能够最大限度地突破技术领域的边界,达到最优的沟通效率与合作协同,既能够激发单技术领域的创新研发工作,又能够保障在跨部门合作当中各司其职,互通有无。在多年的运行实践中,基础设施事业部的矩阵式组织架构给予各职能部门充分的创新权限与活力,在数据中心、网络、服务器等专业技术领域内不断取得业界领先成绩,同时也通过架构与战略、供应链及业务运营等横向拉通跨领域合作,形成了"三横三纵"的有效管理体系,降低了跨部门沟通成本,提高了人员合作效率和应急响应能力,为资源整合和人才发展提供了一个有力的平台。基础设施事业部也打造出一支极具战斗力的队伍,并且形成了"合力""创新求变""专业可信赖"的部门文化。

2.项目管理办公室

为了配合矩阵式的组织架构,基础设施事业部于 2013 年成立之初便设立了专职的PMO。严格地说,基础设施事业部 PMO 经历了三阶段发展历程(见图2)。

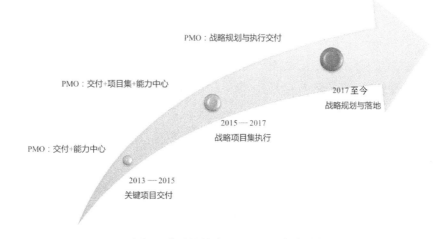

图 2 基础设施事业部 PMO 演进历程

第一阶段是 2013 年年初至 2015 年年初,PMO 在成立之初主要被赋予了交付中心(Delivery Center)的职责,负责推进关键项目交付落地,特别是跨部门的复杂项目;同时PMO 兼具了能力中心(Center of Excellence)的职责,其原因是基础设施是一个相对较大的组织,仍然有许多项目属于单个职能领域内部,由兼职的项目经理负责日常管理工作,需要能力中心对其进行赋能培训。

第二阶段是 2015 年年初至 2017 年年初,PMO 经过两年多的积累,逐渐演进为负责部门战略目标落地的组织,更加聚焦于跨基础实施事业部下属各职能部门,以及跨上层事业群的大型复杂虚拟项目组项目集和关键项目执行;同时进一步扩大了能力中心的覆盖范围,每年组织多场跨阿里集团技术线的项目/项目级管理培训活动,并且迎来了技术线各部门的专职和兼职项目经理的积极参与。

第三阶段是 2017 年年初至今,PMO 再次经过两年的沉淀,最终成长为战略驱动型的项目管理办公室,负责整体驱动基础设施事业部的战略规划与落地工作,并且逐渐与 CTO

线的技术战略部打通，建立技术线的整体战略大图，随后分解为关键项目集和项目，指派专职的项目经理负责推进落地。基础设施PMO的影响力也随之扩大到阿里巴巴集团层面并负责了多个集团层面的年度重点战役项目。

从职能方面来说，当前基础设施PMO的主要工作包括四大方面：一是负责与技术架构和行业分析团队进行高频率的对接，从技术发展沿革和行业竞争态势角度切入，提炼出部门战略规划工作的关键输入；二是负责组织部门核心管理层的定期战略规划会议，驱动基础设施战略治理委员会制定年度战略，并且定期进行回顾与研讨，不断校正和演进战略发展方向，以指导全部门的日常研发和运营工作；三是负责关键项目集/项目的执行管理工作，PMO指派专职的项目经理负责战略型的项目集及其下属的关键项目，部分非核心项目则由基础设施下属各职能部门的兼职项目经理承担，同时战略项目集经理进行高层面的指导并进行必要的弱管控；四是继续推进能力中心和持续改进小组工作，在基础设施事业部内及所属的CTO技术线层面推动项目管理培训，同时深化与国际项目管理协会的合作，在全球理事会和Next Pert Council层面持续贡献力量，并为中国区的项目管理大会和PMO Symposium献策献力。

从人员方面来说，基础设施所负责的业务领域要求项目管理人员均是经过系统的项目管理训练和实践的专家，且项目集经理均是学习过PgMP系统知识的富有经验的项目管理专家。此外，基础设施PMO的所有项目经理均需具备一定的基础设施领域的技术知识，特别是在驱动跨BU/BG的大型复杂项目过程中，领导虚拟团队不能仅仅依靠组织授权来赋能项目经理的影响力，更加需要项目经理通过专业技术能力，赢得项目团队成员的认可，并真正和成员们打成一片，想其所想，痛其所痛，形成更强大的凝聚力和执行力。

从准则方面来说，PMO设立的规范主要包括五个方面。

1）立项管理。建立整个部门的立项审批机制，从技术评审和财务评审两个角度来审查项目的投资回报率、一次性资本支出、运营支出等，从而衡量整个项目的收益和TCO（Total Cost of Ownership），综合决策是否批准立项。

2）执行管理。通过项目周会或双周会机制及时跟进项目状态，定期输出项目周报/双周报给项目所有相关方，并在项目中期和结项时点向管理层做专题汇报。

3）沟通管理。通过邮件组、项目组钉群、项目骨干钉群等方式，确保项目成员及相关方之间能够进行有效的沟通串联，向发起人及时汇报风险问题并得到及时反馈和决策。

4）变更管理。适用于对范围、进度、成本产生重大影响的场景，需对变更影响进行分析，上报项目治理委员会并请求决策。

5）过程资产管理。规范部门项目管理流程，梳理启动到结项阶段的模板，包括相关方登记册、风险登记册、项目Kick-off模板、周报模板、结项模板、人力投入模板等；建立在线电子数据库，将项目管理过程中的需求文档、概要设计、详细设计、测试规范、测试报告等过程资产进行及时有效的组织和存档，确保新加入项目团队的同学能够快速跟上节奏，并且使得部门内能够随时进行回溯和总结。

综上所述，基础设施 PMO 负责对整个部门的研发和运营类项目进行统筹管理，负责建立立项审批机制，梳理项目管理模板，规范沟通和变更管理，创建过程资产数据库，并对整个部门的项目按照战略层面的收益划分优先级。PMO 为基础设施事业部从业务和战略角度提供项目管理能力，是领导决策层所倚赖的实施战略落地的有效组织手段。

二、互联网项目管理的挑战

在互联网发展的早期，项目管理被需求的程度是不高的，产品、技术和运营并称为互联网的"三驾马车"，其中任何一项做到行业领先都将获得可观的市场份额。巧合的是，中国互联网公司第一梯队的 BAT，分别在三大领域具有相对领先优势。

互联网企业是否不需要项目管理？这是一个被普遍且高频率问到的问题。究其原因，在于互联网行业变化非常快，短短几年时间便可孵化出一家巨头公司，当然也可能见证巨头公司从第一梯队滑落；而且互联网以快速试错不断创新为其典型特点，互联网企业中的项目往往短小精悍，周期短、迭代快，往往趔趄着奔跑，以找到市场认可的产品为目标，对于过程管理和流程把控通常是不太关注的。

然而，随着互联网行业进入下半场，To C 的商业模式创新逐渐遭遇瓶颈，各大公司开始往 To G 和 To B 行业进行探索突破，而政府单位及大 B 类企业的行业属性决定了它们对于合同签订、项目确立、成本管理、过程管控、汇报机制、预算核算等方面都具有更加严格的管控需求；同时，随着一线互联网企业人员规模的壮大，适用于小型企业的 Ad-Hoc 沟通方式反而变得略显沉重，急需更加规范的沟通机制和流程管理来化繁为简，有效传递信息和决策。因此，项目管理在互联网行业中的必要性已日益凸显，特别是对于公有云、政务云、行业云及基础设施等与硬件强相关、初期投入重的场景，项目管理显得尤为重要。

三、项目管理的创新实践

（一）战略驱动型项目管理框架

由于互联网行业环境的快速变化，任何一家公司或组织随时都面临着生存危机，需要不断地调整和对焦战略方向来确保所行进的方向是符合市场需求的。对于基础设施部门来讲，其所处的基座位置决定了辖内项目往往是重投入且长周期的，但又必须适应上层业务频繁变化导致的对基础设施资源和技术的不同需求。同时，数据中心技术仍然处于快速发展当中，软件定义网络、大规模 AI 计算、高效存储等技术的发展使得任何一个集群的部署都必须谨慎地做出决策，因为这决定着未来几年该集群所拥有的特性和能力。

正是由于互联网行业的特殊性和基础设施的规划性，促使基础设施 PMO 从聚焦于项目支付执行的部门，逐步演进为战略驱动型的规划与落地部门，从 2017 年年初开始，PMO

便开始了战略规划方面的探索实践。

战略驱动型项目管理框架分为三个部分。

首先，PMO 与技术架构组紧密合作，并且联合基础设施技术架构委员会，积极跟进各领域的前沿技术发展方向，由架构组通过系统建模和仿真评测等技术，在规模验证前评估关键技术对竞争力的整体贡献，并通过全系统模拟计算机会成本和预期收益，从而最终形成组织发展战略的决策建议，成为技术战略角度的重要输入。

其次，PMO 与行业分析小组紧密合作，通过情报收集、行业洞察与竞争分析，实时掌握业界发展态势和主要竞争对手布局，通过竞争分析等手段，明确基础设施的潜在业务投入方向，成为业务战略角度的重要输入。

最后，PMO 组织基础设施管理决策层定期进行战略头脑风暴会议，结合技术和业务两个角度的输入，审视部门自身的优劣势，敲定部门在未来 3～5 年的重要战略方向，并且明确每个战略方向在本财年需要达成的关键指标。通常，在每个财务年初，PMO 会驱动部门战略规划动作，形成部门战略框架，而后在每个季度对战略成果和收益的达成进行评审，并对战略目标和内涵进行对焦和调整。

（二）层次化战略项目管理方法

根据战略驱动型项目管理框架敲定部门战略之后，如何将战略分解为可执行的项目，以及如何通过项目来达成战略收益成为一个关键问题。基础设施 PMO 经过两年多以来的实践总结，逐渐沉淀了一套分层次的战略项目管理经验（见图 3）。

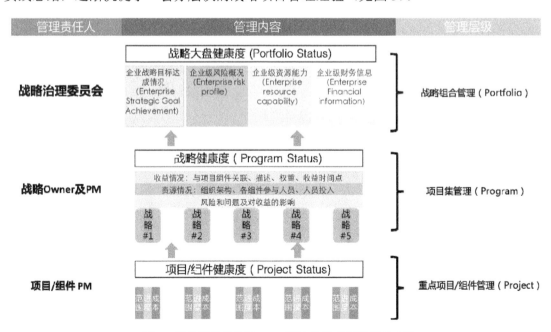

图 3　基础设施事业部 PMO 层次化战略项目管理方法

首先，基础设施的部门战略被看作一个战略组合，通常由 PMO Leader 来承担项目组合经理（Portfolio Manager）的角色，全局统筹整个部门的战略管理大盘，从部门层面把控战略目标的达成情况，汇总并监控部门级风险状况，评估部门的资源能力，分析战略投入的财务状况，并且定期向战略治理委员会进行汇报。

其次，每个战略作为一个项目集来进行管理，因为战略内的组件是相互关联且为同一战略目标服务的。每个战略项目集包含若干个项目，由 PMO 团队指派一位富有经验的项目管理专家作为项目集经理进行管理。项目集经理需要掌握本战略的整体收益、资源投入、风险问题等状况，并对下辖的各个项目进行全局的把控，确保所有项目间相互配合，为共同的战略目标服务。

最后，每个战略当中的组件作为一个项目来进行管理，其中进一步对优先级进行划分，对战略存在直接重大影响的组件作为重点项目进行强管控，通常由 PMO 团队的项目经理直接进行管理；而其他组件作为一般项目，通常由职能部门的兼职项目经理进行管理。每位项目经理只对本项目目标负责，重点管控项目管理的核心三个维度——范围、进度、成本，以每周或双周频率组织项目会议并发送项目周报。

综上，层次化的战略项目管理结构确保了项目组合/项目集/项目管理专业人士的职责是明晰的，其面向的主要相关方和汇报决策主体亦是明确的。更为重要的是，层次化的战略项目管理结构确保了部门战略的分解落地具备清晰的路径，同时战略目标的达成也具备了层层递进和积累的基础。

四、项目管理创新实践的效果

基础设施事业部自 2013 年成立以来始终坚持对研发和运营工作进行规范化支撑下的技术创新工作，成立之初即设立的矩阵式组织架构和 PMO，为后续项目管理推动创新举措、提升管理效率提供了有利土壤和环境因素。随着业务快速发展变化，PMO 不断适配组织发展需求，从执行主导型部门演进为战略驱动型部门，并且通过自主引入的战略型项目管理框架和立项评审机制，为组织战略规划与落地搭建了一个系统化的平台，为技术研发和资源运营工作提供了有力的保障，提升了组织管理效能。以下分别介绍战略型项目管理框架和立项评审机制对基础设施事业部的重要意义。

（一）战略型项目管理的创新效果

1. 完善矩阵式组织架构

基础设施事业部因其技术领域广阔、研发和运营人员众多的特点，于 2013 年成立之初即开始实施矩阵式组织架构，通过纵向职能部门和横向跨领域部门的结合，来形成纵横交错的有效管理体系。战略型项目管理框架更多地从横向角度拉通各专业领域的合作，降低了跨部门沟通成本，提高了人员合作效率和应急响应能力，同时能够将整个部门的能力打造为一个整体，更好地服务于客户方。

2．促进部门战略目标达成

战略型项目管理框架充分明确了战略项目集/项目组合/项目三个战略管理的层次，并且指派了特定的具备对应技能的项目管理专业人士来负责，每个层次均有明确的管理重点和目标，并且有其对应的关键相关方及汇报决策对象。战略型项目管理框架通过层层分解的方式，将相对抽象、具备高度不确定性的中长期战略目标，通过战略收益到核心抓手的连接，细化为一个个具体的存在相互关联的项目，并最终通过项目交付物的达成，积少成多、量变到质变地形成战略层面的收益。

3．推动部门管理能力改善

基础设施事业部作为阿里巴巴的基础资源底座，肩负着资源供给、技术研发和运营稳定性的重任，在纷繁复杂的技术领域有着众多的潜在创新点，如何能够在激烈的技术竞争领域获得持续的领先性，如何找准部门未来发力的重点，一直是考验管理层的一个核心问题。战略型项目管理框架，充分考虑前沿技术创新点和业界竞争对手动态，并从自身优势和业务特点出发，找到核心发力点并保持坚定的战略定力。同时，事业部存在几百个并行项目，如何梳理出一条主线，有主有次地进行管理和信息通传，也是一个客观存在的难题，而战略型项目管理框架有效地解答了这个问题，为基础设施管理决策层提供了清晰的全局视图。

基础设施事业部的项目管理模式也受到了业界广泛认可，2017年，"风林火山"融合项目荣获"PMI（中国）项目管理大奖"的"杰出项目奖"，项目管理办公室获得"PMI（中国）项目管理大奖"的"优秀PMO奖"。2017年是基础设施事业部PMO战略型项目管理框架运行的元年，经过近两年的实践积累，基础设施事业部PMO作为互联网行业战略性项目管理的先驱，在不断探索和创新中积累了宝贵的经验，推动了组织效能的提升，培育了优秀的研发项目管理能力。

4．激发员工创新能力提升

人才是科技企业发展的核心，阿里巴巴创始人马云曾说：阿里巴巴最重要的资产是人才。基础设施事业部作为阿里巴巴经济体的数据中心底座，承载着集团的各项业务，吸引了大批基础设施领域的高端人才。战略型项目管理框架协助管理层厘清了部门战略思路和打法，使得各个层级的人才能够参与到战略项目组合/项目集/项目中，使得技术研发产生的效益能够通过战略收益的方式体现出来，并且透传给事业部及所属事业群的管理决策层，充分激发了部门员工的创新动力。自从战略型项目框架启用以来，事业部员工对于所参与项目工作所承载的战略意义更为明晰，也具备了极高的动力推动其参与的项目纳入重点战略项目集。

（二）立项评审机制的效果

1．统一技术架构发展思路

由于互联网快速迭代、快速试错的特性，项目的立项和结项往往没有严格的流程规范，特别是对于 To C 的应用，在经过市场的检验之前，难以判断其最终的收益产出有多大，使得项目投入初期进行严谨的成本计算也失去了意义。然而，随着产业互联网时代的到来，加上基础设施领域投资大、周期长的特点，立项评审机制则显得尤为重要。

特别是由于基础设施各领域均有自己的架构迭代周期，如果仅仅从单领域的发展出发，极易出现领域之间技术代际不匹配的情况，从而影响基础设施整体架构的 TCO。引入立项评审机制之后，新项目的批准权交由基础设施架构委员会统一决策。基础设施架构委员会由各个领域的资深架构师及部门对应的财务负责人组成，架构师们将充分探讨新立项目是否符合基础设施的整体架构演进路线图，在立项之初便统一整体架构思路。

2．提高部门投入产出效能

在未引入立项评审机制之前，项目的发起具有一定的随意性，其投入产出比的判定权利也散落在各个部门的一号位手中。由于对于技术理解的不同和对业务发展思路的差异，不同决策者可能做出截然不同的决定，使得整个部门缺乏统一的衡量标准，甚至可能为了争取资源出现烟囱林立的状况。

引入立项评审机制之后，其决策权交由基础设施架构委员会统一决策，从技术发展路线和财务投入收益两个角度进行综合决策。各领域在立项之前需要在领域内充分论证，并阐明立项背景、技术方案、设备投入、人力投入、项目周期、预期收益等方面的信息，然后在架构会议中就投入产出进行充分论证和评审。

立项评审机制使得基础设施事业部新发起的项目能够遵循相同的衡量标准，并且从整个部门的生存发展角度来做出判断，提升了部门的投入产出效能。

五、项目管理可推广复制的经验

基础设施事业部 PMO 作为全球互联网公司中较早探索项目管理在行业中的角色与作用的组织，在驱动部门战略制定和落地执行方面积累了一定经验，在过去的六年多时间内已协助基础设施事业部成为业界领先的技术研发和运营管理部门，在推动科技创新和提升管理效率方面，形成了一套成熟的框架和策略。

借鉴基础设施事业部 PMO 在互联网项目领域的实践经验，可对类似的互联网企业与研发型部门提出如下建议。

（一）实行战略驱动型项目管理框架

互联网公司及下属部门应当加强战略规划工作，实现对业界技术和竞争态势的及时跟进，并据此确立和演进部门战略，既要"脚踏实地"地加强执行力，也要"仰望星空"地明确战略选择。许多互联网企业单纯追求快速迭代，追求做出产品快速试错，而缺乏"谋定而后动"的定力，特别是对于中大型互联网企业的部门而言，战略规划工作显得更为重要。

（二）推行层次化战略项目管理方法

在确定了企业或部门战略之后，需要一套行之有效的方法来将"形而上"的战略管理和"形而下"的项目管理连接起来，而层次化的项目组合/项目集/项目管理框架提供了一种实践参考。项目组合聚焦在整个企业或部门的战略目标、资源状态、财务状况和风险问题层面，负责整个战略组合的管理；项目集聚焦在单个战略层面，从战略收益、资源投入、关键组件等角度来推进特定战略收益的达成；项目聚焦在某个特定时间的所需交付的产品或服务，从范围、进度、成本角度重点把控。层次化的战略项目管理方法使得部门人员各司其职且目标明确，能够充分激发人员的主观能动性和创新创造力。

（三）实施统一的立项评审机制

互联网企业为了激发人员的创造力和组织活力，往往对于新立项目不做严格的评审，特别是对于 To C 类的应用，几乎将选择权交给市场来做最终评判。然而，随着产业互联网时代的到来，更多政府单位和大企业类客户将与互联网发生关联，对于投入产出比的审计变得更为严格。同时，大型互联网公司内部存在的部门间竞争，容易导致资源浪费等"粗放式"发展问题，给企业带来不必要的负担。

建立统一的立项评审机制，有助于部门之间形成合力，特别是对于中后台技术部门，集中力量建设强大的平台，更加有利于统一技术架构，支撑前台业务的多元发展。

（四）建立战略文化和激励措施

在推进战略型项目管理框架的过程中，基础设施事业部 PMO 也曾遇到战略透传度和认可度的问题。为此，PMO 打造了一整套战略文化透传和激励措施。

从战略文化方面，鉴于战略制定本质上是自顶向下，而战略收益达成是自底向上的特点，打通规划层面与执行层面的衔接显得尤为重要。为此，PMO 设计了每年的战略宣讲机制，邀请战略负责人和主架构师定期给一线执行人员进行战略透传并解读与日常工作的关联，增强一线员工的战略认同感和使命感。此外，PMO 通过在工作区域设立战略文化墙、战略吊牌和战略元素工位名牌等方式提升战略可见度。

从战略激励方面，PMO 设立了年度战略对赌机制，由战略治理委员会和战略项目集团队作为对赌的甲乙方，通过对赌揭晓仪式和团建基金等方式激励战略项目集团队拿到更好的结果。此外，PMO 设立了战略季度之星和年度之星成果奖项，分别在战略季度评审会议和部门年会中进行兑现，给予项目团队及时有效的激励。

以上战略文化和激励措施的建立，也很好地契合了基础设施事业部"合力""创新求变""专业可信赖"的部门文化，从而为全局串联各领域的研发及运营工作提供了良性互动且卓有成效的创新氛围。

项目管理实践：国网信息通信产业集团有限公司篇①

一、企业概况

国网信息通信产业集团（简称集团）是国家电网有限公司整合系统内优质的信息通信资源成立的全资子公司，成立于 2014 年，注册资本金 50 亿元，是中国能源行业主要的信息通信技术、产品及服务提供商。集团秉持"互联·共享，让能源更智慧，让生活更美好"的发展使命，遵循"引领、创新、专业、共享、共赢"的发展思路，构建了涵盖咨询、芯片、通信、信息、数据、集成、运维、位置、安全的信息通信全产业链，服务智能电网和能源互联网建设，服务经济社会发展。

集团拥有 34 家分子公司，并设立华北、华东等 7 个客户代表处和雄安、西藏 2 个特别联络处，员工 9 000 余人。集团聚焦芯片及物联网、人工智能、大数据及云服务、通信、管理信息化、运维服务、北斗及地理信息服务、网络及信息安全、综合能源管控九大业务领域，提供涵盖上游技术服务、中游行业应用和下游基础硬件的产品、解决方案与服务，业务遍布全国。

集团持续推进信息通信产业的特色化、高层次、高质量发展，建有集成电路设计、人工智能等 4 个院士工作站和电力芯片设计分析、电力线通信应用技术等 9 个专业实验室。集团建立了完整的信息通信资质体系，拥有计算机信息系统集成一级、CMMI5 级、信息安全服务一级等 245 项资质，具备跨地区增值电信业务经营、电信与信息服务业务经营等许可，获得国家科学技术进步奖二等奖（两项）、北京市科学进步一等奖等省部级以上荣誉 96 项、专利授权 1 003 项、登记软件著作权 1 272 项。

二、项目经理素质提升"825"工程简介

集团的项目经理素质提升"825"工程（以下简称"825"工程）是企业超大型项目管理人才培养战略项目，旨在解决企业高速发展带来的项目众多与项目经理人才短缺之间的突出问题。通过对 800 名项目经理为期三年的全方位培养，最终形成 550 名项目经理、200 名高级项目经理及 50 名项目管理专家的梯次化项目管理人才队伍（"825"取三种梯次队伍 800、200、50 的首位数而得名，见图 1）。

"825"工程持续创新探索，在人才队伍建设、培养模式、体系建设（课程体系、师资

---

① 本篇资料由国网信息通信产业集团有限公司提供。

建设、教务运营、考评认证）、培养能力建设四大方面进行了优化创新。通过项目管理人才培养工程的实践和创新，不仅达成了建设 800 名梯次化项目管理人才队伍的项目预期目标，同时获得了多方面的项目成果与收益：探索出一套适合集团的项目管理人才培养模式；培养了两支多梯次的项目管理人才队伍；发展了三种项目管理人才培养能力；建成了四个具有集团特色的项目管理人才培养体系。以上成效均为集团项目管理人才培养持续收益和良性发展提供了有力支撑。

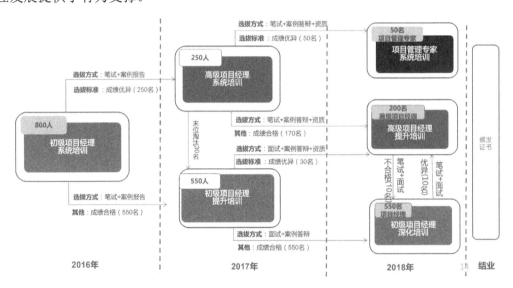

图 1 "825"工程三年人才培养路线

项目整体交付难度极大，积极应对三大挑战：一是相关方众多，涉及 13 家单位、800多名学员，协调难度大；二是实施过程复杂，涉及课程体系设计、课程开发、师资外聘、内训师培养、课程实施、结业考评等众多错综复杂的环节，都需要进行全新规划；三是风险难以控制，项目经理均承担重要项目并分散在全国各地。

面对困难，集团领导坚定项目管理人才培养的决心，迎难而上，发动集团各相关部门、各单位相关人员积极投入，依靠强有力的组织工作，横向构建起统一的项目工作组平台，在长达三年的工程项目周期中克服和解决了多个困难，最终确保了"825"工程项目的圆满完成。

"825"工程是集团自主人才培养的一次尝试和探索，实现了人力资源培养模式的重大突破，储备了项目管理梯次人才队伍力量，建设了集团自身的项目管理人才培养能力，奠定了集团推进项目化管理的人才基础，也是一次对集团乃至国家电网专业人才培养模式的有益探索。

三、项目经理素质提升"825"工程内容

（一）培养模式研究

研究具有集团特色的项目管理人才培养模式，依据集团的项目管理人才队伍培养

目标，探索出了一套与集团实际情况紧密结合的项目管理人才培养模式。该模式参照国际项目经理能力素质模型，结合集团项目管理自身情况定制一套项目经理能力模型，可根据后续人才培养情况定制升级。依据该目标模型，为四个等级的项目经理分别定制培养方案，最后按培养蓝图培养项目经理。该模式规划了项目经理多路径成长、多职业发展通道，通过统一的项目管理人才评估和认证体系，可实现项目经理梯次化人才培养和分层管理。

（二）培养系统建设

在研究集团自身特色的培养模式基础上，定制整体培养方案，建设配套的课程体系、师资体系、教务体系、认证体系作为支撑。

1．课程体系

总体采用实战课程体系混合式学习模式设计。从学员角度出发，采取线上线下混合教学模式，将线上学习、集中线下培训、课前测验、工作坊研讨和项目工作实践有机组合。设计学习周期，区分课前、课中、课后三个学习周期。采取精品课程开发和教学，区分项目经理层次水平，分别开发项目经理基础素质、项目经理实战提升、高级项目经理实战进阶、PMP®、项目管理精英特训多种类型班次。创新引入集团内部的项目管理案例教学，增强了项目管理学习的实战效果。

2．师资体系

师资体系建设策略是前期以外部师资为主，后期以内部师资为主，逐步建立起多种师资组成的师资库。

通过开展多种师资建立活动，主要包括外部 TTT 老师教授培训师基础；请领导力学习设计和项目管理方面的专家来进行讲授；采用案例开发工作坊开发集团项目管理微案例和配套课件；集团内部高管和专家专题讲座；安排集团高层领导为学员授课，传授最优秀的经验。

最终建立了一套由选拔、培养、认证、考核机制保障的、成熟完备的师资体系，并建成了包含集团中高层领导、兼职培训师、外部专家三类 20 余位核心专家的师资库。

3．教务体系

教务体系建设的目标是建设完善的培训制度、规范学员档案管理、标准化培训流程，构建集团自有培训管理能力，为后续人才培训基地打下坚实基础。

规范化档案管理。通过建立集团"825"工程档案管理制度，明确档案设置和归档要求等内容，档案包括项目档案和学员档案清单，逐年标准规范学员的档案管理。

信息化教务管理。培训管理采用线下培训与线上学习相结合的方式，完成在线报名、班级管理、手机签到、成绩统计等日常教务工作。信息化管理方式大幅提高了管理效率和信息准确性。

培训流程化管理。创建培训实施手册，各班次按手册流程执行。完善培训管理制度汇总通报、简报、培训通知和纪律管理制度等发文和各项方案类梳理，优化学员报名日报，课程反馈发放统计考试，评优统计考勤结果通报，师资沟通与反馈等流程。

4．认证体系

建立一套较为完整的培训、考评、资格认定的认证体系。培训过程全方位跟踪评价项目经理各项表现与指标；建立由培训平时表现分、结业成绩、实践报告评价、实践能力评价的四维学员考核认证体系。资格认定先由所在单位根据能力标准，从项目经验等基本条件和能力素质项等方面进行综合评价，最终由集团人资任职资格认证办法授予相应等级的任职资格，形成从单位到集团分步逐级选拔的人才选拔机制，成功分类选拔包括 100 名项目管理专家后备的各级项目经理。向项目管理业界认证标准看齐，组织培养认证通过 100 名 PMP®、40 名全球最佳实践 PRINCE2 实践级。建设自有考评题库，依据课程内容整理设计万余道项目管理测试题。

（三）培养能力建设

培养能力建设策略是前期以向外部学习为主，后期以内部锻炼为主，逐步培养出"自己能讲、自己能开发、自己能认证"的项目管理人才。

内部师资自授能力。经过三年的实战培养，通过高管讲坛系列活动、内训师培养、案例开发工作坊等方式建设授课能力，最终培养出一支有二十多名能实战授课的兼职培训讲师队伍。

培训产品自研能力。内部师资团队研发出包括基础系列、实战系列、微课等多类培训产品。经过三年的"825"工程，自主开发了一批具有集团特色的项目管理培训产品；定制开发了"项目管理知识体系""项目管理实战提升培训""项目管理高级实战进阶培训""高级项目管理实战沙盘""项目管理精英训练""组织级项目管理"等多门培训课程。其中"高级项目管理实战沙盘""项目管理领导力赋能工作坊""'世界咖啡'工作坊"是集团特色的项目管理培训产品。

认培机构自营能力。下属公司普迅培训学校获得 PMI 授权的 REP 项目管理教育培训授权机构资质，三年为集团培养百余名 PMP®，积累 PDU7 000 余个。

（四）人才培训实施

组织项目管理课程的培训实施落地，遵循教务体系流程，按照课程设计内容和教学计划，每年年初发布培训计划，组织各单位参训。主要流程包括培训前的培训计划发布、培训通知、学员报名；培训中的记录学员考勤和课堂表现、每日发布培训日报、结业考试；培训后的实战案例及大论文提交，培训效果反馈与测评等。

"825"工程三年累积开设 32 个班次，培训 1 998 人·次、23 812 人·天，累计培训量达 151 279 学时，结业考试 1 894 人·次（见表 1 和表 2）。

表 1 "825"工程累计培训成果

序　号	成果指标	2016 年	2017 年	2018 年	合　计
1	班次	10	11	11	32
2	实际参训人数	788	553	657	1 998

表 2 "825"工程培训课程与班次

序　号	培训课程	年　份	班次数
1	项目经理素质提升	2016 年	10
2	项目管理实战提升培训	2017 年	5
3	项目管理高级实战进阶培训	2017 年	4
4	PMP®认证培训	2018 年	2
5	高级项目管理实战沙盘	2018 年	8
6	项目管理精英训练	2018 年	2
7	PMO 运营管理培训	2018 年	1

四、项目经理素质提升"825"工程创新与亮点

"825"工程持续创新探索，在人才培养的多个方面进行了优化创新。通过项目管理人才培养工程的实践和创新，获得多方面的业务成果创新和亮点。同时在工程项目交付实践中，激发出不少项目管理最佳实践和项目管理亮点。

（一）业务成果的主要创新与亮点

1. 创新了集团特色的项目管理人才培养模式

参考 PMI 知识体系和指导，集团在人才队伍建设培养方面组织战略创新，首创一套与集团实际紧密结合的、极具集团特色的、适合集团的项目管理人才培养模式，于 2017 年 9 月获得 PMI（中国）项目管理组织人才培育专项大奖。

2. 培养了能讲能开发的内部师资队伍

经过三年的实战培养，通过高管讲坛系列活动、内训师培养、案例开发工作坊等方式建设授课能力，最终培养出一支有二十多名能实战授课的内部兼职培训讲师队伍。

3. 自主研发集团特色的定制培训产品

2018 年集团组织自主培训课程产品研发，分别研发包括"世界咖啡"工作坊、项目管理领导力赋能工作坊、高级项目管理实战沙盘课程多个定制培训产品。特别是开发集团

内部的项目管理案例，对项目经理的实操能力培养起到了推动作用。

4．打造了两支多梯次的项目管理人才队伍

一支是由项目经理、高级项目经理、项目管理专家后备组成的 800 名项目管理人才队伍，已成为集团项目交付的中流砥柱。另一支是 50 人的组织级项目管理人才梯次队伍，已在建立健全公司项目管理制度、搭建配套机制方面发挥重要作用。

（二）工程项目的最佳实践与管理亮点

"825"工程项目是大型的人才培养工程，面临五大挑战：**一是**时间长，跨度为三年，存在很大不确定性；**二是**人多，涉及众多利益相关方，包括 13 家单位，参培人员达到了前所未有的 800 人，协调难度极大；**三是**内容广，包括培养模式设计、课程体系、师资体系、教务体系、考评体系、培训实施；**四是**实施过程复杂，涉及课程体系设计、课程开发、师资外聘、内训师培养、教学实施、结业考评等众多错综复杂的环节，都需要进行全新规划；**五是**风险大，学员本身都承担着重要工作并且分散各地。项目整体交付难度极大，需要积极应对困难和挑战，更需要科学的项目管理，主要项目管理最佳实践与管理亮点如下分述。

1．相关方管理

项目涉及集团公司及下属 13 家单位/部门，相关方众多，管理难度大。项目团队在协调和满足相关方各自利益、需求方面做了大量卓有成效的工作，包括积极使用集团项目管理中心的资源处理各方关系。在项目实施中解决项目关系和行政管理关系之间的冲突，并专门配备一名专职人员负责从集团层面协调各方相关方的需求。在项目全程，通过区分不同相关方的权力与利益差别，有选择地采取不同应对手段，确保相关方满意。

2．范围管理

主要针对项目范围的变更。为确保来自各相关方的变更要求不对项目范围产生破坏性影响，项目团队始终遵循规范、严格的整体变更控制流程，并在集团公司层面成立了变更控制委员会，通过高层领导的直接参与，将变更可能对项目造成的不良影响降到最低。实践证明，对项目范围的规范管控，有效保证了项目目标的达成。

3．进度管理

该项目周期长，环节多，为确保每个阶段的工作都能按时完成，团队制订了切实可行的进度计划。通过提前明确关键路径和关键任务，项目经理有意识地主动与集团沟通，提醒督促项目任务提前准备和规划，避免临时突发加班。

4．沟通管理

为了确保包括集团公司高层领导、参训学员及所在单位/部门主要领导等众多项目相

关方能及时、准确地获取项目相关信息，团队制订了周密的沟通管理计划，包括沟通的对象、沟通的内容、沟通的方式/方法、沟通频率等多维度的计划，并通过网站、手机客户端、微信群、QQ群、邮件、短信等众多网络及新媒体方式实现信息的实时发布与双向互动。为确保信息传递的及时且恰当，在双方达成一致的前提下，团队按天、周、月及不定期会议等不同时间间隔向重要相关方传递正式的项目状态信息，确保小问题不过夜，大问题不过周，有效保证了项目工作的顺利推进。

5．风险管理

该项目工作内容繁杂，周期长，并且跨地域实施，风险管理是确保项目顺利实施的重中之重。项目经理和团队针对项目中可能出现的各种重大风险做了详细的事前识别与评估，且提前拟定了行之有效的应对措施，记录在风险登记册中。项目过程中最主要的风险包括：课程质量风险，为保证师资水平满足课程要求，项目团队采用外聘专家和内部讲师相结合的方式，并对一些重点课程安排了备份讲师，有效规避了因师资安排发生意外而导致的课程风险；题库建设风险，为帮助学员做好知识掌握情况的检验，项目工作中包括项目管理专业知识题库的开发工作。

五、项目经理素质提升"825"工程成效

集团借助"825"工程，实现了项目管理人才三年培养规划目标，带来三方面的重大成效。**一是**项目管理人才队伍素质能力全面。项目经理构建了完备的项目知识体系，掌握项目管理工具和方法论；拓宽项目管理视角，切实提升了项目管理实践能力。**二是**企业项目交付各项指标显著提升。这是由于项目经理在集团的项目管理工作中日渐发挥重要作用，导致项目管理实际效果显著提升。**三是**集团整体的组织级项目管理全面提升。"825"工程促进集团组织级项目管理体系更加完善，集团整体项目管理水平持续上升，集团层面的大项目、项目集（群）、组织级管理成效显著。

（一）项目管理人才队伍素质能力全面提升

第一，培养的项目经理人才队伍结构合理、具有发展潜力。通过年龄结构、所属单位、项目类型、从事项目管理年限四项指标分析，"825"工程参训项目经理呈现为一支年龄结构合理、具备丰富的项目管理实践经验、能够从事不同类型项目、极具发展潜力的人才队伍。第二，项目经理知识体系构建完整。参加"825"工程培训的项目经理系统理解了项目管理理论知识体系，掌握了项目管理方法论、项目管理工具，改变了"盲人摸象"式的项目管理认知，以及"摸着石头过河"式的项目管理实践。第三，实现项目管理重点领域提升。不同类型的项目经理均有不同程度的收获，项目经理更加关注健康的项目组织结构、合理的项目计划、项目范围、项目风险与项目相关方沟通等对项目成败有重要影响的项目

管理领域。第四，项目复盘与项目管理实践应用。90%以上的项目经理学会了案例复盘，总结以往的经验教训，反思有效改善的措施，并尝试在实践中应用所学知识技能，保障项目整体可控，提升项目管理各项指标。

（二）企业项目交付各项指标显著提升

项目管理数据分析结果显示，"825"工程参训的项目经理人均承担项目数量逐年增加；项目进度管控能力增强，交付进度偏差下降；负责的项目金额级别逐年增大；对项目成本指标关注度更高、管控更加严格，项目成本率逐年下降；项目预算的准确度提升，项目完工成本偏差率降低。

（三）组织级项目管理水平提升

通过"825"工程培训项目，加深了组织级项目管理人员对项目管理工作的理解，精准把握组织级项目管理要点，为高层决策者提供数据支持，有力支撑了组织实现战略目标和使命、愿景。在集团层面对项目管理形成统一的认识，集团与各单位更加关注项目管理体系建设工作，有效推动了集团项目管理工作进一步发展。通过"825"工程，集团内部开始推动业务系统改革，提高了相关业务管理水平，消除审计风险，规范相关流程。

六、项目经理素质提升"825"工程经验总结

（一）领导的决心和意志

项目管理是集团战略的重要支撑方面，集团领导对项目管理及其人才培养高度重视，下决心要培养自己的人才队伍、建设人才培养的自有能力、构建自己的培养体系。开始遇到阻力时，要求"先干起来，不要只看眼前"；在过程中遇到重大困难时，给予坚定支持和资源协调。

（二）集中统一的规模效应

集团统一的大规模组织，集中管理，统一调度，避免了各单位分散组织带来的费时费力，节省了大量的成本和时间。例如，集团采取统一的需求调研与课程设计，集中的培训计划安排，成批次成建制的课程开设，统一集中的考评考试、阅卷，对外的师资采购谈判议价，对外交流，等等，节省了大量时间、精力，达到各单位独立组织无法实现的高效益。

（三）构建强有力的管理组织

集团为做好工程项目交付，成立"825"工程的领导组、工作组，由集团领导、本部业务部门（中心）和各单位人员组成，负责研究决策工程进展过程中的重大问题，协调处

理工程推进中出现的共性问题，对工程进行管控，并与集团有关部门协调沟通，完成工程的各项任务。领导组由公司副总挂帅领导，工作组由集团项目管理中心主任亲自牵头组织实施。

（四）落脚集团实际情况的实事求是

集团成立时间不长，历史上由多家公司合并重组而成，而各单位的项目管理模式、管理流程、企业文化、既有项目管理人员的素质能力水平都存在差异。此外，集团还有其国企的管理要求。这些在项目组织过程中都是必须考虑的组织事业环境因素。我们参考现有PMI的项目管理知识体系结构的理论框架，结合集团实际情况来组织人才培养。比如，在原有人资序列下单独申请开辟项目经理职业发展通道，鼓励项目经理们投入项目管理事业中来；由各单位评价项目经理实际能力与绩效，集团负责审核；由集中式培训到各单位属地化上门定制培训，等等。

（五）勇于探索创新，在过程中动态调整、迭代改进

在整体项目过程中探索创新的同时，非常注重动态调整、迭代改进。在人才培养体系建设、课程体系、师资体系、教务系统方面，每年都在完善迭代。比如，在人才培养方面，注重学员整体素质提升，对教学内容和培训方法更新，第三年为适应VUCA时代背景下变革转型期的项目特点，增加培养敏捷的项目技能。又如，在培训实施方面，第三年实现属地化定制培训，节省大量差旅成本。

（六）向外学习，注重对外交流与交流平台建设

在工程项目过程中，注重向外学习，对外交流。从外部学习吸收先进的项目管理经验和人才培养经验。比如，组织项目管理沙龙，举办项目管理行业论坛，对外申报取得美国PMI授权的REP资质，与国际组织PMI交流互动等。在培养过程中，为集团13家下属单位搭建学习交流和经验分享的平台，组织内部交流分享。

附录A："825"工程的成长故事

典型案例1　从财务专家成功转型为项目管理专家

在"825"工程三年的学习培养过程中，涌现出一大批热爱项目管理工作、积极学习、快速成长的项目管理学员。

有一位学员叫吴文娟，来自集团下属公司——四川省中电启明星信息技术有限公司，原来是公司的SAP财务模块专家和顾问，2014年转型做公司组织级项目管理工作，这对她是全新的挑战。她决定恶补项目管理，啃下这块硬骨头。

2016年，适逢集团组织"825"工程，她毫不犹豫地报名参加了培训。她从2016年

第一期开始参加"825"工程的系统培训，几乎是从零开始。但她学习非常刻苦，课堂上积极与老师互动，认真完成每一个课堂作业。特别是每年培训结业的项目管理大案例和大论文作业，她都认真分析思考，结合自己单位的项目管理工作实际情况写出了在项目管理实践中应用理论的典型案例，给公司的项目管理改进带来了非常有效的帮助。

她历经"825"工程第一年的 1605 期项目管理基础班、第二年的 1713 期项目管理高级实战进阶班、第三年的 1811 期项目管理精英特训班，连续三年表现优异，成绩突出，三年均被评为优秀学员。2017 年经过集团选拔参与项目管理认证班学习并通过 PMP®认证，同时于 2017 年年底通过"825"工程的选拔考评，晋升为项目管理专家后备。2018年参加了"825"工程最高等级的百人项目管理精英特训营，同年成功成为国网人资组织认定的集团唯一一位项目管理专家。

通过三年"825"工程的系统训练和培养，她系统地掌握了项目管理知识，锻炼了项目管理方面独立解决问题的能力，在原有信息化项目实施咨询、财务管理经验的基础上，补强了项目管理和组织级项目管理知识，并且将项目管理与财务管理充分整合运用于企业经营监控。2018 年升迁至公司财务部负责公司经营监控工作，主持建立健全公司项目管理标准、企业经营监控体系，公司降本增效明显，生产管理业绩突出。

借助"825"工程，三年时间，她华丽转身，从一名财务专家成功转型为项目管理专家。

典型案例2 从培训"小白"到项目管理讲师团骨干

在项目管理内部师资培养过程中，项目经理们积极参与集团培训工作，踊跃报名，既抓住了机遇锻炼自己，又为集团的项目管理经验技能传播做出了重要贡献。

有一位来自集团下属公司——天津普迅电力信息技术有限公司的学员叫刘钰，她经历了国网 SG186 信息化项目大建设时期，是一名具有多年信息化项目实施管理经验的项目经理。凭借对电力事业的热爱，平时就爱分享的她，希望把自己多年的项目经验分享给更多的年轻项目经理。

"机会偏爱有准备的头脑。"2016 年年底，机会来了。"825"工程组织集团范围内兼职培训讲师的"项目管理大讲堂"试讲选拔，旨在培养一支"能开发能讲"的实战讲师队伍。她第一个报名参加，积极准备基础考试和试讲 PPT，作为项目管理方向的兼职培训讲师，以第一名的总成绩出线，拿到了项目管理培训讲师快速成长"高铁"的车票。

2017 年年初，她先是参加了集团组织的兼职培训讲师基础课程培训，掌握了兼职培训讲师的基础知识和相关技能。2017 年 6 月，她接着参加了项目管理案例开发工作坊，工作坊 3 天 2 晚，她每天只睡 3～4 小时，只为能开发出具有实战价值的项目案例。最终，她自己独立开发了 2 个项目管理大案例。此次由 30 多名兼职培训师参加的工作坊为集团开发了贴合集团实际情况、极具实战价值的项目管理案例共计 35 个。

在 2017 年的实战案例课程部分就启用了这些案例，并且由兼职培训讲师实战讲解，给大家创造锻炼机会。这些与集团实际情况贴近又非常生动鲜活的项目管理实战案例在实际培训中获得学员的一致好评。与她一起参加的 26 位兼职培训讲师同事在后续实战课程中得到了锻炼。

2018 年，她作为经过 2017 年实战案例洗礼的培训讲师核心团队成员，参与了 2018 年整体的项目管理实战系列课程研发，后期参与多次实战讲授，特别是高级项目管理实战沙盘课程，收到非常好的培训效果。从最初的上台紧张到后期的大方自如，从最初的课前焦虑到后期期待讲台的感觉，她化蛹成蝶，实现了突破性成长。

这些兼职培训师大多像刘钰一样，从培训"小白"开始，借力集团"825"工程内部师资培养，一点点学习，一次次上台尝试，经过三年的历练，终于成为独当一面的成熟讲师。

项目管理实践：中电普华信息技术有限公司篇①

一、企业及项目管理概况

（一）企业简介

北京中电普华信息技术有限公司（简称"中电普华"）成立于 2004 年，注册资本 8.4 亿元，拥有四川中电启明星信息技术有限公司、哈尔滨普华电力设计有限公司和西安分公司三家分支机构，员工 2 000 余人，是国家电网公司的全资三级产业单位，隶属于国网信息通信产业集团有限公司。

2004—2005 年，顺应国家电网公司信息化 SG186 工程契机，启动构建了信息化研发队伍和管理体系。

2006—2010 年，作为国家电网公司内部信息化建设的牵头厂商，全面支撑保障 SG186 工程建设。

2011—2014 年，紧跟国家电网公司 SG-ERP 建设历程，立足国网，积极拓展外部市场，技术服务能力亦从学习模仿其他优秀企业向创新引领转变。

2015 年至今，在"互联网+""能源互联网"产业背景下，开始全面创新发展，成为智慧能源、数字企业、IT 平台三大领域的整体方案提供商。

中电普华公司业务范围涵盖智慧能源、数字企业、IT 平台三大信息化业务领域，客户群覆盖电力、煤炭、石油、烟草、电信、政府、交通、金融、制造、IT 等多个行业，形成了覆盖应用软件、硬件设备、集成服务等七个产品线、40 余个系列的核心产品（解决方案）。

中电普华通过 ISO 9001:2008 质量管理体系认证和 CMMI 成熟度 5 级评估，取得了计算机系统集成及服务一级资质、电力专业设计乙级资质、国家地理信息测绘乙级资质、信息安全类各项资质。目前，拥有软件著作权 285 项，受理专利 180 项，国际受理专利 2 项，授权专利 35 项，海外授权专利 2 项。中电普华连续多年度获得工信部"软件企业竞争力百强""软件企业收入百强""北京软件和信息服务业综合实力百强企业"；获得由中国软件行业协会颁发的"十大创新软件企业""自主可靠企业品牌"；获得"北京中关村'十百千工程'重点培育企业"等。2017 年，中电普华公司荣获中国电子信息行业联合会信息技术服务领军企业，公司云资源管理平台荣获中国国际软件博览会金提名奖。未来，中电普华将继续践行"让企业运营更智能，让能源服务更智慧"的企业使命，加快建设国家一流的现代化信息通信技术综合服务企业。

---

① 本篇资料由北京中电普华信息技术有限公司提供。

（二）企业项目管理概况

公司项目管理组织结构（见图 1）是复合型的。大部分项目是在各事业部内组建项目组，一些项目跨多个事业部共同组建项目组，还有一些项目由生产运营管理部牵头跨部门组建项目组。项目经理由公司任命或由生产运营管理部的项目总监担任。

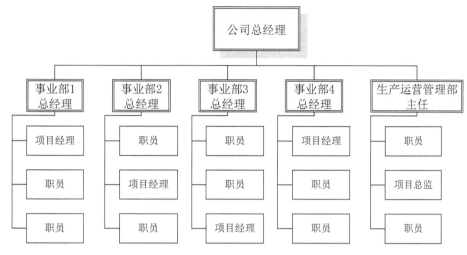

图 1　公司项目管理组织结构

根据组织的具体特点、组织结构形式的变化和项目管理成熟度的提升，公司 PMO 的定位经历了从职能型 PMO 到战略型 PMO 的演进。

2017 年之前，公司 PMO 定位于项目控制者，管理组织所有项目，提供整体分析和控制，以职能管理为主，建立了项目管理（特别是项目质量管理）制度、方法和工作流程，获得 CMMI5 级认证，并对已建立的制度、方法和流程进行持续改进。公司侧重于以项目计划为基准，按项目阶段划分开展每个阶段的任务、活动，并对项目的阶段里程碑和目标成果进行检查，在影响投资经营、项目成功的关键点设立评审和决策机制，使项目在受控状态下向实现项目目标的过程中推进。

当前，公司的 PMO 定位于公司生产运营的调控中心，建成了以业务为驱动交汇点的 X 轴同各事业部的横向调度协同支撑，Y 轴同主管上级单位的项目管控纵向贯通，Z 轴同客户、供应商、合作伙伴的内外创新互动的立体生产运营调度体系。同时，更加侧重于支撑公司战略规划的落地，建立项目集管理的方法论和对各事业部的支持服务职能，以体系和能力建设为基础，强化过程监督和运营分析，建立"四个基础建设、三大过程管控、一体化运营分析"的公司生产运营管理体系（简称"431 体系"），服务于合同履约。

二、企业项目管理内容

本次调研主要围绕党建信息化项目展开，以党建信息化项目为实例阐述企业项目管理内容。

（一）项目综述

党的十八届六中全会和全国国有企业党的建设工作会议对全面从严治党做出重要部署。中组部对基层党组织和党员信息报送的规范化、准确性、及时性提出了明确要求。国家电网公司提出党建"旗帜领航·三年登高"计划，夯实党建基础，强化对标管理，推动创先争优。公司党组织和党员数量多、分布广、管理分散，且调整变动相对较多，加快建设部署党建信息化综合管理系统实现对党组织中党员基础信息的全面采集、党建业务的全过程管控、党员政治生涯全周期管理、党建成效全景式呈现，对提升国网公司党建工作管理水平意义重大。

为做好公司党组 1 号文件和重点任务落实，中电普华精心组织，攻坚克难，于 2017年 12 月底完成党建信息化综合管理系统建设项目（一期）的建设工作。

党建信息化综合管理系统立足于"互联网+党建"思路，实现一个门户，构筑 PC 端和移动端 App 两类应用，完成内外网部署，涵盖党建工作等七大业务管理功能；建立典型经验库等 6 个云库，与 ERP 等 6 个系统实现互联互通；实现行政组织、党组织、团组织三棵树有效融合，构建了五级管控体系；设计展示大屏、个人工作台和各级党建门户，满足了不同层级用户的业务需求，打造实时化的信息归集平台、一体化的管理监控平台、便捷化的业务处理平台、自主化的学习共享平台、可视化的分析评价平台、互动化的活力聚合平台六大平台，为公司百万级用户提供服务。

（二）项目启动

项目启动前，国家电网公司从 14 家单位抽调骨干组建筹划调研团队，开展广泛调研，先后到 10 家内外部单位学习，并与国资委党建局"互联网+国企党建"课题组、中软集团（中组部党员信息管理系统开发单位）深入交流探讨，完成党建信息化项目的筹划调研。

国家电网公司党组织和党员数量多、分布广，且变动调整相对较多，加快建设党建信息化综合管理系统，实现对党组织党员基础信息的全面采集、党建业务的全过程管控、党员政治生涯全周期管理和党建成效全景式呈现，对提升公司党建工作管理水平意义重大。

项目启动会由党建项目的业务部门和信息化管理部门协同组织，由调研团队和技术团队的主要成员参与进行。启动会上，党建项目的业务部门对前期的筹划调研工作做了总结，信息化管理部门对项目前期的准备工作做了总结。同时，宣布启动党建信息化项目，共同签订了党建项目管理章程，组建项目组（见图 2）。为了加快项目进度、保证项目质量，项目组制订了全面的项目管理计划，并将前期的筹划调研团队转化为项目组的业务专家团队。

党建信息化综合管理系统（见图 3）是以 PC 端和手机端作为双重载体，是为进一步提高企事业单位党建工作质量水平，打造的一个全面透明、开放友好、互联共享、实用有效的党建业务管理工作平台。

党建管理概要设计/安全防护方案评审计划

序号	工作任务	工期(周)	2017年9月 1	2	3	4	2017年10月 5	6	7	8
1	概要设计	7				★			★	
1.1	概要设计编写	3								
	系统总体框架	1								
	业务能力视图	2								
	业务功能视图	2								
	系统数据视图	2								
	系统组件视图	1								
	系统集成视图	1								
	系统逻辑部署视图	1								
	系统灾备视图	1								
	系统安全视图	2								
	非功能性设计	1								
1.2	概要设计初审	1								
	概要设计初审	1								
	初审问题修改	1								
1.3	概要设计最终评审	1								
	概要设计终审	1								
2	安全防护方案	8								
2.1	安全防护方案编写	3								
	安全防护方案编写	3								
2.2	安全防护方案初审	1								
	安全防护方案初审	1								
	安全防护方案调整	1								

图2　党建管理概要设计/安全防护方案评审计划

图3　党建信息化综合管理系统

（三）项目规划、执行与监控

1. 范围管理

党建项目范围管理的流程包括确定项目的需求、定义规划项目的范围、范围管理的实施、范围的变更控制管理及范围核实等一系列环节，形成项目范围管理计划。项目启动后，项目组通过会议形式，先后同具有党建信息化建设经验的神华公司、中软公司等进行经验交流，与国网公司总部、网省公司和直属单位进行需求调研，项目组成立专门的党建项目专家组进行需求梳理与研讨，经国网党建部领导审核通过，最终确定需求范围。项目组根据项目需求范围，制定 WBS，逐一细化项目范围，职责到各个模块小组。

项目组运用 axcure 软件，根据最终需求绘制原型文档，逐级会审后确定原型，根据原型文档设计高保真原型，随之进入开发阶段。需求范围管理涉及的文档包含项目章程，初步规定项目的范围，在此基础上，逐步细化需求，完成用户需求规格说明书、软件功能规格说明书等。

在范围管理的过程中，遇到的最大挑战是需求范围不清晰，频繁变动。以需求说明书的形式，用文字描述软件功能不够直观，业务专家与需求设计人员的理解有偏差，导致需求频繁变动问题，影响项目进度。针对上述问题，安排需求设计人员直接制作系统原型，以原型为基础，更为直观地与业务专家确认需求，保证需求不走样的目标得到实现。范围管理保证了客户需求的快速明确和实现，避免了供需的偏差，很大程度上缩短了项目开发周期，提高了项目推进效率。

2．时间管理

党建项目的时间管理流程包括定义项目活动、任务、活动排序、每项活动的合理工期估算、制订项目完整的进度计划、资源共享分配、监控项目进度等内容，运用 Project 工具进行时间管理。

根据关联耦合度，将项目工作分解为更小、更易管理的工作任务，明确任务责任人、完成状态和输出结果，细分颗粒度以"工作日"为单位进行量化，保证问题及时发现解决，过程可控。在此基础上，分析各个工作任务的依赖关系，编排工作顺序、跟踪人，设定里程碑。低耦合、无依赖关系的工作任务并行推进，压缩项目工期，提高工作效率。制定工作任务进度表，安排专人每天统计进度和执行情况，保证进度可控，及时发现偏差，及时纠正。将每天统计工作进度情况制成 Excel 表格，当天在项目组内发布，保障项目组全员及时掌握项目整体进度。

时间管理中遇到的最大挑战是工作任务的分解和依赖关系分析，不但需要从整个项目的角度对工作任务进行分解和依赖关系分析，同时还要根据项目团队成员的业务和技术能力，保证工作任务周期估算和工作顺序编排的合理性和科学性。

针对这个问题，项目组在初步完成工作任务网络图和关键路径图后，在执行推动的过程中，根据项目团队成员的变动及进度情况，按照项目功能模块优先级，迭代进行调整。时间管理有效压缩了项目周期，提高了工作效率，用 5 个月的时间完成通常情况下需要 18 个月才能完成的一系列规范步骤，在遵从项目管理规范的同时，提高了项目的执行效率。有效的时间管理，保证了在较短的工期内项目各个环节的有序开展，起到了对项目活动的追溯和监督作用，是项目成功的关键因素。

3．成本管理

根据项目工作类别，制订项目成本管理计划，包括设计开发成本管理计划、软硬件资源成本管理计划、实施推广服务成本管理计划等。在此基础上，结合项目周期安排、任务内容范围和工作量，从人力投入和资源投入两个方面对项目成本进行估算。估算过程是参考国网信息化建设成本估算标准规范进行的，并充分考虑人力资源薪资因素和软硬件资源的价格变动。成本估算后，编制成本估算表，并下发给项目组各个团队做进一步的调整和完善，形成正式的成本估算表，用于后期的成本控制和成本预算制定参考。

各个团队根据成本估算，结合团队的工作性质、任务范围、工作要求和工作量，制定详细具体的成本预算，遵从经济集约的原则，细分评估各项具体工作及所需的工作量和资源的投入，同时结合项目周期的安排，选用合适的人力资源，保障项目成本的科学管理。

在项目成本管理过程中，项目所涉及的各项费用支出数据，均实时记录在公司项目管理系统中，如劳务外包费用、会议费用、印刷费用、市内交通费用、内部人工成本等。生产运营管理部将费用数据定期反馈项目组，为项目组提供决策支持。

成本管理中遇到的最大挑战是项目周期和所需人力资源投入的权衡。项目周期控制受多重因素的影响，而人力资源投入量是重要的影响因素，必须合理优化人力资源的投入时间、投入数量，才能在保障项目周期进度的同时，合理地控制成本。针对这种问题，项目组借助公司强大的人力资源池优势，在成本预算基础上，进行灵活调整和人力资源的投入和释放，很好地保证了人力资源的合理调配和成本控制。

成本管理很好地控制项目执行过程中的费用可控，同时，保证了项目团队的稳定和高效。

4．质量管理

项目质量管理的流程依次为质量管理计划制订、质量管理标准制定、质量管理跟踪和质量问题整改和总结分析等。在质量管理过程中，采用了核验清单法和质量检验法相结合方式，对项目质量进行控制。在项目的各个阶段，项目组制定了完善的制度规范和技术方案，并及时对项目成员进行宣贯和培训，督促团队成员遵从相应要求，保障项目建设质量。其中包括服务资源使用规范、软件编码规范、安全防护方案、测试方案、代码走查方案等，安排具体责任人在各个阶段具体负责相关工作的落实推进，实现项目质量的全面管理。

在系统开发过程中，会经历单元测试、系统功能测试、公司测试中心、电科院测试和三方测试等。

使用禅道软件，需求人员与测试人员对系统进行测试，测试结果录入禅道，由开发组长分配问题，开发人员根据问题进行分析并予以解决，修改结果标记在禅道对应问题中，由对应问题提出人进行回归测试。为保证项目的质量达标，项目组通过会议形式，组织部门级和公司级的Q&A审查，搭建系统测试和生产的运行环境，确保项目质量。

质量管理措施的有效落实，使项目质量得到有效管理，保证项目顺利通过第三方功能、性能和安全测试，如期顺利上线，为项目目标的顺利完成提供了有效保证。

质量管理中遇到的最大挑战是质量管理措施执行的规范性把控。项目质量管理涉及项目管理的方方面面，项目质量管理措施的落实势必影响项目进度和项目成本。针对这些问题，项目组自上而下统一思想，必须严格控制项目质量，必须严格管理，不能触碰项目质量控制的红线、底线，保证项目质量无瑕疵。

质量管理保障了项目执行的整体效率，避免了项目过程中无重大事故，保障了开发软件应用的整体质量，为用户提供一个易用、好用、实用的信息化工作平台。

5. 资源管理

项目资源管理流程包括资源管理计划制订、项目资源配置、项目资源控制和项目资源处置等。党建项目所需资源分为 3 类，分别为人力资源、软硬件资源和便利设施。完善的资源管理计划，为资源储备提供科学参考，为项目的资源有效整合和配置及时到位提供了可靠保障，节省项目成本的同时，规避了资源不足带来的项目管控风险。

资源管理中遇到的最大挑战是人力资源的有效管控。党建项目是信息化软件建设项目，主要依靠项目团队成员的智力投入，因此，项目团队成员的技能水平和工作效率的有效管控，直接决定着项目目标是否能如期达成。针对这个问题，项目组建立了完善的人力资源管理机制，即从人员招聘、能力测评、技能培训和工作效率管控等一系列的管理办法和推进措施，保障项目人力资源具有较高的素质水平。

资源管理实现了对信息化软件建设项目资源，尤其是人力资源的有效管理，为党建项目提供了坚实的资源支撑，保障了党建项目持续、高效的有序推进。

6. 团队管理

项目团队管理的流程依次是项目团队管理计划制订（如项目团队基本行为准则制定、项目团队职责体系和协同机制的制定）、项目团队管理（包括团队组建、考勤、绩效考核、素质评价等）。项目团队管理办法为项目团队管理提供了具体参照规则，保障项目团队能形成统一的团队文化，每位成员有明确的职责分工、对接人和对接方式，保障项目团队的高效运转。项目团队管理即遵从管理计划和实际情况，按照项目团队管理办法，完成项目团队的创建、考勤、绩效考核和素质评价等过程，保障团队能保持积极的、高效的运转。

项目组设有打卡系统，统一管理项目组员工的日常考勤。团队管理过程遇到的挑战是项目团队的绩效考核。绩效考核涉及团队成员的切身利益，直接影响团队成员的工作积极性。针对这些问题，党建项目组制定了团队成员绩效多重考核机制，即从小组组长、团队组长到项目经理的三层考核体系，最大限度地保证绩效考核的合理性。

针对党建项目周期短、任务重的特点，项目经理在加强团队建设、加大绩效激励力度的同时，通过技能培训、师带徒的方式帮助项目组成员快速学习并在实践中应用。结合党建大主题，组建项目组的临时共产党员宣传队，鼓励奉献，加强正面正向引导，营造积极向上、向前的项目文化氛围。

项目进行过程中，公司领导及国网总部领导一直高度关注项目组的团队建设情况，不定期地对项目组进行慰问，深入项目组中进行思想指导，深切关怀项目组成员工作及生活情况，为员工带来节日礼物。公司在紧凑的办公区里专门腾出地方为员工布置了休息区和饮食区，为员工提供便利。

有效的团队管理为项目提供了一个稳定而高效的团队支撑，保证项目目标的顺利达成。

7. 沟通与信息管理

项目沟通与信息管理的流程依次为沟通和信息管理计划编制，信息发布、绩效报告和项目相关方管理。沟通和信息管理计划是在认真分析沟通需求基础上制订的，规定了合适的沟通方法、沟通模型和沟通技术。信息发布使项目执行信息和项目管理更新计划及时有效地传递到项目团队的每位成员，保持信息对称。

为保证项目开展过程中的沟通顺畅和信息对称，项目组多数采用会议和小组讨论的形式来进行面对面的沟通，会议过程中要求必须做会议记录和留影存档，同时辅助内部邮件系统和即时聊天工具如微信、QQ、飞秋等来完成沟通和信息管理。

沟通和信息管理中遇到的最大挑战是相关方管理，其中涉及的问题在于选择有效的沟通方法。针对这些问题，项目组会定期组织召开集中会议，与相关方进行深入沟通。沟通与信息管理保证项目推进过程的各个团队、各个相关方能够进行有效沟通，保持项目信息的对称，保证项目决策准确有效。

8. 风险管理

项目风险管理的流程依次为风险管理计划制订、风险识别（见表1）、风险量化、风险对策研究和风险对策实施控制。风险管理计划制订为项目风险管理提供完善的管控方案，按照风险管控计划，逐步地、分阶段地组织会议进行风险识别、风险分析和风险评价去认识项目风险，并制定相应的应对措施、管理方法技术和手段来规避识别出的风险，对项目风险实行有效控制，以最少的成本保证项目总体目标实现。

表1　风险识别

项　目　风　险	原　　　因	防　止　措　施	控　制　措　施
计划没有得到切实执行，实施进度延期，不能如期完成阶段工作	多方面原因	• 制订计划时尽量考虑全面，留有余地；让计划成为客户公司文件下发执行，落实责任人 • 客户高层的支持和推动，克服障碍；遇到问题及时沟通，在问题进一步恶化前得到解决	及时调整下一步工作计划，并将计划调整原因形成备忘录，提交客户确认
项目组人员变动（包括客户和实施单位）	工作调动、缺乏激励措施、个人原因等	在项目组成立时要求所有项目组成员保持固定	发生人员变动前及早安排其他人员接替工作，离开时办理工作交接

续表

项 目 风 险	原　　因	防 止 措 施	控 制 措 施
需求、实施范围的变动	客户业务、组织机构、关键负责人等发生变化；典型设计的需求调研不彻底	需求确认	需求、实施范围的调整必须执行项目变动控制程序
缺乏适当的项目资源，公司骨干人员项目投入不足	项目资源缺乏	实施单位与用户公司组成联合项目小组，要求业务的相关业务部门骨干人员参与到项目组的工作中来，并明晰各自职责	在项目启动阶段，做好有关资源准备工作
与其他应用平台集成风险	各地所采用的技术路线不一致	做好集成工作的准备工作，事先调查好有关集成工作的需求	做好集成工作的沟通和配合

风险管理中遇到的最大挑战是风险的准确识别。项目受多种因素影响，存在的风险也是动态变化的，准确地识别风险是风险有效管控的关键。项目组采用分组讨论和集中讨论相结合的方式，逐步地、分阶段地对项目风险进行识别，并对项目风险进行专人跟踪，及时掌控风险动态，及时调整，保障风险识别的准确性。

风险管理使项目风险得到了有效控制，保证项目进度的同时，有效节省了由于风险不可控导致的项目成本。

9. 采购管理

采购管理的流程包括采购管理规划、实施采购、采购管控、完成采购。采购管理规划是根据项目建设整体规划制定的，涉及待采购产品、采购时间、采购方式、建议供应商等，为项目外围产品采购提供了参考依据。实施采购保证外围产品能及时配置到位，推进项目进度。采购管控保证外围产品采购合乎公司采购规范和流程。完成采购保证了外围产品的顺利有序交接。

采购管理中遇到的最大挑战是实施采购。实施采购过程中要筛选合适的供应商，对其产品进行考察，保证产品的适配性，能最大程度上满足项目需要。针对这个问题，项目组组织成立专门的专家团队同步对多个同类型的待采产品进行全面考察和评估，保证采购产品的高效性。

采购管理保证外围产品采购效率，有效保障项目推进效率。

10. 相关方管理

相关方管理的流程包括项目相关方分析、沟通管理和问题管理。相关方分析帮助项目组清晰认识到项目涉及相关方的相关诉求和影响，为相关方沟通和问题管理提供参考依据。沟通管理保证项目组与相关方有计划的、高效的沟通，赢得更多的资源，保障项目目标的顺利达成。问题管理是沟通管理的有效支撑，通过对沟通过程中发现的问题的跟踪、记录和及时反馈，保障相关方问题的有效管理。

相关方管理中遇到的最大问题是沟通管理。项目涉及相关方的诉求多种多样，相关方的层级有高有低，沟通控制难度很大。针对这些问题，项目组制订了完善的沟通计划，包括沟通时间、形式及相关的参与人，营造良好的沟通氛围，以求较好的沟通效果。

相关方管理保障相关方的相关诉求得到有效满足，为项目建设争取了更多的资源，保障项目的顺利推进。

（四）项目收尾

党建项目是为国网公司提供一整套党建信息化综合管理的系统，项目建设共分三期完成，设计开发和实施推广迭代进行。一期项目结束通过了试运行验收和竣工验收流程，举行了试运行总结座谈会，签署了试运行验收报告。

党建信息化综合管理系统为国网公司党建信息化建设提供了强有力的支撑，实现了对党（团）员信息的全收集，强管控。为党（团）员的学习和成长、"三会一课"、党组织活动等提供了良好的信息化手段，在项目试运行总结会上，系统得到国网公司总部领导的高度认可和评价："这套系统搞得非常好，集成了目前央企和公司系统党建信息化的好经验，这套系统是个大集成，有国网公司特色，非常好，实用有效。"同期，4家网省公司及32家直属单位共36家试点单位一致对项目组的付出及系统功能表示高度认可，个别单位还为项目组发来感谢信。

三、企业项目管理创新与亮点

（一）公司全面推广项目管理先进经验理念

公司生产运营管理部将党建项目作为标志性项目，在项目管理流程上总结了一套行之有效的经验。党建项目组在较短的项目周期内，协调公司、集团、国网总部、分子公司、社会等五方面资源，先后调用近百人服务于项目开发过程中，克服软、硬件各方面的苦难，保证系统按期上线。生产运营管理部通过对项目的跟踪监督，对过程报表文档、数据、人员实时管控，通过会议、调研等手段总结项目经验。

项目组对项目成员实行独特的考评标准，由于项目组实行的是7×10的工作安排，所以在公司统一的绩效评价标准内，还对项目组成员附加了针对项目进展及成效的考评指标。例如，对系统模块开发有突出贡献人员，紧张状态下意志坚强人员，能够顾全项目整体进行协助人员等，公司都给予了不同程度的绩效加分和奖励。

在项目建设过程中，组织召开阶段汇报会、试运行上线启动会、试运行总结会等一系列重大会议，在这些会议上，会向项目内、外部对项目建设进展情况做全面系统的汇报，其中在项目试运行启动会上，国家电网公司总部的领导对党建项目做了高度评价。

（二）建立生产运营管理431体系，有效支撑项目建设

公司高层认同项目管理的价值，项目是落实企业发展战略的实体，有效的项目管理是推进项目目标达成、项目成功的关键因素，将科学的项目管理知识体系同组织的管理需求进行融合，实现知识体系的本地化，能更有效地支撑项目建设。公司成立了三级PMO项目管理组织架构，建立了"生产运营管理431体系"，开展项目成功、失败的经验总结，完善组织资产库，同时注重人才队伍的培养，不仅包括知识技能的，也关注人的情感、精神层面的。公司由党建部、生产运营部联合牵头成立项目管理协会，重点围绕"增进交流和凝聚，释放压力和激情，促进分享和成长"的目标，通过各类活动、沙龙、分享，营造互学互助共同成长提高的氛围，缓解一线生产人员工作中的压力，增进一线人员间的互动和交流，建造中电普华生产人员的精神家园。

公司对相关相关方协调并支持项目管理工作首先在部门职责上进行了明确，其次从项目层面、事业部层面、组织PMO这三个层面进行定义和识别。根据各层级所能提供的支持能力判断是否采取升级的方式，以获得高层的关注和重视。通过公司生产调度会进行统一的宣贯协调，促使获得相关的支持。

（三）重视人才培养，建立人才发展通道

项目经理作为项目的主要责任人，公司对项目经理的行为准则和道德有着更高的要求，不但要在业务方面具备较硬的能力水平，而且要具备良好的沟通能力和自我控制约束能力，为项目团队树立一个正向的、积极的个人形象。公司部门对项目经理的管理制定了一系列完善的管理考核机制，实现对项目经理的全面考核评价和晋升管理。

项目管理实践：柯马（上海）工程有限公司篇[①]

一、企业及企业项目管理情况简介

（一）企业简介

柯马（上海）工程有限公司（简称柯马）为意大利柯马（COMAU）股份有限公司在中国的全资子公司。1997 年，柯马正式进入中国市场。柯马全球在 14 个国家、超过 30 个城市或地区建有分支机构，拥有 5 个创新中心，全球员工超过 9 000 人。

作为全球化制造系统集成商，柯马为汽车、一般工业等众多行业提供工业自动化系统和全面维护服务。从产品的研发，整体工艺解决方案及成套自动化系统装备，直至工业维保服务，为全世界的客户提供完整的工程解决方案。在过去十几年中，柯马同中国本地客户建立了稳固的合作关系，尤其是在汽车制造领域与众多国内外汽车及动力总成制造商有着广泛合作，并获得了来自客户和上海政府的大力支持和认可，被授予"中国质量诚信企业""上海市第一批智能制造系统解决方案供应商推荐目录""上海市安全文化建设示范企业""上海市制造企业 100 强"等荣誉称号。2017 年，柯马实现销售收入 155 979 万元，纳税达 1.65 亿元。2018 年，柯马实现销售收入 181 439 万元，纳税达 1.36 亿元。

同时，公司质量、环境管理体系分别通过 ISO 9001 2015、ISO 14001：2015、ISO 50001：2011、OHSAS 18001:2007。

（二）企业管理情况简介

柯马采用矩阵式管理模式（见图 1 和图 2），整个管理模式区别于传统的直线汇报，员工具有双线汇报关系，即员工有两个上司，一个是流程上司，另一个是业务上司，流程上司负责日常工作安排和考核，业务上司负责任务和绩效制定。之所以有这种组织结构，与柯马的业务管理方式息息相关。

柯马的业务执行以项目的形式展开，从了解客户的需求，直至最终完成产品、服务的交付，都属于项目的生命周期。项目中的直接、间接人员，都是在矩阵式组织架构之下，这样提高了组织效率，并且这种管理结构具有高弹性，能够最大限度地在组织内分享大量信息，促进全球的项目管理文化建设。

具体来说，柯马由 CEO 负责公司营运，统领四大事业部和其他职能部门；事业部则负责项目的执行和事业部发展，而这些事业部和营运部门也同时向全球职能总监汇报。柯马与所在行业的其他企业有一个重大不同，就是除了有管理标准流程的质量部，还有针对

[①] 本篇资料由柯马（上海）工程有限公司提供。

项目执行专门设立的项目管理办公室。项目管理办公室的主要职责是联系战略与实际运营，确保战略的落地与项目的顺利执行。PMO 负责人直接汇报给地区 CEO，以确保其权力的合法性和权威性。

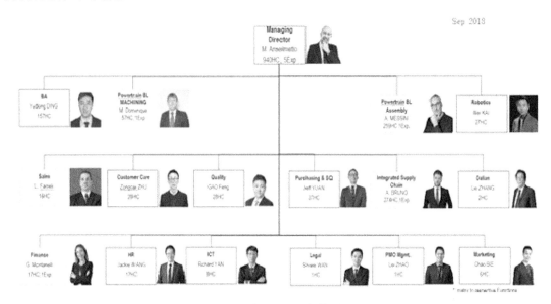

图 1　中国区组织架构图

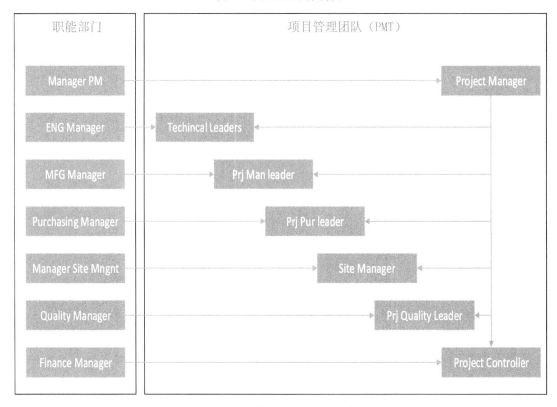

图 2　柯马全球职能矩阵式组织架构

从柯马公司层面，管理层发布管理层承诺，包括质量和安全方针，并全员发布和公示。

各职能部门每周有管理层管理会议，月度有各职能汇报会议。

每年有公司层面内审，包含各个职能模块审核，并发送报告给管理层。

安全和体系审核，报告上传全球链接中，管理层推动整改。

从集团整个运营来讲，柯马公司隶属于 FCA 集团，定期会有 FCA 委派的审计来审查柯马财务数据和运营。另外，柯马也接受外部独立审计公司的审计。

二、项目管理在企业中的战略意义与职能价值

可以用三个关键点来总结项目管理的战略意义，当然，其复杂性、结构的必然性和紧迫性是紧紧相连的。

复杂性是我们在公司运营和项目实施过程中每天要面临的问题，并且这至少关系到两个方面：①产品、服务的复杂性。例如，提供给某国内顶尖自主品牌的某发动机装配线，其设计图纸超过 1.2 万张，首尾相连长度超过 4 公里。产线包含 10 万个金属部件，重量合计超过 50 吨。项目涉及的人员超过 200 人，工程小时数超过 11 万小时。从客户下单，到最终交付，仅仅只用了 18 个月。②企业自身资源分布的复杂性。柯马有 3 个分支，上海是大本营，负责设计和产线的装配；昆山是制造基地，提供所有的机械制造部件及集成；大连分部负责设计。几乎每个项目都涉及多个地区的多部门人员。如果考虑到海外项目，管理的复杂程度更要高得多。对于我们的全球客户来说，柯马是一家公司，不会因为来自不同国家、不同地区而区别对待。

柯马全球在 14 个国家、超过 30 个城市或地区建有分支，拥有 5 个创新中心，全球员工超过 9 000 人。柯马总体业务的 15%～20% 是需要跨多个国家或地区来执行的。随着全球化的不断加强和加深，柯马面临越来越多的跨地区竞争对手的挑战。柯马需要有一种管理方式，能支持普通运营模式下的部门，协调公司的整体资源，建立项目的企业文化。我们认为，PMI 项目管理的方法论，完全符合我们的需求。

项目管理在柯马至少有以下几方面价值。

1）提升柯马的运营效率：在原有普通运营模式下，业务活动存在资源分配不合理、沟通不畅的情况。在引入项目管理方式后，执行层面问题明显改善，效率提升明显。很多部门的执行层乃至管理层，由原来的抗拒，逐渐变成主动要求来遵守项目管理的行为方式。项目管理的引入，也对跨国项目，尤其是海外实施的项目，有了很好的指导和辅助作用，提升项目执行的效率，减少了风险。

2）精准及时地满足客户的业务目标：中国市场竞争激烈，客户要求也越来越高，市场需要的产线交付时间比 10 年前减少了 30%～50%。相应地，柯马为了适应市场，也在不断地进行自我升级，项目管理方式很好地支持了这一点。

3）统一柯马人员的行为标准，建立企业文化：自从引入项目管理的方式后，柯马员工行为模式日趋成熟，客户对柯马人员的评价也越来越高，内外部对柯马品牌的认知度也

逐渐提升。在市场竞争激烈的背景下，柯马的项目管理已经成为行业的标杆，不但在获取客户青睐的重要方面，而且很多客户指定柯马对其员工进行项目管理的培训。

三、柯马项目管理体系的学习，推广与应用情况

（一）体系建立

2007 年年中，柯马设立了 PMO，用来引进项目管理标准，并对项目的过程进行监控治理，确保战略的落地和实施。柯马的 PMO 主要有三大职能：项目管理学院、项目管理办公室和风险管理。

柯马的项目管理学院自 2007 年设立，主要职能是项目管理知识的培训、传播和项目管理文化建设。自成立之初，项目管理学院每年对超过 1 000 名内部员工进行项目管理相关的培训。柯马的项目执行的关键管理人员，如项目经理、现场经理等，大多是 PMP®持证人员。通过培训，越来越多的新老员工对项目管理方式逐渐了解并认同公司的企业文化。在 2008 年，柯马项目管理学院通过美国项目管理协会批准的全球 REP（注册教育培训机构）认证，这意味着柯马的项目管理学院能够提供 PMI 认证的项目管理课程。之后，项目管理学院开展外部的培训，不光对 FCA 集团内辖的所有子公司进行培训，也对外部客户和各类教育机构进行项目管理类培训。

柯马项目管理办公室的主要职能是建立标准项目管理流程及模板，监控项目执行，建立系统支持公司运营。自项目管理办公室成立之初，就设立了标准的项目执行标准流程，确认项目涉及人员的角色与责任，规范了项目所用文件的标准，并强制所有地区遵照执行。PMO 在项目执行过程中，会参与项目的定期会议和关口会议，确保项目健康执行。同时，PMO 也会定期召开项目评审会议，对热点、高风险项目进行深度评审，找出系统问题并提出解决方案。PMO 也在不断领导和推动公司的系统升级，确保公司的系统能满足项目的执行和监控需求。

柯马风险管理的主要职能是建立风险管理流程及模板，监控项目各方面的风险（市场/客户/项目执行等），并提出预防/纠正措施。随着市场竞争的日益激烈，来源于市场和客户的不确定性越来越高，柯马在不断的失误中，也认识到风险管理的重要性。风险管理部门因此应运而生。现在柯马有专门的风险管理系统和工具，用于监控从销售到执行，从财务到质量，从项目到公司的全方位风险预警机制和管理办法。

（二）政策与流程优化

柯马的项目管理办公室，在建立了标准项目管理流程后，并不是一成不变的，而是在不断优化中。每年柯马的项目管理流程基本都会在年初和年终进行两次调整，调整的来源主要有：因市场变化而导致流程中过程的简化或加强；因系统的增减而导致流程的变化；对之前流程问题的补充和加强；项目执行问题的经验教训。

（三）机构与团队建设

柯马是工程类公司，一直坚持以人为本，认为人才是公司最重要的资产。项目管理办公室也在这方面起到了一定的作用。

PMO 制定政策，鼓励公司员工进行项目管理的认证，并对考试费用和续证费用给予报销。项目管理学院会定期举办培训，提升人员的项目管理知识和技能。虽然每年柯马的人员都有一定的流动，但是人才梯队的建设，使得柯马有持续合适的人选来进行项目的执行和部门的提升。

（四）文化培育

PMO 与项目经理等关键项目岗位人员，共同组成项目管理家庭，共建项目管理公司文化。项目管理学院还开展多样的活动，以突出项目管理文化，并对项目团队进行有效建设。比如，在 2013 年项目管理学院牵头，组织全公司进行大讨论，对项目管理经验进行总结，最终形成了《项目与人员管理》一书，并最终出版（中英文两个版本），极大地增强了企业内部对于项目管理的认知，并激励了公司员工。2015 年，由于跨国项目的复杂性，PMO 组织跨国项目经理，对如何进行跨国项目管理的大讨论和大总结，最终形成了《跨文化项目管理》一书，并成文出版。

（五）理念工具与方法使用

柯马的项目管理办公室对于项目管理的推行是不遗余力的，同样，这也离不开公司高层的支持。公司内部提升职位时考虑的重要方面，就是是否对项目管理有充分深刻的认知。在所有公司高层都对项目管理的价值有所重视的情况下，项目管理在执行层面才能真正落地。

四、项目管理体系落地遇到的问题和解决之道

经济的国际化、全球化是不可逆转的趋势。柯马是一家真正意义上的全球化公司，很多项目都需要不同国家的人员共同合作完成，我们的团队成员一般有 4～5 种国籍，他们在同一项目中共事，并且现在这种情况越来越多。因此，公司进行项目管理体系落地时遇到的最大问题就是团队太复杂，使其难以执行工作并且影响最终结果，是以必须进行有效的跨文化项目管理才能保证项目的成功。

例如，在某跨国项目团队建立的初期，团队成员来自德国与中国，项目的日常工作出现了不理解、矛盾，最后甚至形成冲突。在 PMO 介入团队进行疏导后，发现最常见的抱怨，往往是中国团队抱怨德国团队太钻牛角尖，不留情面。德国团队则抱怨中国团队只是表面配合，实际上工作拖沓，缺乏效率。这其中很多的问题其实来源于对于文化差异的不理解。德国文化的特点往往是更多地关注技术任务，且沟通比较直接，属于低语境文化。

中国文化的特点是更多地关注人际关系，沟通较为含蓄，属于高语境文化（详见《跨文化项目管理》）。意识到这个问题以后，PMO 组织了专题的跨文化项目管理研讨会，经过培训与交流，团队意识到了文化差异导致的沟通障碍，不同工作方法导致的相互不理解。最终通过使用一些管理工具，该团队重新整合到一起，并形成了一致的工作方法，一致的认知，最终顺利地完成了项目。团队成员之间也由一开始的不理解、不熟悉，变成了最后的铁哥们。

正如我所谈到的，项目团队中不同文化的碰撞如今已变得极其重要。我们注意到，从事过程、工具、方法等相关工作是至关重要的，但这是不够的。即使拥有最佳且正规的项目组织，如果未能实现团队内部的精诚合作，整个项目工作的结果也会一团糟。这正是我们发布多元化项目管理方案并且雄心勃勃地怀揣发展新一代项目经理和项目团队领导人这一目标的原因所在。这些新经理人和领导人将不得不对人为因素在日常项目工作中的影响力提高敏感度。特别是在跨文化背景下，有必要了解不同文化通常不会自然地相互配合。若想做到这一点，不同文化之间的交流与合作需要具备经过深思熟虑而创造的特定条件。

五、柯马项目管理的创新点与亮点

（一）跨文化项目管理

在柯马公司内部，大多数项目是多国家的，满足并整合文化差异的需求是至关重要的成功因素。柯马的项目经理有望成为积极支持跨文化团队的建立和领导跨文化项目的多元化经理人。为了满足这一需求，我们已制订具体的多元文化项目管理方案，以促进不同国籍的团队成员之间进行协作。

项目经理在其项目工作中所使用的工具箱已收入《实用的工具——跨文化的工具箱》中。

我们的工具箱包括项目过程中与团队生命周期主要阶段相关的三个领域：项目团队的建立包括在项目中为启动活动提供支持的工具；项目团队的管理包括为规划、执行、监控和控制活动提供支持的工具；从项目团队中总结教训包括为结束活动提供支持的工具。这三个实用工具普遍存在于三个领域中，形成了成功管理多元文化团队的基础。

（二）重视人员的管理

柯马认为，项目管理，归根结底是人员管理和任务管理，而人员管理是成功的基石。柯马自建立以来就非常重视员工的培养与发展，将人才视为公司的最高优先资产。

柯马的首要任务之一就是通过特定的、一贯的、受认可的系统来提升组织绩效和员工的参与度。柯马除了完善的人才管理机制和很好的人文关怀，还有特殊的让员工参与的机制。2011 年，一个名为"盈利之路"的内部项目启动，目的是提高柯马公司管理者技能并使其参与培训过程。这种学习方法也增强了柯马员工的认同感与对公司的归属感，形成共同的语言。因为自身的参与与讨论，员工对于新的管理方式的承诺也显得特别可靠。通过这个内部项目，形成了统一的看法、高昂的士气，最终形成了柯马新一代管理者的基石。

（三）建设和管理项目团队

我们是从非常实际的概念开始的。我们知道，我们不可以仅仅从理论上论述这一主题，因此我们把精力放在开发能够被项目经理用于项目实施的实用工具上。我们创建了工具箱，为项目经理及其团队提供支持。此工具箱由三部分组成：建立项目团队、管理整个项目团队、从项目团队中学习。

1．建立项目团队

- 团队资源的审核。
- 团队文化的塑造。
- 项目的生命之树。
- 共同目的。
- 团队的基本规则。

2．管理整个项目团队

- 统一工作实践。
- 项目通信的审核。
- 文化多样性和书面通信。
- 影响型绘图。
- 冲突型矩阵。

3．从项目团队中学习

- 回顾、反映、修改。
- 传播思维导图。

综上所述，我们向项目经理提供实际支持，以在整个项目生命周期中提高其团队内部的一体化。本方案也包括一系列国际研讨会，期间项目经理可以测试工具箱的应用情况。在这些研讨会结束时，我们希望建立真正国际化的项目经理网络。

六、柯马项目管理的作用与效果

随着标准项目管理流程的制定与实施，柯马不断提升自身的竞争力与可持续性，并最终实现了企业的战略和业务目标。这主要体现在以下方面。

（一）人均产值的提升

柯马的人均产值不断提升，2018 年的人均产值较 2015 年提升了 20%。

（二）产品交期的缩短

柯马在保证产品质量，并满足客户需求的基础上，解决方案的综合交期由原来的 2～3 年，缩短为 1～1.5 年（甚至更短）。

（三）文化的建设

柯马的员工，无论是否直接参与项目过程，都对项目管理文化极其认同，并愿意参与其中。柯马的 PMP® 认证人数在中国超过 100 人，30% 是项目经理，30% 是间接参与项目的人员。柯马的关键岗位人员，100% 参与项目管理理论及流程的培训，这些都保证了柯马的员工对于项目管理的认同，并最终转化为项目执行力的大幅提升。

（四）体系建设

柯马推行全面质量计划，通过对内、外部企业环境进行系统的分析，以及集团的发展需求制定公司发展战略、质量方针和质量目标，质量方针由全球 CEO 签发并作为公司的质量承诺。

公司制定了完善的质量管理体系推进全面质量管理（见图 3），整个体系对公司的创新管理、新产品开发、市场管理、订单和方案、项目管理、生产制造、质量控制、现场管理、客户关怀等主要营运流程，以及人事管理、财务管理、信息技术管理、设施设备管理、EHS 管理、法务管理等支持流程，都有严谨的质量体系支持。所有活动都采用过程控制方法来管理，明确责任和输出，每个流程有清晰的范围和 KPI 绩效定义和管理规定，各部门根据质量目标制订目标管理方案，实施月度的目标完成情况跟踪，实施改进。

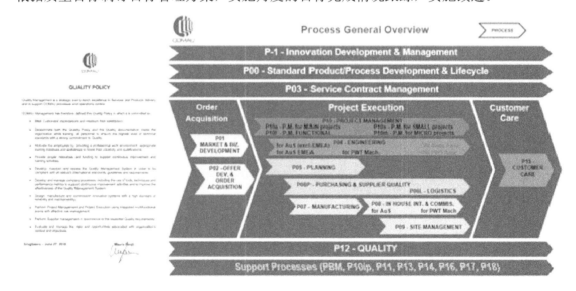

图 3　柯马的全面质量管理

除了项目管理层面的全面质量管理方法，从营运角度我们引进了 WCM 世界级制造开发优化制造全过程。WCM 从工厂营运的四个体系"工作场所体系""质量体系""维护体系""物流体系"出发，推行全面的工业工程、全面质量控制、全面生产维修及准时生产来实现"零浪费""零缺陷""零故障""零库存"的世界级制造目标。

柯马要求所有的支柱每年至少提供 2 次浪费与损失的收集数据，并要求所有支柱与成本配置支柱一起分析验证最新的损失及浪费。损失收集对于 WCM 来说是非常重要的一环，它记录了工厂在日常运行中所产生的各种不同的损失及浪费，而支柱通过收集这些损失并对其进行逐一分析，来确立后期改善的重点及优先级，为各个支柱的改善项目指明方向。

通过对所有数据源进行原因/结果损失的分析、对每项损失的根本原因进行分类，对改善工具进行确定，WCM 可以确定改善团队的成员及相应的 PDCA 计划。根据此计划，柯马财务部门可以对每个部门的月度改善计划（见图 4）进行详细的计划、跟踪与调整，并且及时向管理层汇报 WCM 的进展情况，公司层级的损失改善情况等，以保证管理层能够从宏观上管控柯马的日常运营与改善情况。

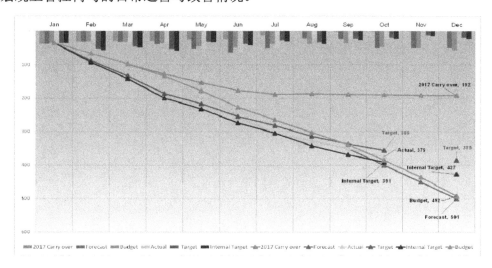

图 4 月度改善计划

七、企业项目管理可推广的经验

公司的管理人员和员工都极为重视项目管理。这使柯马拥有了综合而强大的专业项目管理团队，实施了许多成功的项目，赢得了客户的信任与支持，取得了很好的业务发展。同时，柯马也将自身的项目管理经验编纂成书，先后出版了《项目与人员管理》和《跨文化项目管理——多元文化项目团队的工具箱》。

（一）《项目与人员管理》

《项目与人员管理》为读者呈现了一种文化和管理模式，将柯马在全球的经验完整地纳入其中。

本书开篇先分析全球企业面临的主要挑战，重点分析项目管理和人力资源管理的主题和动态发展。然后介绍种类丰富的管理工具，这些工具对于同时涉及项目管理和人力资源管理的日常运营活动尤为有效。这些工具主要分为以下两部分：一是适用于项目启动、执行、结束和组合管理的 17 种项目管理工具；二是适用于相关方、执行、质量和成本管理的 31 种人力资源管理工具。

公司项目管理经验的产生和发展要归功于项目管理办公室的总体策划，其经验集中在四个主要维度，即组织机构、流程、技能和行为，以及组织内部和外部的网络。本书的第一部分专门介绍公司项目管理的背景，第二部分包含了"使用指导"。工具箱是本书的一个巨大的附加值，它是操作建议、实践示例和简明模板文件的总和，给经理们提供了有效管理其项目和员工所需要的实用支持。

（二）《跨文化项目管理——多元文化项目团队的工具箱》

随着第一本书《项目与人员管理》在全球大获成功，柯马又出版了一本新书——《跨文化项目管理——多元文化项目团队的工具箱》，该书以管理当今多元文化市场中的挑战为主题，目标读者是在多元文化环境中工作和管理项目的人士。

《跨文化项目管理——多元文化项目团队的工具箱》主要分为两部分。第一部分主要讲述企业必定会面临的多元文化挑战，第二部分则介绍实用的跨文化工具箱。这些现成的工具为企业提供实用技巧，可立即用于管理需要多个跨文化团队相互协作的项目。

这套全面的指南涵盖战略和实用信息，可根据具体需求进行调整，有助于企业在跨文化的国际环境下管理项目。

在全球化的今天，项目管理者面临着跨文化管理的挑战，如果处理不当，将会导致项目失败。想要避免这些问题，必须为项目团队制定多元文化规划，向项目团队提供能够预防这些问题影响项目工作绩效的必要工具和工具箱，所有的跨国项目团队都应该阅读这本书。

项目管理实践：歌尔股份有限公司篇[①]

一、歌尔股份有限公司企业简介

歌尔股份有限公司（简称歌尔）成立于 2001 年，2008 年在深圳证券交易所上市，主要从事声学、光学、微电子、精密结构件等精密零组件，虚拟/增强现实、智能耳机、智能穿戴、智能家居等智能硬件，以及高端装备等产品的研发、制造与销售。目前，已在多个领域取得了全球竞争力和突出的行业地位，与谷歌、微软、Facebook、Amazon、三星、华为、索尼等国际一流厂商达成长期战略合作。2018 年营业收入 237 亿元，2019 年 1—9 月实现营收 241 亿元，同比增长 56%。

目前，歌尔的微型扬声器/受话器、微型麦克风、虚拟/增强现实、游戏手柄等出货量居全球第一位，有线/无线耳机、智能穿戴等出货量全球领先。2018 年，歌尔位居全球 MEMS 公司第 11 名，是唯一一家进入全球前 20 名的中国企业。歌尔先后荣获全国电子信息行业标杆企业、山东省省长质量奖、山东省科技进步奖等奖项。2016 年，公司荣获智能制造试点示范、国家技术创新示范企业、制造业单项冠军示范企业。2018 年位居中国电子信息百强（第 31 名）、中国电子元件百强企业（第 5 名）、中国民营企业制造业 500 强（第 172 位）。

歌尔非常注重企业自主创新能力建设，打造企业创新团队和科研平台。为满足企业高速发展需要，近年来，公司持续加大科研开发投入，研发投入占主营业务收入的 8%。公司现有硕士以上人员 2 000 余名，拥有工程技术人员 10 000 多名，每年从全国知名院校招聘大学生近 1 000 名，并随着公司的发展壮大呈逐年增加的趋势。

公司现拥有国家企业技术中心、国家地方联合工程实验室、虚拟现实/增强现实技术及应用国家工程实验室、博士后科研工作站、山东省企业技术中心、山东省工程技术研究中心、山东省企业重点实验室、山东省工程实验室等八个省级以上研发平台，与斯坦福、麻省理工、日本东北大学、中科院、清华、北航等开展产学研合作，并在中国（潍坊、北京、青岛、深圳、上海、南京、台湾）、日本、韩国、丹麦、瑞典、美国等设立了研发中心，形成了"七国二十四地"的全球化研发布局，有效整合世界优势资源，增强了企业的核心竞争力。

截至目前，歌尔参与了 10 余项"国字号"重大专项、20 余项省级计划专项的实施，以及多个国家和行业标准的制定，累计申请专利近 1.8 万项，连续 4 年夺得中国电子元件百强研发实力榜单冠军，先后荣获山东省科技进步一等奖 1 项、山东省科技进步二等奖 1 项、国家重点新产品、中国电子信息行业标杆企业、山东省省长质量奖、山东省名牌等荣

[①] 本篇资料由歌尔股份有限公司提供。

誉及称号。

二、歌尔项目管理发展规划

歌尔项目运营中心（POC）成立于 2016 年 12 月，是歌尔的项目管理办公室。POC 基于公司高层项目治理的期望应运而生，致力于使组织资源发挥最大价值，提高组织成功实施项目的能力，批量经营好项目，从而支撑公司实现战略目标。POC 肩负着构建全员项目管理、向项目管理要效益的使命，带领公司走科学的项目管理发展路线，实现价值创造。在这条任重道远的路上，不同的组织所处的环境、背景和文化不同，POC 因地制宜、因势利导，试图探索通向目标的最佳路线图。本文介绍歌尔在 PMO 发展、运作过程中的一些探索、规划和实践。

（一）公司对项目管理发展的期望与要求

歌尔的公司愿景是"成为受尊敬的全球一流企业"，使命是"科技创造健康·美"，公司经营导向是"追求有利润的收入，追求有现金流的利润，不重资产化（资源效率最大化）"。坚定地走专业项目管理路线，承接公司变革要求，落实公司经营导向，保障公司战略落地，构建全员项目管理能力。

（二）项目管理专业发展趋势的探究

从外部环境看，这是一个 VUCA 的时代，存在易变性、不确定性、复杂性、模糊性，项目从复杂到超复杂。项目管理 1.0 时代，属于经验型，基于个人经验主义，靠个人英雄主义就可以解决问题，带领项目团队成功。项目管理 2.0 时代，属于科学型，基于流程体系，靠流程和科学来解决问题，让项目团队成功。项目管理 3.0 时代，属于敏捷型，基于环境变化，靠小步快跑，快速迭代，让项目团队持续保持成功（见图 1）。

图 1　VUCA 时代与项目管理

（三）公司项目管理平台专业化发展的行业对标与分析

通过对业界 PMO 发展路径的研讨与思考，对标行业优秀 PMO 组织设置，识别歌尔 PMO 发展的标杆（HW-PMCOE 组织），以实施项目管理专业化归口管理建设，促进公司整体项目管理能力的提升与发展。业界组织级项目管理办公室的三大职能为战略职能、治理职能、卓越中心。对标业界 PMO 的标准模型，确定歌尔组织级项目管理办公室（歌尔 PMO）的职能（见图 2），其中战略职能为制定项目优先级标准；治理职能为监管项目绩效、监管项目重大问题、监管项目重大变更、监管项目重大风险、监管流程及合理性；卓越中心职能为建立组织项目管理体系，管理组织项目数据库、项目经理和项目团队成员绩效评价，建立项目管理能力框架、项目管理文化建设。

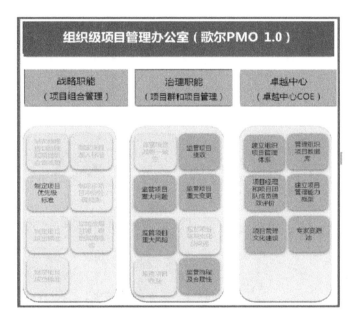

图 2　歌尔 PMO

（四）公司项目管理发展规划

在公司战略目标和经营目标的牵引下，POC 作为公司项目管理平台，立足于短、中、长期发展规划，明确要坚定地走"项目管理"专业化发展之路，以逐步达成"批量经营好项目"的目标，从项目管理层面支撑公司战略目标实现。歌尔项目管理的短期目标为"项目重大风险/问题识别"，中期目标为"有序、基于组织能力的项目管理"，长期目标为"批量经营好项目"（见图 3）。

（五）公司项目管理成熟度发展路径

坚持项目管理专业化发展，聚焦项目能力建设，强化经营落地。从人员、组织、流程、评价激励、信息化五个维度提升公司项目管理组织成熟度，具体为单项目管理流程体系优化、项目管理培训课程体系化、任职资格优化推广、项目组织绩效管理、重大项目绩效监控、项目全面评价与激励、分层级 PMO 组织建设（见图 4）。

图 3　项目管理能力发展目标

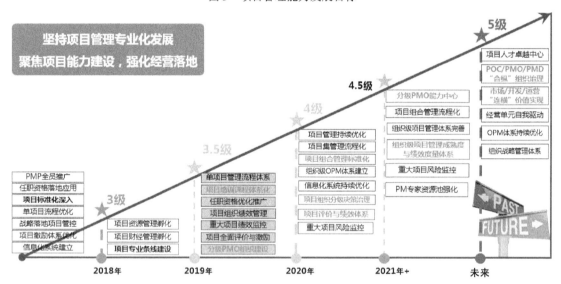

图 4　项目管理发展路径

三、歌尔项目管理发展阶段总结

歌尔项目管理以"项目专业能力建设线"和"重大项目实践线"两条主线，牵引公司项目管理专业能力提升，逐步实现"批量经营好项目"，支撑公司战略落地。

（一）项目专业能力建设

歌尔的项目专业能力建设主要从宣传、流程体系、赋能培训、任职资格、项目激励与评价、组织过程资产六个方面展开，持续优化，提升公司的整体项目管理能力。

1．宣传

通过多种方式和渠道进行持续宣传。过去一年，每月召开公司级项目管理月度会议；在厂报刊登 20 余篇项目管理文章；建立了项目管理专业交流微信群，开通了项目管理微信公众号，定期推送项目管理文章和公司项目管理重要政策和信息；对于公司的项目管理经验以案例库的形式进行沉淀，形成案例库。

2．流程体系

过去一年，发布 9 个项目管理规定，涉及项目管理流程框架中关键点活动流程及模板开发、DCP 评审关键点的决策层级并试点应用。项目管理流程持续优化，秉承"设计—试点—优化—推广"的实施思路，从项目组合管理及单项目管理角度出发，流程细化至 L5/L6 可落地级别，并对已发布流程积极动态优化，为科学型项目管理体系的建立夯实基础。牵引 BG/BU，基于公司项目管理主流程框架，结合各自业务和产品特点，适配新流程及模板工具，将风险提前识别，提高项目成功率。

3．赋能培训

过去一年是歌尔公司的项目管理能力建设年，赋能培训作为提升人员能力的主要手段，在公司政策的大力支持下，已全面系统展开。为全面提升项目管理能力，增强全员项目管理意识，分层分类针对不同群体开展培训，累计组织内外部项目管理培训上百场，覆盖 4 500 余人次（见图 5）。

公司上下全员项目管理学习热情高涨，自 2017 年推行项目管理类任职资格以来，在培训学习的氛围烘托下，PMP®持证人数增长 439%。预计 2019 年 PMP®持证人数将突破 700 人，年增长率在 25% 以上。

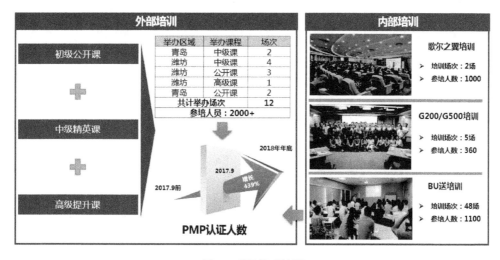

图 5　项目管理培训

4．任职资格

歌尔项目管理任职资格专业要求的设置目的是对公司项目经理进行定向能力提升引

导；拉通项目评价、项目激励、能力培训、流程优化、规范化、宣传六大模块，促进员工明确职业发展通道，推动员工进行有效学习和自我提高，同时可配合提升项目管理的规范性、标准化落地。

①结合项目管理标准化实际，升级任职资格标准，优化能力基准。

②结合认定实际，升级认定流程，双向通道设计。

③任职资格覆盖人群扩大，研发、制造类项目管理类人员全员覆盖。

④结合公司项目交付现状，要求高质量的交付项目。

任职资格设计逻辑如图6所示。

图6　任职资格设计逻辑

5．项目激励与评价

歌尔项目激励管理持续实施及优化，项目的评价评优、激励发放、规则升级按规划陆续开展及落地，公司项目激励更加倡导灵活、即时激励，提倡物质激励与精神激励相结合，以支撑项目管理目标更好地实现，主要分为KDW项目奖、BU项目奖、即时激励、项目嘉奖等。项目激励的形式也进行了丰富，从单一的年底激励发放到增加过程的即时激励（包含现金、团建、纪念品等），极大地激发了团队和员工积极性，提高了项目成功率。

6．组织过程资产

歌尔知识和经验的传承是从管理能力层面支撑公司业绩快速增长的关键，POC作为公司项目管理平台，主导尝试并引领突破知识和经验传承的瓶颈与困境，聚焦公司级案例库的设计，历时4个月，完成公司首部项目管理案例集《鉴微知著》（见图7），正式开启公司知识案例管理。风险库的风险项条数预计到2019年年底在1 420条以上。

图7　项目管理案例集《鉴微知著》

（二）重大项目实践

歌尔通过项目组合管理实施、项目管理规范化实施，辅助项目管理专业能力提升，在 125 个重大项目中实践项目组合管理和项目管理规范化，解决重大项目的资源瓶颈，识别并解决项目的风险和重大问题，推动重大项目赢取后及时、保质、保量、低成本地成功交付。

1. 项目组合管理试点实施

公司系统梳理支撑公司战略目标达成的重大项目清单（KDW+重大在研），全年共计对 125 个项目进行项目组合管理试点，依托项目管理蓝皮书系统，从商机到研发再到量产阶段，全面推进重大项目的目标达成。

2. 项目管理规范化

歌尔战略落地重大项目是公司项目管理规范化活动的重要试点及落地阵地，过去一年 POC 在推动项目过程问题解决，保障项目目标达成的同时，主动进入项目协助并推动项目团队实施项目管理规范化活动，依托 19 项规范化内容总计覆盖 141 个项目，提交工具 1 652 份，会议 448 次，完成率 100%，实施规范化 2 100 次。预计 2019 年项目管理规范化实施覆盖公司 130+个公司五六星级重点项目，实施规范化 2 000 次以上。

3. 项目管理专业能力提升

作为公司重大项目管理过程保障及规范化推进落地实现的主要实施者之一，项目管理人员的项目理论知识、实战能力、对项目类流程的掌握度，以及对管理过程问题分析把握能力都是保障最终管理质量的关键。过去一年主要依托内部培养专项及项目审计做能力补充。其中业务知识培训涉及 9 大产品线业务技能，组织 15 场培训、累计 29 培训学时，参与人次 230+。

专业能力培训涉及进度、质量、相关方等十大知识领域，组织 12 场培训、累计 30 培训学时，参与人次 200+。项目审计实施流程，并针对重点项目依托实践的形式开展学习，并及时复盘，优化实施流程，助力项目管理专业能力的提升。

四、歌尔项目管理在新阶段的发展要点

承接公司变革要求，落实公司经营导向，保障公司战略落地，坚定地走项目管理专业路线，构建全员项目管理能力。构建"项目绩效+专业条线管理"的评价体系，强化项目管理能力建设，试点建立分层级 PMO，搭建项目管理能力提升委员会。

（一）项目绩效管理

公司项目绩效管理（见图 8）立足项目目标达成的管理，分别制定商机、研发、量产阶

段的项目绩效目标，并按关键节点/里程碑进行指标监控，旨在通过对项目关键绩效指标的过程管理，及时识别影响项目目标的风险及问题。向上：及时通报，保障风险（识别风险）、问题可控。向下：及时跟进，推进风险（管控风险）、问题解决，保障项目目标达成。

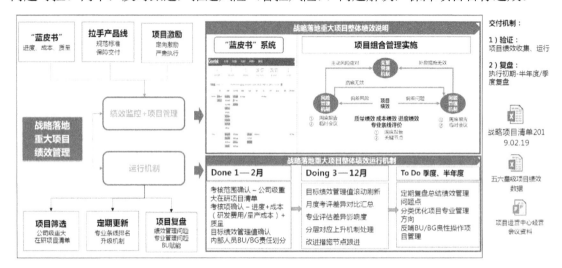

图 8　重大项目绩效管理

举例：某 BU 通过公司实行的项目绩效管理，从以前的只关注进度和交付，开始加强对质量的关注和管理，同时增加了对项目成本的关注，开始具备了经营的思维。按照 PMI 体系中项目管理的方式运作项目，将业财融合应用于项目实践中，不但极大地激发了团队战斗力和组织活力，也极大地提高了项目成功率。

（二）项目管理业务条线建设

公司做好每个业务单元项目管理的项目绩效"晴雨表"，强化项目管理专业化和项目绩效考核，聚焦重点项目，小步快跑，快速迭代。从项目经营绩效和项目管理专业化贡献两方面进行评价，通过以评促建、赛马机制，牵引 BG/BU 各不同项目管理组织的能力建设和持续提升。前期聚焦重点项目，快速落地；后续优化改善，全面展开；最终内化为流程和机制（见图 9）。

（三）项目管理规范化建设

公司项目管理规范化管理升级，优化应用范围 [6 个标准文档、10 个关键活动（见图 10）]，强化项目过程关键控制点评审，实现规范化管理工作由量变到质变。通过提供公司级通用"流程与模板"，指导并推进各 BG/BU 项目管理部门建立适应本部门产品特点的流程操作规范和模板，以逐步提高各 BG/BU 的项目管理能力，支撑项目经营目标。强化 5、6 星级重点项目 DCP 评审，将管理前置，从而进行风险规避，降低问题的发生概率，提高项目成功率。

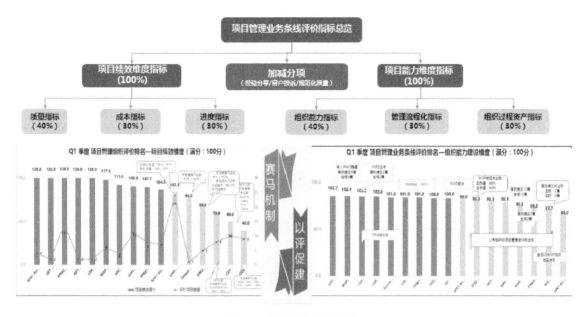

图9　项目管理业务条线

维度	项目名称/星级 标准文档/关键活动	维度	项目名称/星级 标准文档/关键活动
6个 标准 文档	相关方登记册	10个 关键 活动	计划决策（PDCP）评审
	需求跟踪矩阵		项目开工会
			BOM评审
	项目范围说明书		制造模式评审
	项目预算		风险评审（风险登记册）
			阶段复盘（包括阶段绩效数据） 阶段评审
	项目组任命书		发样评审
			临时决策（临时DCP）评审
	项目进度计划及进度图		量产决策（MDCP）评审
			项目总结会

图10　项目标准文档与关键活动

（四）项目管理文化宣传+任职资格双轮驱动下的培训体系

搭建歌尔的项目管理专业课程体系；逐步构建全员项目管理能力；通识类、能力类、实战类三类培训课程体系并行（见图11）；培育内部讲师队伍；系统开发内部培训课件。通过多重手段构建项目管理文化宣传并加大宣传力度，创造良好的"大环境"，这属于软驱动（见图12）。推行项目管理任职资格，形成人才"优上劣下"的良性循环机制，这属于硬驱动（见图13）。

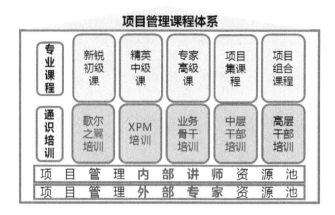

图11 项目管理课程体系

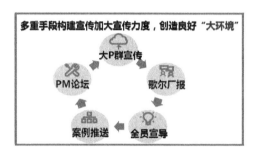

图12 项目宣传方法

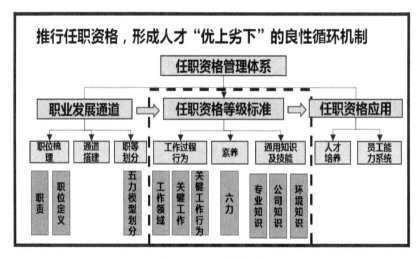

图13 人才循环机制

（五）"一会一报"塑造全面项目管理氛围

公司通过召开公司级项目管理专业条线月度/年度会议、发布能力建设简报，搭建公司级项目管理专业交流平台，联合公司项目管理高层级管理者，自上而下地推动全员项目管理发展，加快项目管理组织能力建设。

（六）持续建立"案例库+风险库"的知识货架

针对公司的知识货架，建立案例库：传承老项目的宝贵经验教训，给新项目的前进扫除陷阱，借"前车之鉴"，免"重蹈覆辙"。风险库：以风险管理规定和文档模板为支撑，通过规范化检查、专业条线评价牵引风险库建设，为新项目提供参考，提高项目成功率。

五、歌尔项目管理创新与亮点

公司项目运营中心（歌尔PMO）是在组织内部将实践、过程、运作形式化、标准化、规范化的部门，是提高组织管理成熟度的核心部门。依据业界最佳实践和公认的项目管理知识体系，并结合自身业务和行业特点，为组织量身定制项目管理流程、培养项目经理团队、建立项目管理评价激励机制、对项目提供顾问式指导等，以此确保项目成功率的提高和组织战略的有效贯彻和执行。

（一）项目管理文化氛围的营造

公司采取多种宣传方式和渠道对项目管理进行持续宣导，让公司全员对项目管理有系统的认知和进行有意识的转变，以达到统一思想，统一语言，统一行为。宣传不可一蹴而就，未来两年的时间内，公司将考虑从浅入深地逐步牵引。

通过公司级月度管理会议、战略重大项目经理任命会、公司厂报、微信公众号、项目管理微信群、项目管理PMP®认证培训、项目管理案例库分享、PM之家等多种途径和手段，掀起企业内部学习和使用项目管理、交流和分享项目管理的热潮，营造全员项目管理的氛围。

公司级项目管理月度会议定位为公司项目管理专业平台与各业务单元项目管理部负责人、业务核心骨干的交流、分享和互动的平台。

公司战略落地重大会议每半年召开一次。会中设有重大项目经理任命、集体宣誓等环节，以此增强项目经理的仪式感，更好地激发项目经理和项目团队，更好地完成项目，提高项目成功率。

累计在公司厂报刊登项目管理的有关内容40余篇，分享项目经理的历程、分享重大项目的赢取、分享项目管理专业的探索之路，等等，极大地宣传了公司的项目管理和项目经理。

公司项目管理专业微信公众号用来及时推出项目管理业务新闻动态、公司项目管理政策、公司重大项目管理活动和会议、转载项目管理业界的大咖分享等，关注人数由最初的几十人迅速增长到1万人以上（截止到5月底）。

公司项目管理专业交流微信群"大P群"，自2017年建群至今，群中包含了公司400多名项目经理，经常分享项目管理的动态，每次月度会议同步直播会议现场实况。

公司的桌面定期推送项目管理内容，包含近期的项目管理动态（见图14）。

图14　推送的电脑屏保桌面

公司的 PM 之家，建立项目经理自己的专业网站（见图15）。

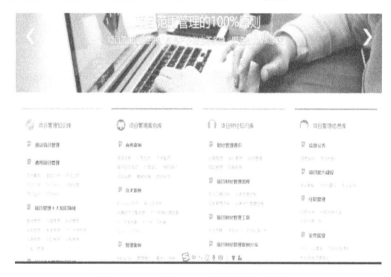

图15　PM 之家——项目管理专业网站

（二）面向产业多元化、跨地区复杂的业务环境的分层级 PMO 试点建立

歌尔产业的业务形态多样化，有整机、精密零组件、高端装备等，产业布局在世界各地。面对不同的业务形态、不同地域的文化差异，公司在探索建立分层级的 PMO。PMO 的职能规划应以需求为驱动，从需求倒推职能，没有需求的职能不仅徒耗管理成本，还可能增加管理的混乱因素。结合 PMO 的三大职能——战略职能、治理职能和卓越中心职能，结合试点 BG/BU 的产品特点，裁剪 PMO 的相关职能，制定适合该业务单元的 PMO 职能。BU 级 PMO 孵化初期结合本业务单元的需求准确定位关键痛点，快速见效；后续逐渐补充完善，对标公司及行业标杆，定期总结落地情况优化改善（见图16至图18）。

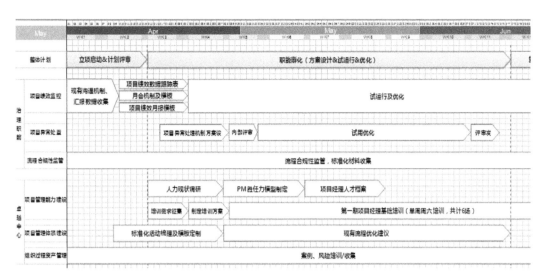

图16　某 BU 级 PMO 建设计划（1）

图17　某 BU 级 PMO 组织建设（2）

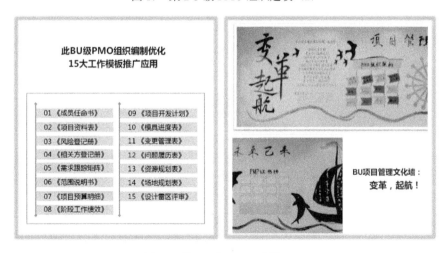

图18　某 BU 级 PMO 建设（3）

（三）全面科学+局部敏捷的项目管理发展模式

歌尔项目管理的发展目前处于 1.0 经验型向 2.0 科学型的发展阶段，坚定地走项目管理专业化路线，基于项目管理流程体系，全面实现科学型项目管理。面对 VUCA 时代，基于环境变化，可以局部由 1.0 经验型向 3.0 敏捷型跳跃发展，小步快跑，快速迭代，以达到局部敏捷的项目管理。

目前，公司在整机业务推行 IPD 管理（见图 19），后期将根据其他零组件等业务的特点适配裁剪推行 IPD（见图 20），以达到逐步覆盖全公司，IPD 属于科学系统的管理方式。

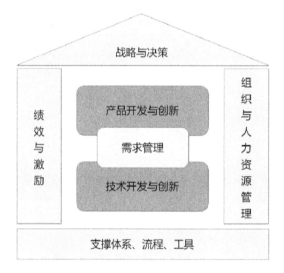

图 19 IPD 体系整体架构

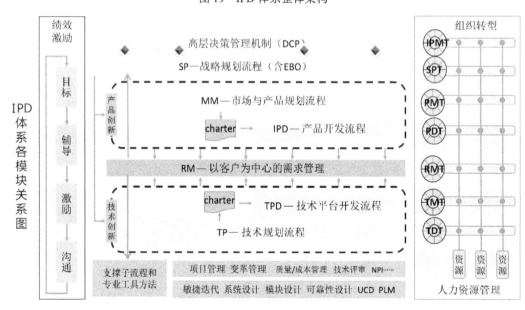

图 20 IPD 体系各模块关系

六、项目管理发展的关键要素

（1）项目管理是一把手工程。需要不断强化企业高层意识，自上而下地推行并贯彻实施项目管理。

（2）打造企业"全员项目管理"文化。营造语言统一、思想统一、行动统一的项目管理氛围。

（3）坚定地走科学型项目管理的发展路径。通过可传承、可复制的成功项目管理经验的推广，助力企业经营能力升级。

（4）成立专职部门研究并推动企业项目管理体系搭建。

（5）明确项目管理发展的规划与定位。秉承项目管理长期发展规划，系统地梳理发展路径，做到目标明确、路径清晰。

（6）兼顾内、外部人才的"选用育留"措施。合理、合适地发挥合格人才价值。

（7）坚定项目管理体系科学发展方向。

（8）不断实施"走出去"与"引进来"计划。借助业界专业公司（机构）的权威持续造势。

（9）搭建分层级的项目管理能力组织。为企业基层项目管理提供咨询顾问、技术服务与知识管理等支持服务。

（10）构建科学的项目管理流程体系。先僵化学习，再优化创新，后固化提升，真正做到项目管理进步。

七、结语

歌尔的项目管理虽然取得了一定的成果，展现了 PMO 的部分价值，但歌尔的项目管理发展和 PMO 建设的道路依然漫长。我们坚信，虽然歌尔项目管理发展和 PMO 的建设道路充满了艰辛和曲折，但前途是光明的，我们必将令公司项目管理平台展现和创造出更大的价值，助力公司的经营业绩达成和公司战略落地！

项目管理实践：费希尔久安输配设备（成都）有限公司篇[①]

一、企业及项目管理概况

（一）企业概况

艾默生电气公司（简称艾默生电气）于 1890 年成立，经过 100 多年的努力，艾默生电气已经由一个地区制造商成长为一个全球技术解决方案的强大企业，有约 11 万名员工，可以在全球范围内向客户提供自动化和商住产品及解决方案。

费希尔久安输配设备（成都）有限公司（简称费希尔久安）是艾默生电气在中国西部投资的第一家全资子公司，是中国领先的燃气调压设备厂家之一，公司与艾默生燃气输配技术全球业务平台共同开发产品、共享科技成果，为客户提供完整的燃气解决方案，服务中国及国际市场（见图 1）。

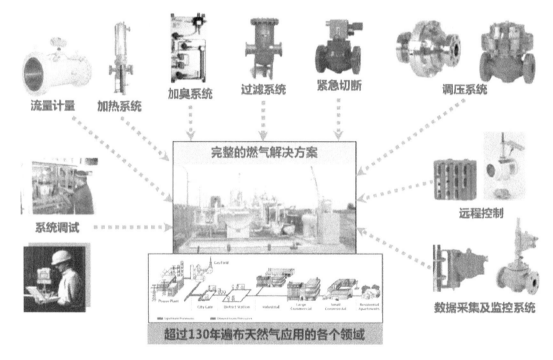

图 1　为客户提供完整的燃气解决方案

公司已经完成和正在建设中的项目遍布全国，如西气东输、川气东送、福建 LNG、广西 LNG 等主要管线，并建有数千座城市门站、区域调压站，以及数十万台的楼栋调压箱。与中国石油、中国石化、中海油、新奥燃气、昆仑燃气、中国燃气、华润燃气、港华

---

① 本篇资料由费希尔久安输配设备（成都）有限公司提供。

燃气、北京燃气、上海燃气、杭州燃气及其他地方燃气公司建立了良好的长期合作关系。

为响应国家"一带一路"倡议的重要举措，公司也在积极地参与到国际 EPC 项目中去，先后参与了泰国、孟加拉国、迪拜、巴林等沿线国家的项目，后续还有众多项目在跟进中，公司也从以产品、小项目为主，逐步向解决方案、国际大项目为方向转变，在扩展业务的同时提升了公司的整体管理水平。

（二）项目管理概况

1. 强矩阵组织架构

受总部及亚太项目管理文化的影响，公司在整体项目管理体系上采用强矩阵式组织架构。在强矩阵式组织架构中，在职能上项目经理由专门的项目管理办公室统一管理，在项目上由任命的项目经理作为项目团队领导管理项目，同时参加项目的团队人员由各职能部门的负责人指派，形成虚拟项目团队。团队成员在职能上向职能经理汇报，但在项目执行上服从项目经理的工作安排和指挥，配合项目的各项工作。在这一架构下，项目经理和职能经理能发挥各自的优势，资源的重复降至最低，同时也减少了人员冗余，且项目组成员在项目完成后仍然在职能部门，不用担心解散；不利的地方在于项目组成员有时会收到项目经理和职能经理的同时指令，容易引起职责不清、资源冲突。

公司的强矩阵式架构的水平层面可分为两大部分（见图2），分别为业务中心和运营中心。中心的两位负责人分别向不同的业务线和运营线汇报，同时又在同一公司名下互相合作，推动销售和执行的协调进行。公司的各级领导从整体上来强化和推进强矩阵式组织的概念和文化，项目的日常管理争取最大限度地实现无边界沟通管理和优化，通过引导各职能部门的支持，来实现组织的协同发展，发挥强矩阵式架构的优势。同时针对容易职责不清、资源冲突等问题，从整体管理上强调沟通协调，对重点资源、项目进行不同维度的权重衡量和优先级排序，最大限度地减小从组织结构上对项目管理的影响。

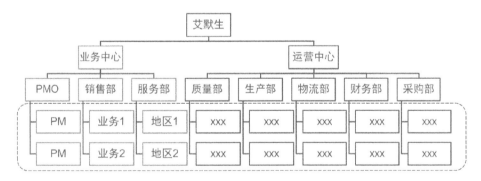

图2　艾默生的强矩阵式架构

2. 以 PMO 为项目管理中心

公司为加强项目的整合管理，提高项目的按时交付、达成目标的成功率，同时也是总部及亚太项目管理体系的延伸（见图 3），在业务中心下面单独设立了项目管理办公室

（PMO），PMO 的主要职能及工作包括以下几个方面：

（1）项目集中整合管理。PMO 统一管理下属项目经理，同时将公司项目集中并分配给项目经理进行整合管理，包括编制公司级项目计划、项目文档和管理、组织项目评审与验收、客户满意度调查、经验教训收集反馈。

（2）治理职能。配合项目治理委员会监控并反馈项目关键绩效指标、重大问题、重大风险、重大变更、环境变化、执行项目流程体系的合规性、项目管理的成熟度等。

（3）战略职能。辅助公司管理层对项目的战略一致性进行监控和管理，包括制定项目准入标准、项目优先级标准、项目退出机制，动态协调项目资金和资源，监控项目收益实现等。

（4）项目卓越中心。为尽可能地维护项目管理的健康运作和可持续发展，PMO 也在如下方面进行相应工作，包括维护项目管理体系、管理项目数据库、评价项目经理的绩效、提升项目经理能力、项目管理文化建设、组织专家委员会提供专家判断等。

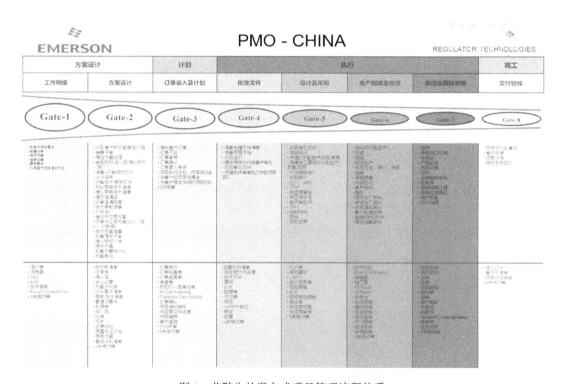

图 3　艾默生的瀑布式项目管理流程体系

二、项目管理的特点、问题及对策

（一）多项目管理

我国工程、制造型企业不断进入国际工程市场的竞争中，与发达国家制造商、承包商相比，还存在很大的差距。除了技术装备、生产制造、施工管理、合同管理、人员素质等方面的差距，最大的差距还是在项目管理上的差别。首先是对项目的重视程度不够，其次表现在对项目的管理很不规范，缺乏整体项目管理意识，没有完整的项目管理制度，一个项目犯了错误，另一个项目照样犯同样的错误，无法从历史经验中学习并提高管理水平。另外，我国改革开放仅 40 多年，与西方百年的现代管理经验相比，还有较大差距，尤其是在工程、制造等传统企业。

艾默生电气以燃气调压产品和整体解决方案为主，在面向国际 EPC 大型项目中，作为燃气解决方案分包商提供从设备到现场安装调试的整体服务，这些分布在不同国家的国际 EPC 项目，加上诸多不同类型的国内项目同时并存，公司在项目管理上面临了诸多问题和挑战，总结起来主要有四点：不同项目之间资源分配不均，多项目进度难以把控，项目计划外支出成本偏高，项目整体质量难以确保。

出现上述问题的主要原因是多项目并行比单个项目管理更容易出现意外，因为与单项目管理相比，多项目管理的环境显得更加复杂和难以管控：需要协调来自不同部门的资源，项目的优先级和战略目标经常被调整，有些项目是相互依存的，决定必须在很短的时间内完成，需要精确的项目信息。之所以如此，是因为：缺少对所有项目和资源的详情概述；项目的优先级排序不当；在资源冲突的情况下，资源分配不合理；没有及时监控项目进度；没有专业的项目管理体系，等等。

针对这些问题及原因，公司根据项目管理的理论学习和实践经验的总结，制定了一系列有针对性的工作来控制一些问题和风险的产生。

1. 贯彻项目管理标准流程体系

公司本着战略一致原则，将总部及亚太项目管理体系（见图 3）继承下来，在 PMO 管理项目中坚持这一标准化流程体系，不管是国际项目还是国内项目，不管是大型项目还是小型项目，都坚持用这一标准流程体系进行项目管理的执行和监控。虽然在实际工作中会根据不同项目的情况进行相应的剪裁，但整体体系不会变更，最大限度地减少了由于不规范执行项目导致的例外情况发生。

2. 给项目制定优先级顺序

多项目并行时，在资源充沛的情况下一般是几个项目内部互相调用，特殊资源找公司协调；在资源紧张时，先建立多项目进度计划梳理与内外部资源情况分析；再根据每个项目不同的阶段及情况，匹配相应资源。多项目管理时项目之间的资源冲突是无法避免的，这是因为公司人员、资金、产能等资源都是有限的，同一资源不可能同时供所有的项目使用，为了避免眉毛胡子一把抓，公司需要把注意力集中在重要和紧急的项目上，因此需要根据企业战略目标确定优先顺序，然后依次有序地开展项目，避免项目之间的无序竞争和冲突。公司根据自身的项目环境和情况，制定了项目优先级排序分级模型（见图 4），通过对所有项目在不同分类上的打分及汇总的高低来划分项目优先级，以及分配相应的资源。

项目分级模型				
分类	权重	参数	分数	得分
项目类型	20	电力	15	
		燃气	20	
		智能	12	
		其他项目	10	
市场开拓类型	10	援建项目	5	
		投标项目	10	
项目规模	20	>1亿元	20	
		0.5亿~1亿元	18	
		0.1亿~0.5亿元	15	
		<0.1亿元	10	
		<500万元	5	
项目预期收益	20	>50%	15	
		30%~50%	12	
		10%~30%	10	
		0~10%	12	
		<0	20	
项目战略意义	15	国家战略	15	
		拓展市场战略	12	
		一般战略	10	
		短期战略	5	
项目地点	15	欧美	15	
		中东	12	
		亚太	10	
		国内	5	

图 4　项目优先级排序分级模型

3．及时监控项目，做好协调工作

对于多项目管理来说，公司内外部环境是复杂多变的，经常需要根据环境的变化和需求对组织内的项目进行调整，而且项目本身的状态也不断发生改变。因此，公司通过PMO来监控每个项目的里程碑节点、项目进度，定期对所有项目的进度进行统一更新，确保关键任务上的资源可用，做好风险储备，出现问题及时调整。相对于单项目管理，多项目管理在进度、成本、质量等方面承受更大的压力，确保组织内每个项目都能以最少成本按时、保质完成，是公司多项目管理最终追求的目标。

4．加强团队间的协作和沟通

在多项目管理中，各个项目组成员在统一的合作体中工作，各个项目之间交换各种信息，沟通信息量成倍增加，团队间的协作也更加频繁。这时多项目结构化协作就变得非常重要，加强成员间的协作和沟通，可以弥补管理上的漏洞和不足（见图 5）。团队强调的是协同工作，所以团队的工作氛围很重要，它直接影响团队的合作能力。没有完美的个人，只有合作的团队，团队中的个人能力取长补短，相互协作，即能造就出一个好的团队，所以才有"三个臭皮匠顶个诸葛亮"之说。在一个团队中，每个成员都有自己的优缺点，作为团队的一员应该主动去寻找团队成员的优点和积极品质，如果团队的每位成员都主动去寻找其他成员的积极品质，那么团队的协作就会变得顺畅，工作效率就会提高。团队精神的最高境界就是"不抛弃，不放弃"。

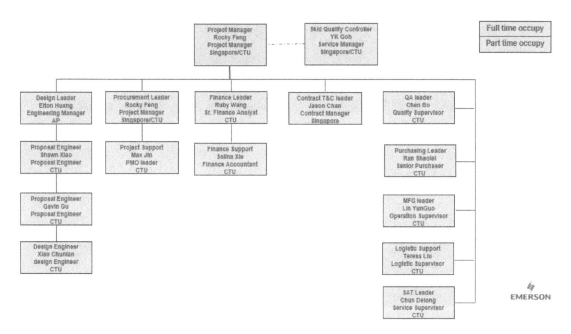

图 5　艾默生国际 EPC 项目团队组织结构

（二）项目与职能部门的冲突与协调

公司十多年前是民营企业,在被艾默生收购后由传统民企家长式管理向外企制度化管理方式转型,在项目管理上 PMO 也是从无到有,并且在向项目化管理转变的过程中与其他职能部门、生产单位,在项目执行的过程中产生了不少的冲突与问题,典型的表现有:

➢ 遗留有"人治"而不是"法治"作风;

➢ 职能部门各自为战,不尊重项目的领导;

➢ 专注于职能部门的绩效指标而忽略了项目的按时交付;

➢ 项目化管理思维、意识偏低,很难做到以目标为导向;

➢ 部门之间沟通协调困难,内耗严重。

以上这些问题也非艾默生电气所独有,在向组织化、项目化管理转型过程中的公司中,多多少少也会有类似问题,特别是人的思想转变方面,通常是非常困难而且需要很长时间来进行的。因此针对这些问题和现象,公司根据自身经验的积累,制定了一些长期策略来控制一些问题和风险的产生。

1. 明确项目部门与职能部门的职责

在公司的强矩阵型组织中,项目经理是企业与用户之间的媒介,职责是确定做什么(工作内容、何时完成、进度计划)、多少费用(预算)、需要什么资源等问题,以实现项目目标、使用户满意,同时组建项目团队。项目经理应做好工作分解结构,制订进度计划及预算,为相关职能(业务)部门划分具体工作任务、工作界面和预算,并监控项目有关部门执行情况,确保项目目标完成。

职能部门或部门经理的职责是决定如何完成项目经理分配给本部门的任务,并确定每项任务由谁负责。在组织架构中，每个部门经理要在技术上指导和领导项目中的本部门工作人员，同时有责任确保该部门承担的所有任务都能在给定的时间和预算范围内按照项目的质量及技术要求完成。部门经理也一定要对其部门内人员的工作任务保持监控，并根据各个项目情况的变化，如进度拖延或任务变更等重新配置人员。如果项目进度落后，无法按用户要求日期完成，使项目陷入困境，部门经理就可以同项目经理协商，从正常工作的一些项目中调派人员补充到这些项目中去。同样，作为生产、财务等资源管理的职能部门，也要根据项目的具体情况综合调配资源。也就是说，职能部门或部门经理应该加强综合管理。

跨部门的项目活动由项目经理负责，职能部门内的项目活动由部门经理负责。项目经理负责对职能部门及主要项目人员的表现提出建议，部门经理负责对部门内项目参与成员的激励及绩效评估。项目间的资源调配由相应的职能部门经理负责。若项目经理对各部门的权责划分清晰、合理，而某部门未按要求完成相关的项目目标，则责任在职能部门，反之责任在项目经理。

艾默生电气根据相应的原则，对参与项目人员的角色，以及参与的不同阶段，定义了相应的项目和职能部门人员的角色和责任分工矩阵（见图6），从流程上明确了责任分工，划清了相应的边界，避免了一些交叉重叠或"两不管"情况的发生。

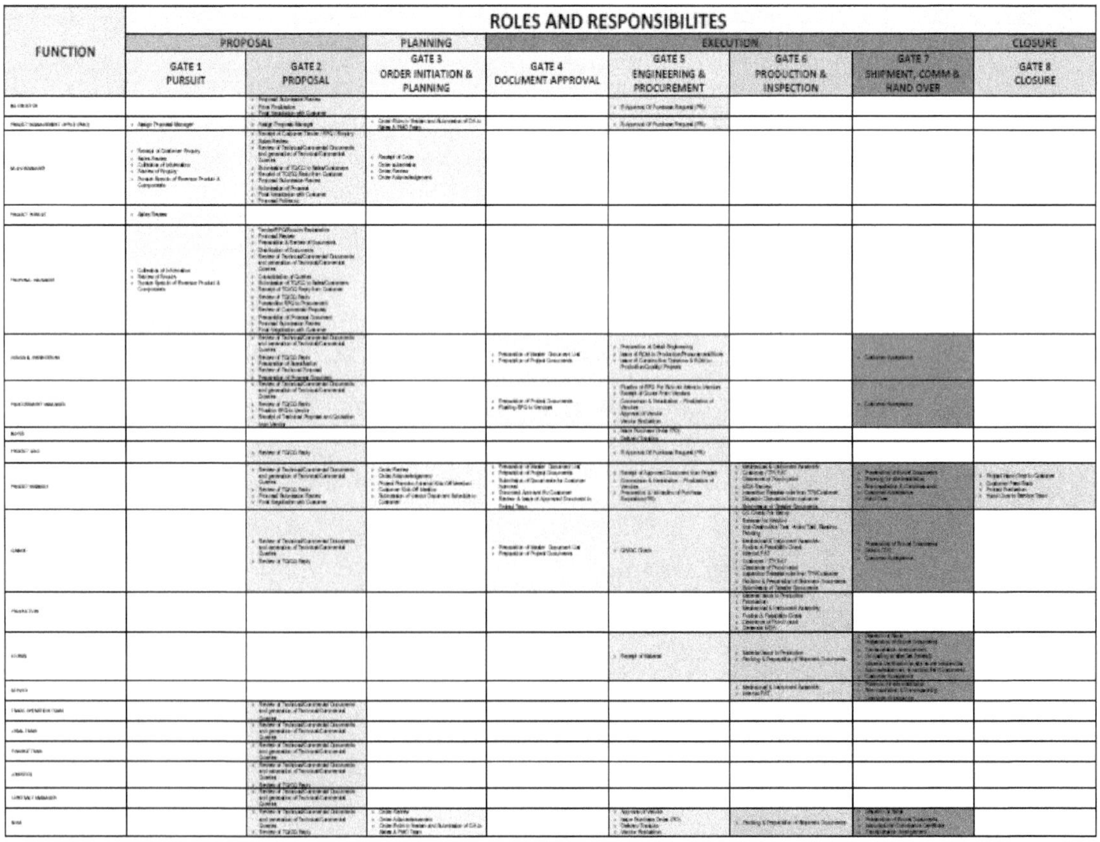

图 6 艾默生项目管理流程体系的责任分工矩阵

2．建立有效授权体系并合理授权

建立有效的授权体系对于顺利实施多项目管理来说是非常重要的一项内容，管理者（项目经理及部门经理）应该在对企业实际情况详细研究的基础上，根据授权的原则制定授权标准。

项目经理与职能经理必须有效授权，这样的授权既包括给项目成员分配任务，也包括给项目成员完成工作目标的责任及相应的决策权。通过充分有效的授权，项目成员就可以在职责范围内按自己的方法来实现项目目标，有效缓解事事需由项目经理及职能经理决策而导致两者发生矛盾冲突的现象。

艾默生电气在项目经理与部门经理对项目成员授权时一般掌握以下原则：

一是根据项目目标及 WBS 内容进行授权，做到职责与权利匹配，如对各个项目的检验负责人与质量负责人应赋予不同的权利。

二是根据项目风险程度授权。项目风险大或者某个成员承担的工作是整个（或多个）项目的关键路径（或关键作业）时，授权力度应小。反之，可以适当加大授权。

三是根据具体活动对项目目标的影响程度授权。

四是根据项目成员授权。不同的项目成员有不同的能力及知识水平，对于那些能力强、经验丰富的项目成员，可赋予足够的权限，以便使其充分发挥自己的创造性。反之，项目团队中知识水平及经验相对欠缺的成员，则授权力度应相应减小。

3．项目治理（项目与职能部门冲突的解决）

当项目与职能两个部门的冲突难以解决时，则上升到艾默生电气项目治理委员会（由业务、运营中心负责人，PMO 部门经理、生产部门经理及其他相关较高职级经理组成）加以协调并进行决策。

项目治理委员会在强矩阵组织中的角色十分重要，因为项目治理委员会有权决定项目是否进行，有权决定某个项目相对于其他项目所能获得的支持程度。当对某个项目的重要性存在分歧的时候，项目治理委员会所做决定的重要性就更加明显。在多项目管理的实际过程中，尤其需要项目治理委员会解决组织内多个项目间在重要次序上的冲突，并对冲突进行仲裁。

当然，项目经理与职能部门或部门经理之间的冲突种类较多，不可能事事均需项目治理委员会出面裁决，项目管理办公室除了管理项目经理，另一部分职责包括以下内容。

（1）开发、维护项目管理标准、方法和程序。例如，选择和维护项目计划的方法，制定项目管理的有关规定，收集与整理项目管理的经验与教训，为工期与费用的预测提供咨询，以及创建适用的项目管理信息系统。

（2）提供合格的项目经理。例如，对项目经理的培训及绩效评价，对项目经理的工作提供具体的支持，根据项目的具体情况安排适合的项目经理，甚至对不合格（或不适合某个项目）的项目经理进行调整。

（3）进行项目的评价和综合平衡。这种平衡有别于多项目管理间的平衡，它是对组织中所有项目经理负责的全部项目的平衡，是对整个企业全部资源的平衡，它可以对项目的优先级提供建议并进行决策，对跨项目的资源分配提出建议，同时对多个项目进行绩效评价。

（4）项目管理办公室为项目治理委员会提供相应的项目监控数据，用来科学地缓解项目经理与职能部门或经理间的冲突，也可以跟踪分析各种问题，为项目治理委员会进行最终仲裁提供依据。

（三）制造业的生产工艺流程与项目管理的关系

制造业的生产工艺流程通常包含从原材料进厂检测到生产管理、生产检测、出厂检验等主要环节，还包括生产技术和工艺管理、设备保养和应急维修、环境健康安全等辅助管理环节。

1．原材料进厂检测

产品质量的优劣在很大程度上取决于进厂设备、原材料等的好坏，原材料的质量是影响产品质量的重要因素之一。企业如果忽视了原材料等进厂物资的检验，将不合格的原材料、设备等投入生产中，必将导致产品的不合格，这样就造成了原材料、人力、机器、设备、能源、时间的浪费和损失，所以原材料进厂检测主要是针对采购技术、工艺标准对原材料进行全部或抽样检测，确保原材料符合工厂生产要求。

2．生产管理

生产管理是公司经营管理重点，是企业经营目标实现的重要途径，生产管理包括物流管理、生产过程管理、质量管理、生产安全管理及生产资源管理等。为合理利用公司人力、物力、财力资源，进一步规范公司管理，使公司生产持续发展，不断提高企业竞争力，公司严格按照 ISO 9000 质量管理体系进行生产管理指导和监督。

3．生产检测

生产过程中的检验也叫工序检验，是在产品形成过程中对各加工工序进行的检验。其目的在于保证各工序的不合格半成品不得流入下一道工序，防止对不合格半成品的继续加工和出现成批半成品不合格，确保正常的生产秩序。由于工序检验按生产工艺流程和操作规程进行检验，因而能起到验证工艺和保证工艺规程贯彻执行的作用。

4. 出厂检验

在质量部的指导和监督下，工厂对生产的最终产品进行检验工作，严格按标准及检验方法对成品进行检验，严把质量关，禁止不合格产品或产品不经检验出厂，确保产品能以合格、完整的状态交付到客户手中。

艾默生电气的生产工艺流程由运营中心的生产部进行管理，但生产加工这一过程是作为一个执行环节嵌入整体项目管理流程体系中去的（见图 7），这就确保了项目管理作为全过程管理的完整性。

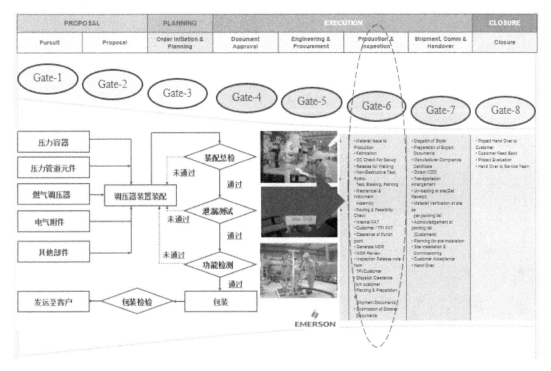

图 7　艾默生生产工艺流程嵌入管理流程体系

项目式生产制造一般是针对大型产品的，由于产品合同金额大及客户要求高，需要企业实时掌握及监控整个项目的生产制造过程，防止项目出现交货延迟或者重大质量问题。项目式生产制造的一个主要特点是项目号需要从销售开始到该项目的原材料采购、半成品及产成品的生产制造过程、成品的发货及其应收款的处理等全过程都进行记录与跟踪，以便及时了解和控制项目的整个生产制造过程，该项目号类似于库存的批号，但比库存批号管理更复杂，主要是项目管理的中间过程很多且很繁杂，是项目制造企业的一项管控重点及难点。

项目转生产流程主要包括从销售部转到订单部进行项目订单的输入，并在订单部形成项目施工单，在生产计划部生成项目排产计划的过程。图 8 是项目从销售订单进来直到交付及客户现场服务完成的各部门交互过程，由此图可以看出，在整个过程中销售、订单、项目、工程设计、采购、制造、质量、物流、服务等诸多部门相互合作，完成整个订单的交付过程，同时这也是项目管理过程细化分解后的一个主要里程碑任务流程。

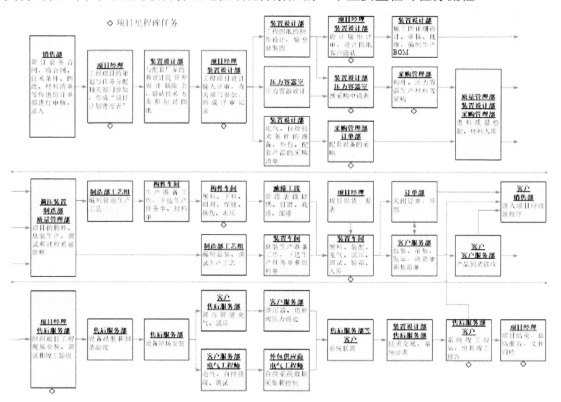

图 8　艾默生各部门交互执行订单流程

（四）相关方争取

项目始于相关方需求，另一方面也终于相关方满意，项目如果仅是按时交付、控制了成本但没有达到相关方基本满意，那算不上一个好的项目。项目相关方是指受项目影响或能影响项目的任何个人、小组或组织，也可以说，与项目有直接或间接关系的任何个人或组织，都是项目相关方。对于艾默生电气的项目来说，相关方包括项目组团队、客户、公司管理层、其他合作方，甚至包括供应商、第三方公司等。项目相关方争取是项目管理中的重要内容之一，目的是调动积极因素，化解消极影响，确保项目成功。

1. 项目相关方争取通常包括的主要内容

（1）尽可能多地识别出项目相关方。总有一些不明显甚至暗藏的项目相关方，所以全面识别项目相关方并不是很容易。在项目开始时，要认识到暗藏的项目相关方也会对项目产生重要影响。不要担心识别出的相关方多，可以通过后面的相关方分析并区分出重要、次要甚至不需要加以管理的相关方。被识别的某些相关方，对项目不会产生实质性的影响，只需加以观察。如果某些相关方不能够被识别出来，就说明存在问题，说不定哪个被遗漏的相关方将给项目带来很大的麻烦。

通过相关方识别，可编制出"相关方登记册"（见表1），其中记录各相关方的姓名、职位、角色、支持程度、影响力等基本信息。

表1　相关方登记册

姓　　名	职　　位	角　　色	支持程度	影响力	沟通方式	沟通频率	其余特征
相关方1	总监	供应商	中等	低	邮件	每月	感兴趣
相关方2	客户	用户	支持	中	电话会议	每周	有需要
相关方3	高级副总裁	发起人	特别支持	高	状态报告	每季度	争取状态中
相关方4	职能经理	提供资源	中等	高	状态报告	每周	有需要

（2）对项目相关方进行全面分析。认真分析每个项目相关方的支持程度、影响力，把相关方的利益和影响都可视化。一一列出相关方的利益点（包括负面利益），并对每个利益点赋予一定的高、中、低权重，然后分析每个相关方在项目上的总体利益。采用类似的方法，评估出每个相关方在项目上的总体影响。据此，依据权重进行排序，分析出相关方的重要程度，以便有重点地做好相关方管理。利益决定立场，所以支持或反对项目的程度是随着正面或负面利益的大小而变化的。

除分析利益和影响外，还要分析相关方对项目的认知程度、施加影响的紧急程度，以及为项目所用的知识技能。项目经理一定要弄清楚项目相关方对项目的影响，以便加以利用和应对。

（3）对相关方进行归类。如果相关方数量较多，可以根据权重标准，按照权力/利益四象限图进行分类（见图9），以方便快速分类及争取。

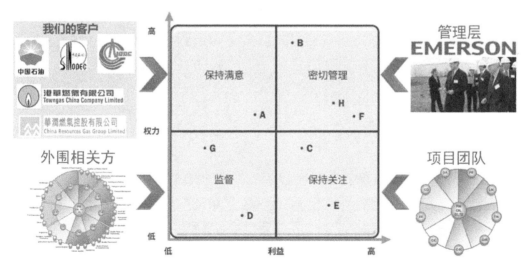

图9　艾默生项目相关方分析矩阵图

（4）针对不同类别相关方制定相应的策略。由于精力有限，不可能对所有项目相关方都进行同等程度的管理。对于利益大、影响大的相关方，一定要密切管理；对于利益小、影响小的相关方，则可以放在一边不管或者只投入很少的精力进行监督。要注意，在项目的不同阶段，相关方的利益和影响会发生变化。经过分析和归类，制定出项目相关方争取策略（密切管理、保持满意、保持关注、监督），对相关方的分析结果不同，要采取不同的争取策略。

2．在对相关方争取时，应特别注意以下几个问题

（1）尽早以积极态度面对消极的相关方。面对消极的相关方应尽早积极地寻求解决问题的方法，充分理解他们，设法把项目对他们的负面影响降到最低程度，甚至可以设法使项目也为他们带来一定的正面影响。直接面对问题，要比拖延、回避有效得多。

（2）让项目相关方满意是项目管理的目的之一。让相关方满意，不是简单地被相关方牵着鼻子走，而是切实弄清楚相关方的利益追求并加以适当引导，满足他们合理的利益追求。项目管理要在规定的范围、时间、成本和质量下完成任务，最终还是要让项目相关方满意。所以，不要忽视你的相关方，项目管理团队必须把相关方的利益追求尽量明确、完整地列出，并以适当方式请相关方确认。

（3）注意相关方之间的利益平衡。由于各相关方之间或多或少地存在利益矛盾，我们无法同时同等程度地满足所有相关方的利益，但应尽量缩小各相关方满足程度之间的差异，达到相对平衡。项目相关方争取的一个核心问题，就是在众多项目相关方之间寻找利益平衡点，我们要面对和理解利益差别甚至冲突，并进行协商。

（4）依靠沟通解决相关方之间的问题。通过沟通，不但能及时发现项目相关方之间的问题，更重要的是能够达到相互理解、相互支持，直至问题解决。对于沟通，我们要建立良好的沟通机制和计划，并加以管理。特别要注意面对面的沟通永远是最有效的沟通方式。如有可能，最好安排跟各类相关方进行面对面的交流沟通。同时要注意的是，并非正式沟通就一定是解决问题的方法，各种宴会、团建、旅行等活动也是拉近跟相关方关系的方法，可以和正式沟通配合进行。我们要在工作中，勤沟通、善总结，整合各种资源，权衡各相关方的利益，以获得相关方的支持，使项目成功。

三、项目管理的新发展方向

公司近两年的销售额取得了 20% 以上的增长，大项目订单的增长超过了 50%，特别是海外 EPC 项目取得了突飞猛进的发展，面对当今 VUCA（易变性、不确定性、复杂性、模糊性）环境下的项目管理新场景，公司管理层年初也制定了重点发展 PMO 项目领导力的四项新举措（见图 10），希望通过进一步提升项目管理的领导力来适应新市场环境，并进一步推动业务发展走向新的高度。

为应对市场新环境的变化，以及管理层对 PMO 团队提出的新要求，PMO 团队通过按照 PMI 新一代项目经理能力发展三维模型来学习和补足自己的短板，使个人能力得到综合发展。PMI 人才三维模型关注三个关键技能组合，如图 11 所示。

图 10　重点发展 PMO 项目领导力

图 11　新时代项目经理能力三角形

（一）项目管理专业技能

与项目、项目集和项目组合管理特定领域相关的知识、技能和行为，即角色履行的技术方面。虽然项目管理专业技能是项目管理的核心，但 PMI 研究指出，当今全球市场越来越复杂，竞争也越来越激烈，只有项目管理专业技能是不够的。各个组织正在寻求其他有关领导力和战略与商业管理技能。来自不同组织的成员均提出，这些能力有助于支持更长远的战略目标，以实现盈利。为发挥最大的效果，管理者需要平衡这三种技能。

（二）领导力

指导、激励和带领团队所需的知识、技能和行为，可帮助组织达成业务目标。领导力包括指导、激励和带领团队的能力。这些技能可能包括协商、抗压、沟通、解决问题、批判性思考和人际关系技能等基本能力。领导力应被视为一项组织各层级都具备的能力，而非集中于高层。其中管理者的沟通能力至关重要，管理者需要针对不同的对象选择使用不同的沟通原则和技巧，不但要会"说"，更重要的是要会"倾听"。

（三）战略与商业管理

关于行业和组织的知识和专业技能，有助于提高绩效并取得更好的业务成果。战略和商业管理技能包括纵览组织概况并有效地协商和执行有利于战略调整和创新的决策和行动的能力。这项能力可能涉及其他职能部门的工作知识，如财务部、市场部和运营部。这其中战略一致对于从技术转型的管理者来说尤为重要，因为管理者是公司和员工之间的桥梁，要做到战略一致、上下一心，管理者需要发挥好"承上"和"启下"的纽带作用，这样才能使公司的战略落地，真正落实和执行下去。

通过不到一年的努力，公司 PMO 部门 PMP®持证人员从 30%提升到了 60%，并且出现了 PgMP、PfMP 等高级认证，同时其他项目管理认证 PMI-ACP、PBA 及 PRINCE2、MSP 等也有收获，大大增强了公司项目管理的技术能力，同时也带动了领导力和战略与商业管理能力方面的发展。今后项目管理办公室将进一步通过自身的建设发展，带动公司整体项目管理水平迈上新的高度。

项目管理实践：中国石油集团海洋工程（青岛）有限公司篇[①]

一、企业简介

中国石油集团海洋工程（青岛）有限公司是中国石油集团旗下唯一的海洋工程企业，占地 107 万平方米，拥有 4 000 吨级、6 000 吨级滑道各一条，1 230 米的码头（前沿水深 -10 米），可停靠 30 万吨级 FPSO 等大型船舶。

中国石油集团海洋工程（青岛）有限公司具有海洋石油工程专业承包一级资质，主要从事海洋油气开发的各类钢结构物加工设计、陆地预制、海上运输、安装与调试，LNG 模块、风电场升压站、炼化厂模块等陆上模块建造，各类海底管道、海底电缆的敷设，各类海洋工程的检测与维修。

公司自成立以来，始终坚持打造国际化海工企业，是中国领先的综合性海工建造企业之一，致力于以优质的产品、优异的技术服务全球，为客户提供专业的定制产品，服务中国及海外市场（见图 1）。

图 1 合作客户

公司实施项目遍布全球，如西气东输二线香港支线、SBM 单点系泊、大连恒力石化

---

① 本篇资料由中国石油集团海洋工程（青岛）有限公司提供。

塔器、大丰风电海上升压站、俄罗斯 YAMAL 项目、舟山海管、华能/鲁能海上升压站等多项国际国内重点项目，其中俄罗斯 YAMAL 项目更是国家"一带一路"重点项目，称为"冰上丝绸之路"（见图2）。

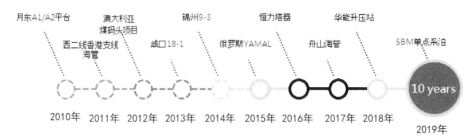

图 2　已完成和在建项目

公司组织机构遵循专业化分工设置，采取流程化运作，根据项目管理要素，管理部室设置有生产管理部等 9 个部室和项目管理中心等 5 个专业化支持中心；根据主营业务特点，设置有金属结构制造分公司等 5 个专业化分公司。

公司有 410 名员工，其中管理人员 187 人，技术人员 138 人，操作人员 85 人，场地长期保持 1 800 余人的管理、技术、施工人员（包括劳务和分包人员）。

项目管理体系与公司共同成长，公司自 2006 年成立之初，就引入国际先进管理经验，以人才作为公司发展的基石，先后实施了走出去、引进来的战略。从 2006 年开始，组织青年骨干人才赴挪威、美国、新加坡等国家进行海洋工程管理、技术学习，同年，开始将 PMP®引入公司内训，为加快项目管理体系落地，联系专业培训机构，在公司开设学习班，组织各项目经理、职能部门负责人、施工单位负责人进行集中学习，组织进行多批次人员培训并取证，目前共有 PMP®持证人员 108 人，占管理技术人员的 33.23%。2007 年，强化项目管理体系的执行及应用，开展项目经理及主要技术负责人一级建造师取证制度，目前共有一级建造师 40 人，占管理技术人员的 12.3%。2008—2019 年，组织项目管理人员与外部单位进行交流，参加各协会、中石油集团内部项目管理培训，并积极参加 PMI 各项活动，对 PMI 活动在内部进行分享交流。同时，适逢中石油集团提出了走出去的战略目标，通过参与国际项目，与世界先进的工程总承包企业共同实施项目，广大员工的 PMBOK®得到了实践，并逐步梳理、完善了适合自身管理又满足国际工程要求的管理体系。近年来利用标杆对照等多种方式，以打造国际一流海工企业为目标，积极与同行业及其他管理先进企业进行学习交流，不断完善公司项目管理流程，近 5 年来项目管理咨询次数达到 160 余次，并投入了 P6、工程统计等 8 款项目管理软件。

二、俄罗斯 YAMAL 项目投标阶段的风险管理

项目投标报价阶段工作是国际工程承包业务的重要组成部分，投标报价阶段识别的风险将为后续项目实施过程中的关键控制点，充分地识别并有效地管理风险将直接影响项目

实施的成果。YAMAL 项目作为公司走出去战略承接的第一个大型国际项目，总包方合同为欧美法系文本，与国内大陆法系合同最大的区别是前者崇尚自由约定，超越了国内合同在国家法规体系下的规范化认知。对此，公司聘请国内顶尖律师事务所对合同文本及风险进行评估，最终识别出 560 余条主要合同风险，并且权威人士认为本合同实施风险极大，收益远远小于风险。

面对难得的发展机遇，公司认为国际工程同任何商业活动一样，其风险和获利是潜在并存的，既不能夸大风险而畏缩不前，也不能贪图利润而对风险疏忽大意。因此，正确的态度应该是细致调查存在各类风险的主客观条件，认真分析评价风险的严重程度。公司对风险管理按照 PMBOK®实施全过程的规划、识别、分析、应对和控制，从落实责任和确定流程入手，切实推进风险的规划与识别，全面落实风险跟踪和监控，实现了风险管理的闭环管理。

（一）规划风险管理

公司结合现有制度、流程及国家层面管理要求，整合各方信息，对公司的风险态度、风险偏好、风险承受能力、风险临界值等进行重新评估，从实际情况出发，明确在投标过程中的风险管理活动，确保风险管理程度、类型和可见度与风险及项目对组织的重要性相匹配。在规划风险管理上主要的创新点如下：

（1）方法论。采用专家判断、头脑风暴、假设分析等多种工具对招标文件、合同文本、公司生产运营历史数据、现状等进行全面分析、统计，以模拟项目运行进行项目全过程推演，与合同文本进行对照，查找风险点。

（2）角色和职责安排。采取矩阵式全面风险管理的分工理念，设置专业风险管理岗，投标项目组各岗位成员为专业层面风险管理的第一责任人，所属职能部门对专业风险进行审核、监督，项目经理对风险管理负最终责任，同时公司企管法规部从公司层面进行高层级风险管理。

（3）预算和时间安排。增加专门的风险管理时间，将风险管理作为关键路径进行计划编制，以确保有足够的时间、精力进行风险管理。

（二）识别风险

公司以全面识别项目风险为目标，有计划、有步骤地以施工单位、项目组、职能部室、公司层面为阶梯，对商务、文化、经济、施工、社会影响等进行多层次、多维度的风险识别。根据风险管理要素需要，设计了风险登记册，对于风险内容、成因、应对策略、应对措施等进行了分列，同时对各项风险进行具体责任人的划定，确保每项重要风险均有措施应对，有人负责。项目主要采用的风险识别方法是德尔菲法、头脑风暴法和核对表法，归并、整合、形成了 13 类 354 项的风险登记册。

（1）桌面推演：项目组牵头，以投标工作量及合同文本为依据，滚动进行风险识别，组织多轮次、多专业、多部门模拟项目真实运行，进行项目全生命周期推演，发现设计、采购、施工风险及不足，与合同文本相应条款进行比对，识别并登记风险，提出初步预防措施。该方法识别风险201项目，有物资供应延迟风险、合同变更不及时风险、现场签证不完整风险等，有效补充了德尔菲法可能无法识别的风险。

（2）专家判断：聘请外部知名律师事务所对投标合同文本进行专业审查及澄清，识别风险95项，如工期延迟风险、质量不达标风险、验收指标缺失风险等，有效识别关键风险和易漏风险。

（3）经验分析：对核对单分析工具进行改良，借鉴行业其他国际工程历史信息，与同行业先进管理单位进行对标，邀请项目管理团队深入交流其在国际同类型项目管理中存在的风险及难点，比照公司投标项目，识别风险85项，如分包商队伍不稳定、技术交底缺失或不完善、交叉作业风险、管理冲突风险等，该方法提升了风险识别的效率和针对性，弥补了经验数据不足的缺点，达到站在巨人的肩膀上看得更远的理念。

（三）风险分析

通过进行合理风险管理规划及风险识别，收集项目各类风险1 600项，面对如此多的风险清单，需要开展对风险发生的可能性和后果进行主观分析，确定项目的整体风险级别，确定各风险的紧急程度，得到基于定性风险分析结果的风险归类及排序，确定哪些风险需要进一步定量分析，哪些风险可以直接进入规划风险应对过程，哪些风险可以直接列入观察清单，同时，多次对风险进行定性分析，不断优化风险定性分析清单，并明确了风险的发展趋势，实现了进入定量风险分析环节的风险减少为458项。

对进入定量风险分析清单的458项数据按经验和历史的数据预测风险未来的数字性质，并通过模拟某一时间段的结果对数字性质做出估计，得到了项目进度和成本目标的概率及分布情况、风险量化排序及风险的发展趋势。

（四）规划风险应对

树立项目中大多数风险都可以预测和管理的思想，树立风险管理增值的理念，对项目风险进行重点管理，根据多轮次的定性、定量风险分析，最终公司认为本项目存在六大主要风险，若是对以下六大风险进行重点管理，从公司组织层面来讲，其他风险是完全可以接受的。

（1）面对国际材料采购，供货周期、供货量不确定性大，风险高。

（2）建造技术标准要求高，采用俄标工业体系，附加欧、美标准。

（3）场地功能设施配套改、扩建与项目运行同步进行，工期紧。

（4）工期合同风险，工期延误处罚额度大，长期占用场地风险高。

（5）团队文化理念，管理方式、宗教信仰、饮食文化多元化。

（6）国际政治环境复杂，美元履约保函受阻，预付款、进度款收取延迟。

针对以上风险，进行重点监管，制定风险应对措施，随时对风险进行预警、处置。

（五）控制风险

按照识别、评价、应对、更新登记册的循环原理，在项目运行过程中，规定定期召开已识别风险状态情况、应对措施准备情况，以及新识别风险情况的专题会议；每个周期专题会议均包括对已发生风险的控制情况评价、未发生风险的状态分析，以及各专业在过程中持续进行潜在风险识别和分析。工作的周期根据风险管理工作成熟度确定，成熟度越低，周期越短；反之越长。根据当前公司实际情况，推行按周进行的风险监控分析会制度。

项目实施后，业主方因受到国际社会制裁，国内各大银行均无法开具美元履约保函，由此将造成预付款、进度款无法按期收取，公司资金压力剧增，对此，公司立即启动风险应急措施，了解本项目国内其他承包商保函开具情况，并与各承包商就保函问题进行交流，全面识别保函开具受阻引起的各项风险，并进行风险应对措施制定，形成报告及时提交总包方，总包方对公司的风险分析报告完全认同，并意识到风险的严重性，经过多方沟通协调，最终总包方认可了公司应对措施中开具人民币保函的方案，并开创了国际项目美元合同开具人民币保函的先河，此风险管理经验先后与多个央企及基金会进行交流。

（六）几点启示

（1）风险是不以人的意志为转移的客观存在，贯穿项目的全生命周期。涉外项目更是受多种因素影响，风险更大，管控难度也更高。风险并不可怕，风险与机遇并存。

（2）管理者不能就风险论风险，要将风险管理融入工程项目实践全过程。

（3）风险没有定式，但是有规律。项目中的大多数风险都是可以预测和管理的，通过一定的技术手段和管理策略，可以极大地降低或削减项目风险发生的频率、概率。

（4）风险管理具有经济价值、管理价值、文化价值，对企业培育综合竞争力非常真实，极为有效。

（5）涉外项目由于国别、内容、法律环境等因素的差异，面临的风险有别，需要结合项目自身特点，保证风险管理的针对性和有效性。

三、集聚过程资产，国企增值多元化

作为中石油专业化海工企业，公司成立时间较短，软实力底蕴薄弱，组织过程资产积累不够丰富，很多项目都属于公司第一次运行，在项目运行中公司可用于指导项目运行的经验数据严重缺乏。针对以上问题，公司采用因果分析法对根本原因进行查找，有的放矢，查漏补缺，从提升人员能力、完善制度流程、项目过程成果转化、管理创新等多方面进行强化，通过软实力的提升，实现了多种手段下的管理增值，打造了一支现代化国际海工团队。

（一）立足国际，学为中用

（1）以国际视野建章立制。公司自 2006 年成立之初，定位国际先进海工企业，以国际先进海工管理思路进行公司运作，先后选派 3 批次高层管理人才赴挪威进行海洋工程管理、技术学习，以此为标准进行公司运行模式、制度、流程、模板的建立；同时，内部每年选派骨干员工，赴美国进行培训，始终保持员工具有良好的个人发展规划及卓越的领导能力。

（2）不断更新项目管理理念。重视项目管理能力提升，选派骨干人员赴美国得克萨斯大学阿灵顿分校学习、交流，掌握前沿项目管理理念，紧跟项目管理趋势，提升国际海工行业竞争软实力。同时，在公司发展历程中，先后选派优秀人员参加多期中石油集团公司国际化人员项目管理培训班及国际工程 EPC 管理培训班，涉及培训人员 20 余人次。

（3）优化人力资源结构，适应国际化战略要求。公司不断推进三支队伍建设，优化队伍结构，全面提升项目员工素质，持续打造专业化海工队伍。对标先进企业探索构建学习型组织，组织 30 人赴新加坡进行国际海工项目管理培训，并与精砺公司、胜宝旺等海工行业领头羊进行交流。为做好国际化人才储备，提前谋划提升涉外项目参与人员外语水平，针对三支队伍骨干人员，选拔 24 名员工参加中石油集团公司的外语类培训，与中国石油大学（华东）合作，结合 97 名岗位骨干员工的英语水平分层次开展培训教学。

（二）对标分析，落地知识管理

（1）总结提炼，更新过程资产。针对公司变更方面的薄弱环节，结合各项目变更谈判过程资产，开展变更控制分析，制定提升措施，规避重大项目管理、生产运行风险，形成风险措施及风险数据库。开展项目总结问题清单制度，深挖细掘，复盘项目运行，进一步分析问题根本原因，对问题原因及解决措施进行修订，形成经验教训数据库。规范项目总结，明确项目机械完工 60 天内召开项目总结会，从项目全要素出发，深度分析，查找不足及总结良好做法，实现管理提升。

（2）打破企业壁垒，即时更新事业环境因素。引入敏捷管理思维，在项目运行过程中，在以国际、行业通用惯例及方法的前提下，破除制度束缚，随时对制度、流程进行更改，并严格履行公司管理单位的审批手续。项目结束后，结合项目总结成果，在充分讨论的基础上，对项目管理相关制度、流程进行科学合理的修订。截至目前，公司仅"项目管理规定"已经修订 8 次，其他项目运行相关制度更是在每个项目运行过程及结束后均有修订；通过项目运行积累，新增 21 份项目管理文件。

（三）转化项目成果，提升经济效益

（1）创新驱动，为项目增值。面对国际项目质量标准不统一，国家标准、行业标准交叉，油气模块专业交叉多，计划管理精细化要求高，海上风电模块设计深度与现场施工不匹配，海管铺设工期不可控，成本控制难等多个典型问题，公司全体员工凝心聚力，集思广益，实现了多项管理创新，以项目为依托申报的《模块建造项目进度管理体系的构建与实施》《海洋石油企业海上施工项目降本增效创新实践》《国际大型 LNG 模块建造项目质

量管理创新实践》三项管理创新获得母公司管理创新一等奖，其中《模块建造项目进度管理体系的构建与实施》获得集团管理创新三等奖。

（2）创新技术管理，培养支撑能力。以市场为导向，以项目为需求，针对项目施工关键技术瓶颈，开展科技攻关和信息化建设，完成中石油集团新技术推广 1 项；在海管铺设过程中，攻克水平口对接难点，打造中石油集团技术利器 1 项；海上平台顶升、护管安装、风电模块一体化建造等多个难题均以项目形式进行技术攻关，实现了突破，并获得了国家发明专利 17 项；"北极地区低温环境 LNG 输送撬装模块施工技术"通过北京市科委验收并获得公司科技进步一等奖，"西二线香港支线"获得国家建设工程一等奖。

（3）资产提炼，发挥组织资产的最大效用。根据项目的重要程度及组织过程资产的积累量，适时延长项目收尾阶段，预留关键团队成员对过程资产进行提炼，在 YAMAL 项目结束后，组织关键管理人员，以项目的模式进行组织过程资产整理，历时三个月，完成了《YAMAL 项目管理技术手册》《YAMAL 项目论文集》两本组织过程资产的出版。

（四）统筹国际项目财务管理，将汇率风险变为利好

公司科学筹划财务管理工作，将财务管理作为控制要素，写入《项目章程》，根据项目特点编制财务管理计划，提前识别财务风险，灵活调整风险应对策略。以汇率的风险管理为例，在国际项目中，签订合同时人民币对美元汇率为 6.1，且当时国际形势均认为人民币会进一步升值，鉴于此，汇率风险分析确认其为中度风险，公司制定的最初控制措施是"采用远期结售汇的方式降低汇率损失"。在项目执行中发现，美元汇率呈上升趋势，且请专业机构进行了汇率预测和分析，认为美元对人民币汇率在较长的一段时间里将保持稳中有升的态势，可至 1∶6.45 左右，并建议尽快进行汇率承兑。公司在经过反复论证后，选择相对激进的方式，于是将应对措施调整为接受该风险的措施，继续观望，增强对汇率实际变化的监控，设置警戒值；同时专业机构每月对汇率预测结果进行更新，并反馈我方，我方分析后采取应对措施。最终，汇率持续攀升，一直到 1∶6.89，恰逢此刻国家要求国有企业积极响应国家金融调控正常，公司在第一时间进行了承兑，实现了汇率管理增值，也支持了国家金融战略。

四、夯实内功，以质量取胜

公司自成立以来，始终坚持执行国内、国际最新标准，从最初的导管架建造到海上油气模块、海底管道，再到极寒地区国际 LNG 模块及新兴的风电模块，公司始终奉行质量至上，铸造海工品牌，恪守诚实守信，追求精益求精的质量方针，结合产品制造和安装特点、生产经营情况、公司的相关要求建立了一套严格的质量管理体系，2018 年通过第一个高质量风电模块的海上安装调试完成，树立了行业标杆，并在 2019 年年初，获得了原业主方连续三个模块施工合同，同时，行业其他风电公司也正在积极地与公司进行接触，

希望开展建造安装合作。成绩的取得不是偶然的，公司在全面质量管理的路上，主要从以下几方面进行质量管理工作。

（一）预防胜于检查，规划质量管理

（1）优化质量管理体系。通过项目实施知识积累，不断扩充完善质量管理体系。目前，有《质量管理体系作业文件》《质量管理体系管理手册》两本体系文件，涵盖海工行业各质量管理要求。不断开展质量管理体系差异性分析，针对差异，逐项制订方案并进行闭合，明确各类型项目所执行的质量标准、要求，完善项目质量管理体系。在项目实施过程前，针对项目特点，编制了质量管理计划、ITP 计划等 30 余份项目程序文件。

（2）增加一致性成本投入。以质量成本为工具，在项目开工前，针对各专业不同的施工要求及检验标准，编制项目质量培训资料，明确各专业、各工序的质量标准要求，对承包商所有参加项目的施工人员进行作业前的质量教育和培训，让施工人员了解项目质量技术要求，做到"心中有质量，手中保质量"。

（3）贯彻质量风险意识。为有效控制质量风险，避免质量问题出现，公司针对项目组织进行质量风险识别与评估：认真研读项目规格书，对施工作业阶段及作业步骤进行模拟推演，分析质量控制的难点，找出现场易发的质量问题，全面辨识施工过程中存在的质量风险并编制风险消减措施，在开工前对施工现场进行宣贯。

（4）完善质量控制的范围，实现全过程质量管理。将设计质量纳入质量控制的范围，严把设计方案的选择与审核关，保证设计方案的合理性和先进性；搞好设计接口控制，确保设计部门及设计各专业间做到协调和统一；建立设计成果校审制度，对设计文件进行逐级检查和验证检查，保证设计满足规定的质量要求；建立设计文件的会签制度，消除专业设计人员对设计条件或相互联系中的误解、错误或遗漏。

（二）以敏捷项目管理为思路，管理质量工作

（1）明确全员质量管理责任。明确质量管理是包括项目经理、项目团队、项目发起人、执行组织等所有项目相关方共同的职责，建立质量责任分配矩阵，确保各团队成员责任明晰。

（2）开展质量审计。为保证公司质量管理体系要求在项目执行过程中得到贯彻与落实，在第三方体系外审、母公司体系审核的基础上，制订项目质量审核计划（见表 1），定期对项目实施的各个环节、各个参建单位进行全方位审核，识别全部正在实施的良好及最佳实践并进行应用推广，引进、分享行业同类项目的良好做法，并及时发现问题，协助项目制定整改措施。

（3）采用标杆对照，实施过程管理。为统一验收标准，公司采用标杆对照的办法，组织总包方、业主及各相关单位对每个专业的首件产品进行联合检验，以标准或工程实践为

依据，最终确定该产品的合格标准和质量接受程序，明确合格标准，并将检验合格的产品进行影像复印后放置在质量看板上，作为检验和施工依据。

表1　项目质量审核计划

Project Quality Audit Schedule/项目质量审核计划

Activities/活动	2014 年										2015 年												2016 年		
	Mar 3月	Apr 4月	May 5月	Jun 6月	Jul 7月	Aug 8月	Sep 9月	Oct 10月	Nov 11月	Dec 12月	Jan 1月	Feb 2月	Mar 3月	Apr 4月	May 5月	Jun 6月	Jul 7月	Aug 8月	Sep 9月	Oct 10月	Nov 11月	Dec 12月	Jan 1月	Feb 2月	Mar 3月
Contract Management and Review/合同评审	X																								
Shop Design/加工设计										X			X			X			X			X			X
Procurement & Materials Management/采购及材料管理								X		X			X			X			X			X			X
Construction Control/施工控制										X			X			X			X			X			X
Project Administration & Document Control/文件控制										X			X			X			X			X			
Audit on Sub-Contractors/分包商审核										X			X			X			X			X			
Inspection and testing/质量检验										X			X			X			X			X			
Transportation and Installation/运输与安装													X			X			X			X			X

（三）以数据表现为工具，开展质量分析

焊接作业是海工项目的重点监控对象，只有保证了焊接质量，才能保证工程质量。针对焊接作业，从焊工管理和焊接技术支持两方面入手，保证焊接质量。通过建立焊工管理档案简化焊工管理，根据项目焊接工艺，编制常见缺陷产生原因及预防措施张贴现场并对焊工进行技术交底，减少缺陷出现概率；每周进行焊接缺陷统计分析并提出改正措施，提高焊接合格率，保证满足项目质量目标（见图3）。

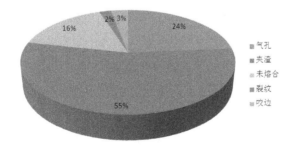

图3　焊接缺陷统计分析

（1）优化"三检制"，提速提效。为提高车间自检效率，挑选技术水平较高的QC人员与现场自检员组成"1+1"检验小组，将车间自检与项目部QC专检合并为平行检验，在施工过程中随报随检，将检验作为施工的一道工序进行管理，有效地节省了检验等待

时间。

（2）严控可交付成果，实现客户满意。公司以合同及技术协议为依据，对标质量要求，开展产品质量核实，始终坚持合同约定，严控质量镀金；切实发挥质量控制机构作用，对现场施工质量严格按照图纸、技术标准采用"三检制"，对甲方高于质量要求的指令进行反馈，与甲方协商开展变更工作，对因项目运行过程中的行业或者国家质量标准版本升级事宜开展合同谈判；及时通报项目质量控制数据及分析结果，提升甲方对项目质量及项目产品的信心；设立项目核对单，进行结构化的质量控制工作，将产品质量工作及特性进行分解，确保满足质量要求。

五、持续优化的项目管理体系

公司的业务从最初的定位海洋油气工程到现在进入民生工程、风电领域、LNG 模块业务等，公司业务与产品呈现多元化发展趋势，势必需要对项目管理体系进行持续优化，以适应公司业务的发展，达到组织治理的目的。

（一）建立"三审"制度，持续优化体系建设

公司建立体系审核制度，每年组织进行体系内审、第三方外审、PMBOK®对照三个不同层面、不同形式的审核工作。公司内部推荐业务能力突出的骨干人员，组成公司内部体系审核员专家库，每年从专家库抽取部分人员，对公司体系运行情况进行内部审查，并出具审查报告，进行问题通报，各部室根据内审结果进行全面整改，并回复整改报告及支持证据；每年聘请第三方对公司——挪威船级社（DNV）对项目管理运行体系进行外部审核，审核通过后，将获得第三方颁发的体系认证；根据项目运行情况，不断总结组织过程资产，提取管理经验及识别管理不足，对照 PMBOK®，对公司项目管理体系进行持续优化改进。

（二）优化进度管理体系，实现进度 PDCA 循环管理

（1）健全计划分级体系。整合过往管理经验，梳理适合公司实际情况又能满足国际EPC 项目的计划分级及对应的管理体系，主要包括 0～6 级的计划控制层级，生产管理科、项目部、各专业分公司、中队/班组组成的 4 个管理层级（见图 4）。

（2）基于权重法的进度测量系统。依据 WBS 建立进度权重表，首先根据合同定义各个工作包权重，然后在下一级中定义出各单个模块比重，最后在每个模块下一级定义出各阶段权重，以此类推，直至给每个详细的活动定义出它在上一活动中所占的比重，最终编制出"进度权重分配表"。权重分配表建立后，根据每项活动的周期，开始、完成时间计算出每周应完成的计划进度，并建立进度测量体系。

（3）按照 SMART 原则设置重点作业 KPI。针对常规百分比制的数据反映施工状态不够准确的情况，引入基于各项数据统计的 KPI，对非常重要、处于关键路径的作业进行监控。

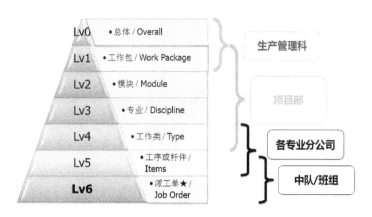

图 4　计划分级与管理分级

（4）关键路径作业工期估算优化和逻辑关系优化。随着海工行业的发展，个别专业是首次实施，计划编制的基础数据不足，对此，采用类比估算、参数估算、三点估算结合的方式，对专业工期进行估算，通过该方式对关键路径上工期不确定性活动逐项进行分析，避免工期估计不足或过于宽松的情况，使整个进度计划更趋于合理。在对关键路径进行审查时，进一步优化关键路径上活动的分解细度，尽量采用 FS 的关系，保障后续进度控制时能准确识别偏差。

（三）基于精益管理理念，优化多项目并行组织模式

2019 年，公司同时实施鲁能如东、华能如东、华能灌云 3 个风电项目，预计总重 2 万吨。工作范围主要为加工设计、材料采购、陆地建造、海上安装及整体调试一体化工作，项目工期紧、工作量大、相关方多，协调、组织、管理难度极大。主要表现在：

（1）按照传统模式自有管理人员完全不足以同时管理 3 个风电项目，项目部人员配置成为一大难题。

（2）多项目并行期间，各项目部争抢资源。采用矩阵式模式，部门内部之间对多项目的支持、平衡与争议也成为难题。各职能部门将完全疲于解决已发生的风险，而无法做到有效风险预防。

（3）建造场地、大型资源有限。

（4）项目间界面交叉复杂。界面交叉点增多，容易出现多种问题，整合管理难度大。

（5）项目常规施工资源调动频繁，多个项目间因为施工计划不统一，资源反复调动，资源利用率低，无效作业时间增多，成本投入加大。

综合以上急需解决的管理及组织运行问题，并鉴于解决项目难点的紧迫性，提出了基于精益管理理念，优化多项目并行组织运行创新实践的思路，按照项目集、项目组合的管理理念，优化项目组织架构，PMO 统一大型资源调配，减少界面衔接等一系列创新措施，以期获得项目组织运行高效，以实现企业高质量可持续稳健发展。

（1）优化项目管理组织构架。充分分析 3 个风电项目的内在联系，对项目运行机制、组织架构进行推演，寻找运行矛盾点，以问题为导向，反向逆推，用运行推动组织构架设

立。全面整合公司资源，建立"大项目部"概念，设置项目部经理一名，项目部经理由PMO 经理担任，代表公司统一协调相关公司层面工作，下设 3 个模块经理，分别负责 3个风电项目的运行，项目部内部各部门作为共有资源，全过程支撑 3 个风电模块。

（2）统一规划场地资源和大型设备资源。收紧稀缺资源，场地占用不再由各需求部门（项目部）申报，而由 PMO 统一规划，根据项目计划，按月划定场地占用区域，编制场地占用月度计划，并由项目部对划定区域进行再分解，划定功能区域，最大化提升场地利用率，减少场地长期占用风险。

（3）以公司总体运行计划指导生产。以资源受限作为项目运行制约因素，整合项目计划管理，将项目模块计划与公司场地内其他项目计划进行统一整合，自下而上地汇总各项目（模块）计划，从公司层面调整项目优先级，编制总体运行生产计划及关键节点计划，各项目再根据总体计划进行项目计划升级，真正做到用计划指导生产。同时，在执行过程中，根据各项目工作绩效数据、信息、报告等，及时调整公司计划，并作为强制性要求，各项目进行计划调整。

（4）精益施工生产组织。围绕瓶颈资源进行工序、施工量优化，采用订单式、拉动式管理。调整、优化瓶颈资源施工流程，采用经济分析措施，分析改造瓶颈资源经济效益，对瓶颈资源进行改造，提升施工能力。强化设计、施工结合力度，利用技术整合优势，研究推行一体化建造模式，减少高空作业，提升工作效率。

（5）整合界面管理。整合界面衔接点，就项目运行经验数据进行分析，查找关键问题、多发问题的衔接点，对界面衔接进行重点管理，同时，优化工作分工，减少界面衔接，通过重点管理、优化配置实现损失工效最少，提升施工工效。

六、科学计划、合理降本，要快也要省

相较于传统陆上工程项目，作为公司重要业务组成部分的海管铺设项目通常伴随着更恶劣的海况、气象条件，因而施工风险更高。由于深处海上，远离陆地，基础支持困难，如遇突发事件更加难以处理，海上施工通常涉及多方协作，前后工序逻辑关系缜密，对工期敏感度高，多方面因素使得海上施工项目更加难以控制，成本超支、工期延误风险高。在当前低迷的行业形势下，不断降低成本、提升效率才是公司生存、发展的必由之路。对于公司这一典型的"项目驱动型"企业，经过十余年的探索和学习，将实现降本增效目标的途径瞄准了"向项目管理要效益"，将研究的重点放到了"项目控制"这一核心上。

结合自身发展所遇到的问题不难发现，通过落实前期的规划工作深度与广度，能够提升实施过程的效率；通过过程中的持续控制，及时修正控制计划，能使项目控制执行力得到保障；将与"时间"这一因素密切相关的工作进行深度结合，同时落实过程控制的工作机制，落实执行，能够真正提升项目控制的水平，提升企业竞争力，体现出"磨刀"对"砍柴"的效果。

作为定制化海工产品行业，项目的范围管理是一大难点，经常出现范围蔓延，一方面，工作界面划分模糊、详细设计出现变更，项目范围很容易以一种不易察觉的方式逐步扩大；另一方面，项目相关方让项目团队进行不经过既定程序审批的工作，扩大项目范围。所以，范围管理就是要做范围内的事情，而且只做范围内的事情，否则，范围的蔓延会浪费资源，增加工期，造成成本、进度均得不到控制。

（一）项目范围约束

项目范围会影响项目工作分解、任务安排、成本预算制定。

（1）使用 WBS 明确项目范围。采用多种措施开展项目需求收集，明确项目范围，创建 WBS，确保项目分解为可控制及测量的部分。

（2）以范围基准为依据进行计划、成本管理。在规划阶段，对工作分解结构进行自上而下的逐层分解，形成以范围基准为依据的项目进度计划，同时，以进度计划为输入，采用自下而上的方法开展预算编制。在项目执行过程中，采用偏差分析等多种方式，利用项目绩效信息进行项目范围、成本、进度的纠偏。

（3）范围、进度、成本相统一的变更管理。在项目实际执行过程中，范围会随着项目的进展而发生变化的可能性很大，项目范围变化会与时间和成本等约束条件产生冲突，根据核心任务做好三者的平衡及范围的变更管理，在取得主要项目相关方的一致同意后，按程序合理变更项目范围。

（二）在时间约束下，滚动推进的过程控制机制

在考虑时间约束时，不仅要考虑项目范围变化对项目时间的影响，还应考虑项目时间变化对成本的影响，项目时间和成本之间有一种倒抛物线的关系。为保证项目进度可控，避免因进度滞后进行"赶工"和"快速跟进"而增加成本风险，公司提出了滚动计划控制的思路，主要包括：

（1）项目总体计划编制完成后，编制 3 月滚动计划。

（2）3 月滚动计划是管理层主要监控的准绳，在队长层级推行"3 周滚动计划"。

（3）过程中应用质量管理中的"帕累托图法"，对各种影响项目进程的事件进行分析，应用其包含的"二八法则"，优先对影响较大、发生频次较多的事件进行先大后小的应对解决，如图 5 所示。

（4）在进度滞后时，以项目整体工期为线索，采用挣值管理中的尚需指数进行分析，综合考虑赶工成本、进度的制约关系，分析投入比，确定最佳的赶工措施及资源投入，将经济性与进度进行合理匹配。

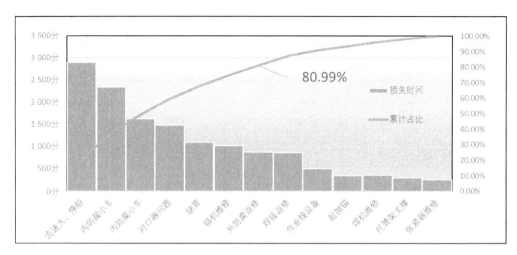

图5　舟山项目误工原因统计帕累托图

（三）项目的成本约束，全过程成本管控

（1）细化成本分解结构，落实全员职责。围绕报价清单编制成本分解结构，将成本分解为更细致、更有利于控制的工作指标，在向各责任单位下达总体控制指标，并在项目初期签订控制指标责任书。与此同时各单位能够根据成本分解结构进一步细化工作范围，将四级计划与成本进行对应，将依据费用分解估算出的材料、资源计划消耗量加载到工作分解结构当中，实现项目全过程成本与计划同步。

（2）调整资源投入，节省项目成本。针对海洋管道施工不连续的特点，对公司结构焊/铆工、管线焊/铆工、防腐工进行统一管理调配，在海洋管道施工时，优先考虑调配自有资源进行施工，有效减少外委分包，节省项目成本。

（3）海上施工推行费用包干。对工作量较为清晰的工作采用包干制，控制总体成本支出的同时，为追求利益最大化，各单位在包干制的情况下，也会不断提升施工效率和速度，从积极性角度也促进了项目的进展。

（4）量价分离、持续跟踪的过程控制。从成本和进度两个方面同时进行统计的体系建立，确定需要统计的内容和周期并同步实施。在项目运行中，采用赢得值法，每周对项目的已完工作预算费用、计划工作预算费用和已完工作实际成本进行计算，对项目运行情况进行偏差分析。

总之，公司经过13年的发展，已经打造出一支高效、规范、与国际接轨的项目管理团队，并不断培养优秀的项目管理人才，为业主提供高质量的 EPCI（海洋工程中的项目总包+安装）式服务。

下篇　个人征文篇

项目管理在市场运营应用中常见问题解决方案的研究

冯　玮

【摘要】项目管理在 IT 等领域应用广泛，随着市场环境的瞬息万变，市场运营的复杂性也持续增加，项目管理的方式是否可以应用在市场运营等领域来解决实际问题，也成为值得深入研究的课题。文章通过结合 Kaizen 的流程优化方法，结合项目管理的方式，进行了相关数据分析，以定位项目的关键影响因素；从 M 公司市场运营 X 团队日常工作中遭遇的常见工作问题入手，进行元素分析和数学建模，通过数据统计与分析，对问题列表中高优先级问题进行了解决方案的设计；结合 PMBOK® 的项目沟通管理和质量管理领域相关理论，对现行工作问题进行优化解决方案的设计；有效验证了运用项目管理理论来优化市场运营团队日常工作常见问题解决方案的可行性和有效性，为建立优化方案数据库提供了元素。文末对运用项目管理理论优化市场运营方面其他工作的应用前景进行了讨论。

【关键词】项目管理，市场运营，流程管理，优化解决方案

一、引言

项目实施解决方案的产生，需要结合一个组织的文化、风格和结构。组织的项目管理成熟度和项目管理系统，也会对项目的实施产生影响。组织结构可能影响资源的可用性，并影响项目的管理模式，类型包括职能型、项目型及矩阵型。项目经理在不同的组织结构中，扮演不同的角色，拥有不同的职权。组织结构对项目的影响如表 1 所示[1]。

表 1　组织结构对项目的影响

	职能型	矩阵型			项目型
		弱矩阵	平衡矩阵	强矩阵	
项目经理的职权	很少或没有	有限	小到中	中到大	大到几乎全权
可用的资源	很少或没有	有限	少到中	中到多	多到几乎全部
项目预算控制者	职能经理	职能经理	职能经理与项目经理	项目经理	项目经理
项目经理的角色	兼职	兼职	全职	全职	全职
项目管理行政人员	兼职	兼职	兼职	全职	全职

在项目环境中，冲突的来源包括资源稀缺、进度优先级排序和个人工作风格的差异等[1]。分析表 1.1，结合市场运营团队的现状，得到很多在日常工作中遇到的主要冲突集中于资源协调方面，而在弱矩阵和平衡矩阵的组织结构中，这种冲突更加典型。本文所选择的案例，是 M 公司的一支市场运营 x 团队，团队中所有队员的工作角色都是与市场相关的业务专员，一位项目协调人员，一位市场运营和数据分析专员。该团队属于弱矩阵的组织结构。因此，全文的优化解决方案的研究与设计将以弱矩阵组织结构为背景。

文章从发现影响项目的因素入手，结合实际案例的数据统计与分析、Kaizen 的流程优化方法，利用项目管理 42 个过程图解，定位于两类解决方案的设计与优化：通过分析现行沟通管理的弱点，提出优化方案；通过分析现行质量管理的弱点，提出相应的优化方案。结论和展望等内容将在文中进行论述。

二、市场运营团队日常工作优化解决方案影响因素定位

在市场运营团队中资源的协调、沟通的顺畅、运营活动的追踪、与上游下游各部门的配合等流程时常出现问题或断点。为了帮助市场运营团队更好地发现问题、解决问题，我们使用了 Kaizen 的优化方法。第一步是发现流程所存在的问题、团队的需求；第二步需要分析现有的情形，没有流程的需要搭建流程；第三步是在现有的流程中定位"浪费"，以及定位并分析哪些是无价值因素；第四步是找到问题发生的原因及解决方案，并且通过收集数据来确定哪些是高优先级的解决项；第五步需要建模并测试来实施解决方案，并完成流程的建立或优化；第六步是确认将如何持续地实施流程，如何定义在项目变更时采取相应的措施，定义如何使用数据评估有效性并持续优化。

在实施中，采用访谈的形式进行问题和需求的收集，获得 90 个问题项，通过使用 Affinity 的方式，集中在市场运营 X 团队自身的 60 个问题项，其中约 80%属于流程配合和沟通问题；9%属于质量管理相关问题；11%属于与市场知识管理和数据管理相关的问题。利用 FMEA（Failure Mode and Effects Analysis）对优先级进行分析，建立四个子项目对问题项进行逐一解决，分别涉及知识管理资源池的设立、数据库和报告系统的优化、项目管理办公室的建立和市场运营流程的优化。

三、M 公司市场运营团队流程优化数据建模与分析

（一）案例背景与数据建模

以 M 公司市场运营 X 团队在 2017—2019 年现有流程沟通问题数据为案例数据进行分析。M 公司市场运营 X 团队的主要工作内容集中于四部分，分别是产品和渠道拓展、媒体和渠道运营、市场活动策划、市场运营业务。案例建模参数设置如下所示：

（1）产品和渠道拓展，定义为 PCP。

（2）媒体和渠道运营，定义为 MCM。

（3）市场活动策划，定义为 MC。

（4）市场运营业务，定义为 MO。

（5）工作之间的沟通渠道定义为 CHi，例如，PCP 和 MCM 之间的沟通渠道为 CH PCP vs. MCM；健康状态下 CHi=1；如果出现信息断点或项目延迟等情况，则视为沟通渠道失败，CHi=0。

通过对 2017—2019 年度全体项目的历史数据进行整理和分析，获得表 2 的数据结果。PCP、MCM、MO 和 MC 之间的沟通渠道均不健康。这也是导致 X 团队项目风险产生的重要原因之一。

表2　案例建模参数

序　号	工作类别	渠　道	健康状况
1	PCP	PCP vs. MCM	CHi=0
2	MCM	MCM vs. MO	CHi=0
3	MC	MC vs. MO	CHi=0
4	MO	PCP vs. MO	CHi=0

四、优化解决方案设计

根据 Kaizen 获得项目影响因素的定位，结合表 2 的数据，确立优化解决方案的设计将从沟通管理和质量管理两方面进行。

（一）沟通管理现行问题的优化方案设计

"沟通管理包括为确保项目信息及时且恰当地生成、收集、发布、存储、调用并最终处置所需的各个过程。规划沟通是确定相关方的信息需求，并定义沟通方法的过程。"[1]

1. 沟通问题的起因分析

M 公司市场运营 X 团队日常工作中涉及的主要工作内容 PCP、MCM、MC、MO 均有流程上的配合问题。PCP 带回来的渠道拓展信息，需要及时更新给 MCM 和 MC，同时需要 MO 将获得的信息同步以完成后续工作的支持与配合；MCM 完成的工作内容，尤其是独立完成的预算流程需要及时更新给 MO 进行资源协调；MC 的每个关键活动都需要 MO 的流程支持。在实际工作中，上述的沟通渠道出现了断点，不能达到信息的及时生成、收集、发布、存储和调用。于是需要解决沟通问题，需要建立起如图 1 所示的沟通流程。

2. 实际应用中的流程更新

针对图 1 所描述的 M 公司市场运营 X 团队日常工作中所涉及的项目工作，PCP、MCM、MC、MO 需要建立的流程图涉及四个沟通工具，对于关键活动进行连接和传递，并在实际应用中对于工具的模板和发布形式进行持续改进。结合项目管理方法对于市场运营日常工作所设计的沟通工具如表 3 所示。采用更新后的沟通工具的优化流程方案如图 2 所示。

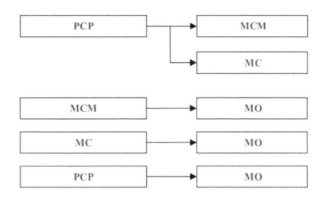

图 1　解决沟通问题需要建立的流程

表 3　结合项目管理方法对市场运营工作设计的沟通工具

序　号	表格名称	运用渠道	功能描述
1	新渠道拓展跟踪表	PCP vs. MCM/MC	拓展产品及新渠道后及时将信息返回给 MCM 和 MC，以进行及时的项目跟进
2	关键活动阶段报告	MCM vs. MO	针对 MCM 独立管理预算的特点设计工具，当关键活动完成时及时同步给 MO 以完成后续流程
3	市场活动启动告知函	MC vs. MO	MC 在市场活动设计阶段就需要引入此工具，并将活动启动相关内容及时更新给 MO 以完成流程
4	知识库管理更新申请	PCP vs. MO	拓展产品及新渠道后将相关信息更新入知识库和历史数据以更好地指导后续工作

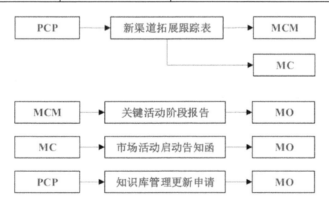

图 2　采用沟通工具更新后的优化流程方案

（二）质量管理现行问题的优化方案设计

在项目范围管理的监控过程组，需要完成范围核实。如图 3 所示，输入项包含"确认的可交付成果"，通过对项目进行检查，获得"验收的可交付成果"，其中，输入的"确认的可交付成果"来自质量控制，它监测并记录执行质量活动的结果，可识别造成过程低效或产品质量低劣的原因，并建议和/或采取措施来消除这些原因。下面论述从质量控制的角度，对 M 公司现行问题进行案例分析和优化解决方案设计。

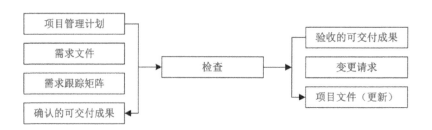

图3 核实范围：输入、工具与技术和输出

1．M公司现行质量管理中发现的问题

现代质量管理的基本信条是：质量是规划、设计和建造出来的，而不是检查出来的。规划质量是识别项目及其产品的质量要求和/或标准，并书面描述项目将如何达到这些要求和/或标准的过程[1]。

通过在M公司市场运营X团队进行调研，收集、整理了相关邮件和资料，对于MC工作进行了深入分析，发现在现行的识别项目及质量要求的流程中，存在两组高层级（High-Level）的流程：流程A存在于MC与其他业务团队间，流程B存在于MC与实施团队间。市场活动策划管理者所获得的流程A与项目实施团队负责人所获得的流程B之间，没有交集，A与B彼此独立（见图4）。这就造成了项目识别的困难，影响了质量规划，更给后期实施工作造成了困难。在市场活动中，可交付成果会根据市场的变化进行相应调整，这使变更的发生频度也会增加。在这样的过程中，控制客户期望的同时也需要顺应市场的变化做好质量控制，这些在市场运营工作中变得尤为重要，项目管理的价值也在市场挑战中得到体现。当其他Business团队或者客服方在与MC的沟通中出现各种变更时，在流程A和流程B之间将形成庞大的、无序的、适时进行的往返信息交流，这些信息容易被丢失、错误解码、延迟，甚至被传递到错误的信息接收方……这些无价值的影响因素带给团队巨大的压力，也降低了生产能效。特别是在同一时期内MC包含n组项目，且$n \geq 2$时，识别项目过程存在巨大的困难与实施风险，流程需要优化。

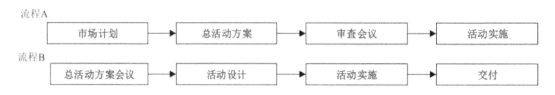

图4 M公司MC工作现行流程

2．项目识别优化解决方案模型

根据上述分析，对流程A和流程B进行如下解决方案优化：增加MO负责的"市场活动需求变更跟踪表"及相应流程来连接流程A和流程B（见图5）。当上游流程A收到客户需求变化时，及时通过MO跟踪变更需求并传递到流程B；当项目实施中发现问题时，也同样先通过MO进行信息过滤和归类，通过变更跟踪完成与流程A的连接。

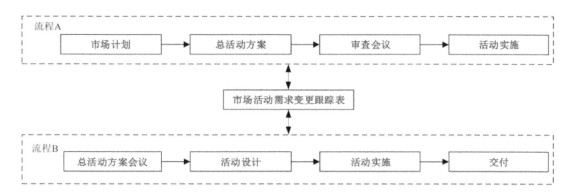

图5　优化解决方案连接流程A和流程B

五、结论

文章以M公司市场运营X团队所面临的实施问题为分析实例，结合Kaizen的流程优化方法和PMBOK®中项目沟通管理和质量管理的相关知识，通过数学建模的方法，对市场运营团队所面临的实际工作问题进行了优化解决方案的分析与设计，验证了将项目管理知识引入市场运营日常工作的有效性和必要性。通过实例分析和数据记录，也为完善市场运营工作常见问题解决方案的优化设计提供了参考，并为建立更加完善的优化方案数据库提供了元素和研究思路。

此外，此次研究只是利用项目管理理论在市场运营方面进行优化解决方案设计的小范围尝试，分析、建模、测量与设计仅仅集中在一或两个元素，并且建立在弱矩阵的组织架构基础上，也与市场运营X团队自身的企业文化和环境背景相关，对于反映广泛意义上的解决方案优化的有效性和时效性还存在一定的局限，这些将在今后的学习、实践和研究中进一步完善。将项目管理的理论，应用在更广泛的市场运营各类工作中的优化解决方案的研究和应用，将在逐渐完善中展现其更加广泛的应用价值。

六、参考文献

[美] 项目管理协会. 项目管理知识体系指南（PMBOK®指南）（第4版）[M]. 王勇，张斌，译. 北京：电子工业出版社，2009.

项目管理知识体系在川气东送地面工程中的运用

常 青

【摘要】在川气东送地面工程中引入项目管理知识体系（简称 PMBOK®）①，用统一的管理过程、管理工具和项目信息管理平台对项目集进行管理，提供管理作业的准则，规范参建各方的管理行为，从而提高了管理效率和水平。这是一次有益的尝试和创新，对其他工程项目引入先进的管理模式，采用项目管理信息化工具提升管理水平具有借鉴意义。

【关键词】地面工程，工程项目管理，项目管理模式，项目管理信息系统，运用

一、PMBOK®引入运用的必要性

（一）川气东送地面工程的特殊性要求引进优秀的项目管理模式

川气东送地面工程规模大、范围广、工期紧、质量标准高、相关方众多、组织管理协调难，是极其庞大繁杂的项目集。这种大型项目集所产出的信息量极其庞大，整理、分析、存储、检索、查询有一定的难度，信息可及性和可控性是开展有效项目监管的基础，这对管理模式提出了更高的要求。在传统的管理模式下，需要耗费大量的人力和物力来整合管理，且效率低下，不能做到实时、动态地监控，迫切需要一种规范的、更高效的项目管理模式及智能化的管理工具来协调项目集中的各元素，确保项目的成功。

为此，引进国际先进的项目管理模式，在地面工程六大工程项目间搭建统一的沟通平台，树立统一的管理规范，提高项目的执行力就显得尤为重要。

（二）PMBOK®是被实践证明了的国际上优秀的项目管理模式

PMBOK®由全球最大的项目管理组织——项目管理协会（PMI）颁布，是美国的国家标准，在项目管理领域第一个获得 ISO 9001 认可，并因其先进的理念、规范的过程和科学的方法得到世界上 180 多个国家和地区的认可。IBM、ABB、惠普、诺基亚、西门子、美国能源部、世界银行、华为技术、NASA 等各知名企业的实践证明，以 PMBOK®为基础的项目管理是当今世界上先进、高效的一种管理模式。[1]

中国石化较早地在系统内推广学习 PMBOK®，全面开展项目管理培训。受训人员一致认为这套体系非常实用，不仅其传递的理念、提供的管理工具和技术能够直接运用于具

---

① PMBOK®指项目管理知识体系，由美国 PMI（项目管理协会）在 1996 年发布，目前更新至第 6 版，国际标准化组织以 *PMBOK® Guide* 为框架，制定了 ISO 10006 项目管理的标准。

体的项目管理工作，提高管理能力和效率，而且有利于统一团队思想，统一沟通术语，规范管理行为，特别是对于复杂的大型项目的协调管理，更能彰显其独特的价值。

正是基于以上考虑，在川气东送地面工程启动之初，地面工程管理团队就提出把PMBOK®引入工程实践中，积极探索和深入推进管理创新。

二、PMBOK®的引入及运用

为了保证PMBOK®引用效果，川气东送指挥部施工管理部和国内的项目管理培训咨询机构共同设计了知识培训内容，以工具模板整理管理程序，以施工管理信息系统来强化管理模式，以Web系统搭建沟通平台的方式实施管理。总体设计方案如图1所示。

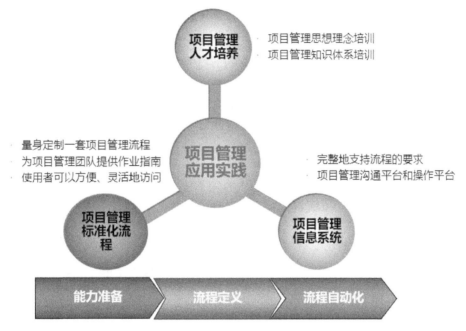

图1 总体设计方案

（一）全面进行项目管理培训

通过开展基于PMBOK®的项目管理培训，在管理团队内提供标准化的项目管理方法、过程，通过不断地更新理念、丰富知识、提高技能，来保证项目管理质量。

根据实施方案，分领导层、管理层、执行层三个层次，采取集中培训、交流研讨、业余自我学习等形式对212位工程管理人员进行轮番培训，使关键的管理人员基本掌握了PMBOK®理念，熟悉了项目管理方法及应用，统一了对规范项目管理过程和项目管理标准的认识，其中的161位还获得了项目管理专业人士（PMP®）认证。

（二）定制工程项目管理流程与工具模板

工程建设项目的管理其实质是过程管理，使管理有效规范的关键因素是项目管理的方法和工具。

地面工程六大项目是川气东送地面工程项目集的子项目，虽然有着共同的项目目标，但其项目环境、项目团队、组织结构、可交付成果、工艺流程、技术参数等都各不相同，在此基础上建立统一的模板是很有难度的，但对于规范项目集的管理模式，有效协调项目资源，统一管理交付件，建立文档知识库有着非常重要的意义。

为此，施工管理部多次组织各地面工程项目集有关管理人员，通过集中研讨、头脑风暴、调研座谈等多种方法，在 2006 年年底编撰了《川气东送地面工程项目管理工具模板》初稿，随后针对该初稿广泛征求意见，并邀请集团公司领导、技术专家、项目部骨干人员对其进行评审，不断优化和完善该工具模板，并于 2007 年年初正式下发给各项目管理部使用。

（三）建设项目管理信息系统

项目管理知识体系中的重要理念是计划的科学合理、监控的高效有序，以保证项目顺利推进。川气东送地面工程项目集任务繁重，所辖区域范围广，实时有效地沟通比较困难，直观了解和判断工程进展、掌握工程绩效信息非常烦琐困难，这就需要信息化的支持。信息时代的项目管理核心是依托信息系统。

1. 信息化项目管理设计

不同管理层级的信息需求不一致，川气东送指挥部高层领导更关注的是总体的里程碑完成情况，而项目集中各个项目经理部的管理人员及承担 PMO 角色的地面工程管理团队更关注的是具体项目的计划与控制。因此在信息系统设计的时候，考虑了不同相关方的需求，第一层面是直接用于项目控制的项目管理信息系统，适用于项目管理者监控项目、跟踪绩效，是开展项目管理的平台。第二层面是用于向高层汇报、展示项目风采的网站平台（见图 2）。

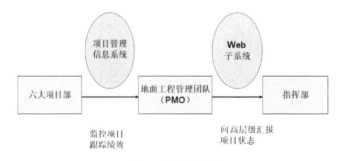

图 2　平台关联图

2. 项目管理信息系统的选用与 Web 系统的功能设定

地面工程管理团队通过调研，选择了以 PMBOK® 为核心理念而开发的项目组合管理软件 RPM（Rational Portfolio Manager）。RPM 由 IBM 公司开发，是企业级项目管理工具，囊括了五大过程组和九大知识领域，集中体现了 PMBOK® 的项目管理理念、过程和技术，为项目组合管理及公司战略架起桥梁。地面工程管理团队与项目管理培训咨询机构一起通过硬件配置、需求调研、框架设计、WBS、信息采集分析与处理、信息的集成和录入、系统集成测试、系统使用培训、使用说明文档撰写、系统交付等步骤，经过 12 个月的努力，为地面工程各项目建立起了项目管理信息系统（见图 3）。

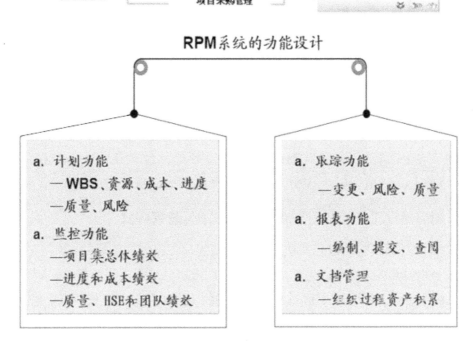

图 3　RPM 项目管理信息系统

项目中的信息涉及方方面面。为了使领导者能在短时间内聚焦最有效的信息，施工管理团队委托项目管理培训咨询机构建设了 Web 子系统（见图 4），该系统包括新闻动态、项目报表、项目状态、会议情况、督办情况、管理制度等板块，施工管理部可以在 RPM 中采集有效信息，通过 Web 子系统发布，动态地展示项目的进展情况。

项目管理信息系统是信息的收集、处理、分析和发布平台，实现了计划功能、监控功能、跟踪功能、文档管理功能、报表生成等功能，构建了统一的沟通平台，节省了沟通成本，提高了管理效率。

图 4　Web 子系统

三、PMBOK®运用成效

（一）项目管理培训更新了管理理念，统一了管理术语

通过有效培训，工程项目管理人员或多或少都经历了一场思维方式的洗礼，这在平时的工作中已充分体现出来。大家都会用专业术语进行沟通，用经典的项目管理理念解决问题，如采用细分方法解决工程建设中较为复杂、烦琐的问题，在处理项目相关方之间的关系时会注意到各方的有效平衡，特别是大家在交流中经常会用到工作分解结构（WBS）、关键路径（CPM）、挣值管理（EVM）、责任分配矩阵（RAM）等专业术语。

（二）项目管理工具模板引导管理行为，固化管理模式

项目管理工具模板制定过程实质上是梳理和优化项目管理流程的过程。在这个过程中，各方人员以符合要求、适用为原则，参考标准的项目管理流程和模板，针对当前每个项目管理过程和工具进行充分的研讨，定制了地面工程项目管理流程和工具模板。

项目管理流程以可视化的方式呈现，涵盖了项目的启动、规划、执行、监控、收尾五个过程组，以项目的生命周期为流程主线，细分项目阶段，按时间顺序列出每阶段内应实现的工作目标及可交付成果，并详细规定了为完成每个工作目标或可交付成果，应遵循的步骤、责任人、所需资料、产出结果（模板）、存在的问题、强制性规范。最终通过树形结构呈现出来，并采用 IBM 的 RUP 工具实现了可视化，便于查阅、检索与更新，很好地指导了团队的工作（见图 5）。

图 5　项目管理流程可视化

当每个成员都能熟练地使用流程、工具、模板，并依照有关的要求操作时，先进规范的管理模式也就固定下来。随着固化的不断深入，先进科学的思维方法和理念运用就成为习惯，项目达到既定目标也就成为必然。

（三）项目管理信息系统搭建了统一的沟通平台，利于实时监控，辅助决策

项目管理信息系统是信息的收集、处理、分析和发布平台，实现了以下七大功能。

1. 计划功能

科学的计划是分配的基础、执行的依据、监控的基准。在制定了项目的 WBS 之后，项目部可以借助该系统制订进度和费用计划，其实现的功能如下：

（1）逐层次分解 WBS。

（2）设立各工作包间相互关系。

（3）计算工程总工期，并以甘特图形式展现。

（4）当工作包工期改变或工作包之间依赖关系改变时，RPM 能自动计算出新的项目

总工期，并找出新的关键路径，大大提高了计划效率。

2. 监控功能

动态监控有利于及时发现并解决问题（预防/纠正措施、变更）。动态监控是顺利开展工作、实现项目目标的重要保障。当各项目部输入基本的工程进度数据后，系统计算出当前的进度、成本绩效，并通过横道图、EV 技术图、BSC、气泡图等形式真实地展现当前的进展状态，并预测未来的项目绩效状况（见图6、图7和图8）。

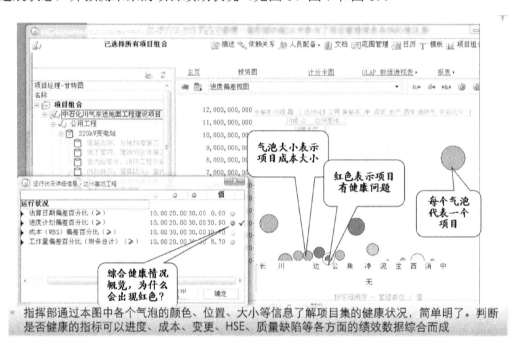

图6 项目集整体绩效监控

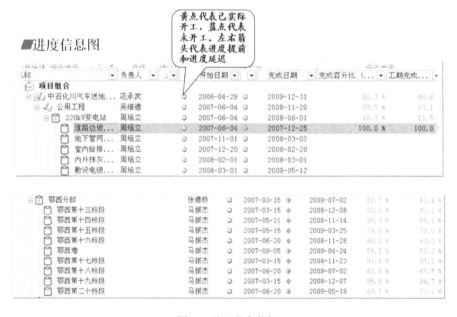

图7 项目进度监控

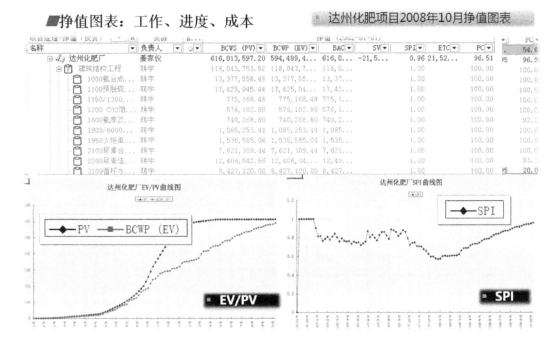

图 8 项目挣值分析

3. 跟踪功能

对项目执行过程中出现的质量问题、识别的重要风险可以指定负责人，并跟踪质量问题补救和风险应对的情况，直至问题解决（见图9）。

图 9 项目质量跟踪

质量管理模块有以下作用：

（1）质量问题缺陷登记。

（2）质量负责人及质量问题处理闭合标准。

（3）跟踪质量问题处理情况，总结经验教训。

（4）形成宝贵的组织过程资产——质量问题库。

4．变更控制功能

范围变更是项目管理中的一个重要内容，无论国内外的大小项目，或者说初期的范围鉴定如何明确，范围变更都在所难免。川气东送地面工程项目利用 RPM 中的范围控制模块，在线提交变更请求，在线审批。相对于传统的提交审批流程，免去了时间与地域的限制，并简化了大部分操作流程。范围变更所涉及的文档也在系统中得到自动归类保留。审批的结果直接汇入所属项目的 WBS 中，极大地提高了效率（见图 10）。

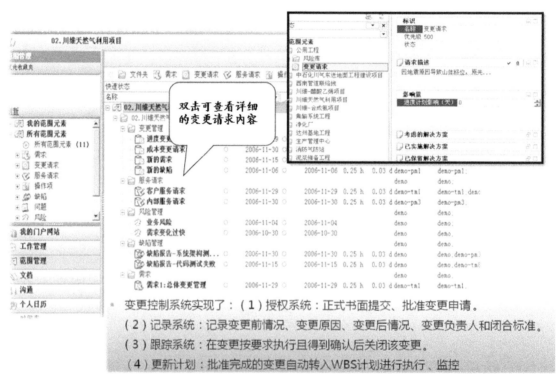

图 10　项目变更控制

5．风险管理功能

风险是在项目中可能影响项目成功的一切因素，包括确定的、非确定的、正面促进的、负面影响的。项目运用了 RPM 中的风险管理模块，用 PMBOK®思想指导，多次集中会议识别风险。项目成员各抒己见，整理成案，汇入 RPM，并在项目实施中，不断地补充、积累。到项目收尾后，庞大的风险库成为项目组织过程资产，对以后项目计划、实施、采购、资源配备方面有很大的参考价值（见图 11）。

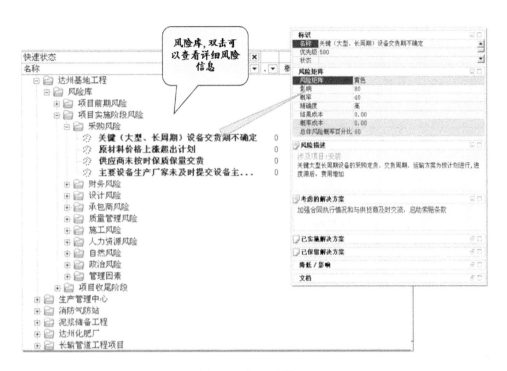

图 11　项目风险管理

6. 文档管理功能

做到了文档和版本管理控制功能统一管理项目的交付文件,并记录文档版本的升级情况,便于储、检、查;实现了不同的管理权限可查阅不同等级的文件,确保在保密的基础上知识共享(见图 12)。

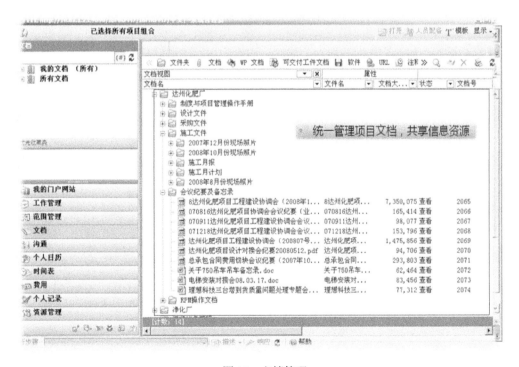

图 12　文档管理

在大型工程项目中，项目交付件和文档资料特别多，该功能解决了以往工程建设中文档多、文档缺失的难题，有利于保管和调阅；及时总结经验教训，特别是分析缺陷出现的原因、采取某种纠正措施的原因、该纠正措施的有效性等，解决了人员和机构变动带来的知识流失隐患，为今后的工程建设提供可贵的技术支持，提升了今后的工程建设项目管理水平。

7. 报表系统

实现了周报、月报、资源投入统计报表的功能，并通过高效的集合分析功能、直观有效的报告形式，提高了数据准确率，节省了时间，为工程项目高级管理人员提供了更为可靠的决策依据。

该系统搭建起了指挥部、施工管理部和项目部之间三级沟通平台。指挥部可以通过该系统查看各种关心的报表和绩效报告，了解项目集的进展情况；施工管理部可以通过该系统实时了解项目集的绩效信息，全面了解项目的进展状况，为协调整体变更提供决策依据；项目部也可以通过该系统来制订、更新项目计划，提交项目交付件。

四、结束语

通过 13 个月的努力，项目管理培训与信息系统建设已经完成。引入 PMBOK® 是一次有益的尝试和创新，用统一的管理过程、统一的管理工具和统一的管理平台对项目集进行管理，打破了以往项目管理中各有各的管法、没有统一标准、无法统一协调的局面，在引进先进的管理模式方面迈出了极为重要的一步，具有里程碑意义。

五、参考文献

[美] 项目管理协会. 项目管理知识体系指南（第 4 版）[M]. 王勇，张斌，译. 北京: 电子工业出版社，2009.

计划管理闭环的探索与实践

熊思思

【摘要】面对国内建设项目高度、体量、深度的不断攀升，以及越来越小的施工场地、越来越短的建设周期，不可控、不可预见性的因素所占比例也越来越高，工期风险已成为项目履约过程中的最大风险。本文以国内知名建筑企业下属某超高层项目为依托，对 PMI 的项目管理知识体系中 PDCA 理论进行了实践和优化，通过搭建科学、高效、能够引领各参建方步调一致、共谋全局，有计划、有步骤、有目标的计划管理体系，为项目的整体履约奠定基础。

【关键词】计划管理闭环，PDCAE，评价及考核，模块化推广

一、引言

工程项目管理的三大核心要素是质量、工期和成本，三者之间互相影响、互相制约。然而纵观国内已建成的超高层项目，由于建设规模大、开发周期长、参建方众多，各专业板块之间无间歇协同推进的难度大，工期漂移是普遍现象，高额的时间成本将给参建各方带来极大的经济利益损失。在总结 PMI 的项目管理知识体系的基础上，通过搭建计划管理体系，以计划管控为龙头，根据项目进展不同阶段，持续优化计划管理体系，集团总部经过探索和实践，形成了一套适用于超高层建筑项目建造实际的计划管理模式，经过不断优化与提升，形成了较为完整的计划管理闭环，即"PDCAE"计划管理闭环（见表1）。

表 1 "PDCAE"实施步骤解读

序号	实 施 步 骤	备 注
1	P：制订计划	确定管理基准及管理目标
2	D：逐层分解落实	明确谁来做、怎么做，形成工作计划、工作步骤、工作程序
3	C：过程监督及纠偏	施工过程动态预警、资源调整的基础
4	A：对检查结果进行处理及反馈	对检查的结果进行响应，成功的经验进行固化和推广，失败的教训加以总结，以免重现，为持续改进做好准备
5	E：评估及考核	根据过程记录、评估各工作任务完成情况，并进行评分，根据评分进行绩效考核和激励

二、项目工程概况及管理难点

（一）工期紧张，无弹性调节空间

某超高层项目位于北京中央商务区核心区域，2013 年 8 月开工，2018 年 10 月交付使用，工期约 63 个月（其中，桩基约 4 个月），该项目的计划建造速度超过中国已建成的同类超高层平均施工速度的 1.4 倍，工期压力巨大（见表 2）。

表 2　与国内已完工超高层项目工期对比表

序　号	项目名称	高度（米）	建筑面积（万平方米）	层　数	工期（月）	平均速度（平方米/月）
1	上海金茂	420	29	88/3	63.5	4 567
2	台北 101	509	29	101/5	66	4 394
3	南京紫峰大厦	450	26	89/3	59	4 407
4	上海中心	632	46（不含裙房）	121/5	82	5 616
5	该项目	528	43.7	108/7	59	7 407

（二）项目计划管控度要求极高

施工过程中各参建方主要分为四大类，施工总包项目部需直接管理的分包商的数量超过 30 家。在现有的合同模式下，施工总包项目部对业主指定分包及业主直接采购的分包在其施工进度等方面因合同约定过于粗放或无匹配的管理权限，常规手段对分包商在进度控制方面的管理形式将较为单一，管理力度不足。

三、"PDCAE"计划管理闭环的实践

（一）管理内涵

"PDCAE"计划管理闭环基于项目管理的工作分解结构，从任务、时间和成本三个维度分解和落实项目总进度计划中的每项任务，以结果评价为核心，建立绩效考核和激励机制，及时对管理过程进行总结，对成功经验进行固化和推广，确保项目管理循序渐进、持续改进和循环提升，指导项目高质量履约（见图 1）。

任务（Task）	时间（Time）	成本（Cost）
运用工作分解结构的基本方法，管理项目每项工作的目标、过程和成果，定目标、定责任人、定时间	以项目"总进度计划"为纲领，建立年度进度计划——月度进度计划及纠偏、月度生产调度会、周管理例会、日进度通报的监控体系	以总承包合同为纲领，精细梳理专业之间的界面，合理做好商务策划，确保成本控制目标的实现

图 1　任务、时间、成本分解图

（二）管理目标

对外起到凝聚各参建方共同的利益追求，共担风险的责任，用最短的时间、最低的成本去保障项目高品质地履约；对内要能够进一步提升项目各部门及员工的执行能力，高速推进、高效执行，以更加清晰、详尽、可操作的责任状的签订为抓手，传递责任、强化执行、落实考核，最终完成计划工作。

（三）实施方法及路径

站在项目管理的宏观视角上，运用"PDCAE"的管理思想，采用 5W2H 及 WBS 管理工具，通过对项目总进度计划中的各项任务和关键时间节点进行监控和推进，总体控制（确定管理计划基准）→逐层分解落实（形成各层级责任状及任务单）→过程监督及纠偏→结果处理及反馈→评估及考核（见图 2）。

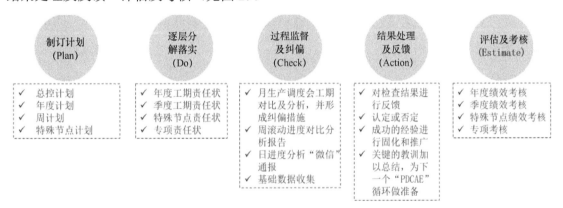

图 2　PDCAE 流程分解图

1. 制订计划（Plan）

以"施工总承包合同"及"工程界面划分表"为流程输入，运用"PDCAE"的管理步骤及流程，最终输出合理的总进度计划，再以总进度计划为流程输入，输出年度、月度、周、特殊节点等各层级施工计划（见图 3）。

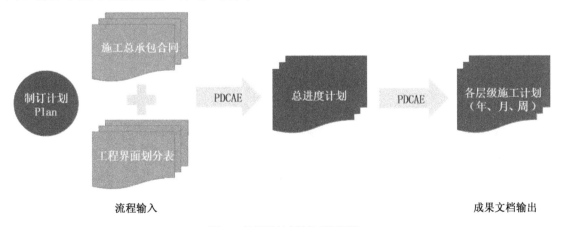

图 3　各层级计划制订的流程

2．逐层分解落实（Do）

将所有工作任务清晰分工、落实到岗、责任到人，形成工作步骤、工作流程、工作计划，在施工总包项目部狠抓工作计划，保障资源计划的落实，最后促进工期计划的实现（见图 4）。

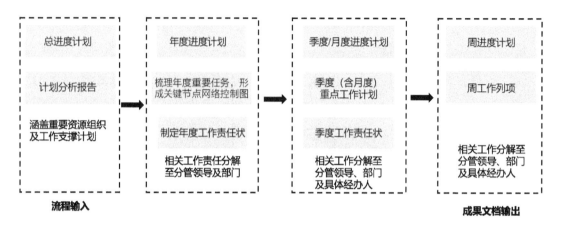

图 4　工作任务的分解流程

3．过程监督及纠偏（Check）

建立基于主要"管理点"及"控制点"的数据采集体系，收集过程原始记录和数据，基于数据，形成各层级分析报告。

4．对检查结果进行处理及反馈（Action）

（1）对检查的结果进行反馈（认可或否定），成功的经验进行固化和推广，为下一阶段"PDCAE"循环做好充分准备，确保持续改进和循环提升。

（2）对遗留问题进行分析和处理，如将月度进度计划向总进度计划中整合，观察关键线路上的工期是否发生滞后，若出现滞后，采用 5W2H 的分析方法找到主要原因，制订纠偏计划，形成下一循环阶段的计划（Plan）。

5．评估及考核（Estimate）

绩效考核分两条主线，为保障项目整体履约情况，第一条主线是对总承包项目部的工作责任状及工作列项完成情况的考核，第二条主线是对分包单位工期责任状的考核。

（1）对总承包项目部工作责任状及工作列项完成情况的考核。根据各层级"PDCAE"循环中过程记录的原始记录文档，梳理统计项目各岗位工作任务的完成情况，按照适当的权重进行业绩评分，并根据评分进行绩效考核和激励。

（2）对分包单位工期责任状的考核。为了实现极限工期目标，施工总承包项目部转变思维，对工期履约情况"以奖代罚"，激发各参建单位的履约热情。同时，签订工期责任状，最终实现"千斤重担人人挑，人人头上扛指标"。在责任状签订后，开始各节点过程考核并做好过程记录，待里程碑节点实现后，根据各分包单位过程节点完成情况，制订节点奖金分配方案（见表3）。

表3　里程碑节点奖金分配实例节选　　　　　　　　　　单位：万元

序号	单位名称	关键节点名称	工期节点	责任人	节点奖金
**项目节点奖金分配方案（例）					
1	总承包人（总承包管理及公共资源投入）	开工日期	2014.9.30	/	20
2		施工至正负零	2014.12.31	/	20
3		主体封顶	2015.12.31	/	20
4		主体备案验收完成	2016.3.31	/	20
5		园林配套工程完毕	2016.3.31	/	10
6		竣工验收备案完成	2016.4.30	/	10
7		小计			100
8	土建项目部	墙面抹灰完成	2015.5.31	/	10
9		地面完成	2016.6.30	/	5
10		顶棚完成	2016.7.31	/	5
11		墙面抹灰	2016.8.31	/	5
12		设备管道安装	2016.9.30	/	5
13		地面完成	2016.10.31	/	5
14		顶棚涂料完成	2016.11.30	/	10
15		小计			45

四、总结及感悟

该超高层项目作为全国高层建筑的代表性项目之一，运用"PDCAE"的管理思想及工作分解结构，制定具体目标及实施对策，并落实执行。过程中收集原始数据、持续改进、循环提升，最终实现了优质履约，得到了业主和社会的认可及好评。总结经验如下。

（一）计划先行，重点确定关键控制点

利用工作分解结构的管理方法，并结合"工程界面划分表"，对项目施工各工序进行拆分，此环节重点确定关键控制点。结合同类型工程施工经验及该项目各工序的工程量及施工特点，制定各工序工作面交接时间表，重点确定如何做，形成工作流程、工作步骤、工作计划。

（二）执行高效，明确任务清单，责任到人

根据工作流程及工作计划,结合项目管理组织架构,确定各项工作的主责部门（总包）、实施单位（专业分包）等，相关节点的完成时间设置须达到"站着够不着，跳着能摸到"的尺度，采用合理的奖金分配机制，激励分包单位加大资源投入（劳动力、小型设备等），

在各分包单位之间营造比、学、赶、超的良好履约氛围。

（三）善于总结，为后续项目管理提供支撑

重视施工基础数据的收集及分析，建立工程管理知识库。知识库中数据的归纳、整理、分析，可以在关键阶段指导施工资源的投入及分配，并可以为后续项目管理提供科学的支撑，同时将培养更多的复合型人才。

设计人员进行项目管理培训对保证项目成功的作用和意义讨论

董兴华[1,2]　张志伟[1,2]　于兴军[1,2]　刘晶晶[1]

1. 宝鸡石油机械有限责任公司；2. 国家油气钻井装备工程技术研究中心

【摘要】本文通过在某新型海洋石油钻井平台项目的实践，提出了为什么要对设计人员进行项目管理培训，阐述了设计人员在工程项目的设计、采购、施工和业主沟通上的作用，并以事实说明设计人员通过项目管理培训对保证项目成功的独特作用。最后介绍了在本项目中创造性采用的"双负责人+主动管理"模式的成功经验，为未来更好地进行项目管理提出参考意见。

【关键词】工程项目，培训

一、引言

以往我们的项目大多是采用职能型组织进行的，设计人员的作用仅仅局限在设计和现场设计支持两个方面。通过在某新型海洋石油钻井平台项目的实践，我们发现了设计人员的巨大潜能。如果能通过有针对性的项目管理培训，使他们在项目各阶段发挥其独特作用，就能确保工程满足业主要求顺利完成。

二、背景

该新型海洋石油钻井平台项目，是一个涉及很多国际最先进的标准和规范，同时在国内没有先例的集设计、施工和调试于一体的交钥匙工程。该项目从基本设计、详细设计到采购、现场施工，直至最后的联合调试，遇到的问题之多、难度之大是前所未见的，同时该项目的用户为全球第四大石油及天然气公司，整个项目采用西方的项目管理模式。为确保和项目需求相匹配，我们在该项目中采用强矩阵型组织[1]，并对设计人员进行项目管理培训，确保相关人员尽快进入角色。

三、设计人员进行项目管理培训的原因

1. 项目管理培训能确保设计人员尽快地转变角色，找准自身定位。由于以往项目都是采用职能型组织的，所以设计人员的通病是不善于与非本专业人员沟通协作[2]，各管一

摊，无法适应项目节奏。我们通过进行项目管理培训，使相关设计人员的沟通和协作能力得到很大提高[3]。

2．管理培训能确保设计人员根据项目周期有针对性地发挥自身特点。职能型组织中设计人员对项目周期的概念很模糊，但是通过进行项目周期和时间管理的培训，设计人员能根据项目不同阶段的特点有针对性地发挥自身主观能动性，在不同阶段发挥不同作用。

3．通过对设计人员的管理培训能完成对业主的相关方管理。在所有项目中都有个共同特点，即最终业主（使用方）都很愿意和相关设计人员直接沟通，所以对相关设计人员进行项目相关方管理培训可以强化这种沟通效果，进而确保设计人员及时优化设计，保证项目成功。

四、该项目中设计人员的独特作用

1．在设计和采购阶段发挥"万事通"和"预警机"的作用。对这种新型项目，只有设计人员对项目的设计、技术澄清和协助采购等各个环节是最清楚的，所以对设计人员进行项目风险控制和采购管理培训，是能最大限度地降低风险的有力措施。

2．在与最终业主沟通中发挥"处理器"和"控制器"的作用。为了确保最终产品满足使用要求，甲方通常会要求最终业主（也就是使用方）在中后期参与到产品的验收中来，这是一把双刃剑：一方面，最终业主从使用角度可以提供很多好的建议（这个过程是一个双赢的过程，这些建议可以让设计人员优化设计，进而加速业主对最终产品的认可度，确保项目成功）；另一方面，由于海洋钻井平台制造的特点（设计和建造周期长，关键设计一旦前期锁定，后期变更的成本会很高昂），最终业主有过多的建议涌入，会给设计人员造成不必要的麻烦（这个过程又是一个博弈的过程，由于沟通渠道增多，导致设计人员很多精力花费到沟通和解释中，一旦处理不好会降低用户对设计人员的信赖度，进而提出很多改动要求，导致整改量增大、产品交货推迟）。所以对设计人员进行项目相关方管理培训，能让设计人员明白"处理器"和"控制器"这两者的区别，做到有的放矢。

五、"双负责人+主动管理"模式对项目的推动作用

（一）很多项目实践中具有3个共性

1．如果在项目运行中相关负责人的能力获得用户的认可，进而建立一种良好的互信关系，可以加速项目的进度，从而确保项目成功。

2．业主提的任何要求在引起各方关注前将其解决掉，花费的成本（无论是人力还是时间成本）是最小的（因为任何问题一旦引起各方关注，进而提出一个让不同利益群体都能接受的解决方案，成本会十分高昂），对项目造成的负面影响也是最低的。

3．处理好设计质量和项目控制之间的关系，可以确保项目对内沟通的良性循环。设

计人员主要关心设计成果的质量好坏，而项目管理人员更注重项目进度和成本的控制（这两者是矛盾的，过度强调项目进度和成本控制，会使设计人员无法确保设计质量，而过于关注设计的优化，控制成果质量也会造成项目进度和成本无法有效掌控）。协调好这两者关系会对项目进度有优化作用。

根据以上特点，我们在该项目中对电气设计人员进行项目管理培训，并创造性地采用"双负责人（设计负责人+项目管理负责人）+主动管理模式"，来进行业主的相关方管理，获得了成功。

（二）"双负责人"模式

就是项目经理依据项目特点，对电气设计负责人和电气项目管理负责人有限授权，进而加速项目进度的一种模式。这种模式授权"双负责人"在一定范围内对业主提出的要求自行处理。这样业主提出的任何要求会很快得到回复，而且这个回复是包含设计和生产进度等因素的综合解决方案。这种运作模式不仅解决了业主的问题，而且很快会在业主那里建立一种公信力，业主对"双负责人"能力认可度越高，对项目的干预就会越少，进而确保项目成功。

（三）"主动管理"模式

就是要求"双负责人"不是等到业主提出书面问题才处理或回复，而是主动跟进，在业主口头提出问题时就予以解释。如果业主要求合理，不需要等业主提交正式变更文件就可直接回复并处理。这种迅速处理问题的能力能在业主那里建立一种公信力。

六、采用该模式的效果

该项目运作后期和未采用该模式的其他专业对比效果十分明显（见表 1）。该项目中甲方书面提出的电气专业剩余工作清单 9 项，而且都是客观原因造成的，用户对该专业工作的认可度也非常高；而未采用该模式的其他专业由于没有很好地处理设计质量和项目控制的关系，而且坚持采用用户书面提出问题才处理的被动解决模式，其收到甲方书面提出的剩余工作清单达到了近 200 项，很多内容讨论了 1 个多月也无法拿出让各方都满意的解决方案。由于现在国际油价持续走低，钻井平台的供求已经由卖方市场转成买方市场，所以有如此多的剩余工作清单需要解决，由此增加的建造成本让项目负责人十分难受[4]。

表 1　剩余工作清单汇总表

序　号	专　　业	剩余工作清单数量	原　　因
1	电气	9	外协厂家未按要求提供货物 甲方额外追加要求
2	管系	64	现场监理反馈调整 设计变更 外协厂家未按要求供货 甲方额外追加要求

续表

序 号	专 业	剩余工作清单数量	原 因
3	轮机和结构	51	现场监理反馈调整 设计变更 外协厂家未按要求供货 甲方额外追加要求
4	舾装	82	现场监理反馈调整 设计变更 外协厂家未按要求供货 甲方额外追加要求

七、结论和建议

通过实践证明，对设计人员进行项目管理培训可以加速项目运作，而"双负责人+主动管理"模式的引入可以有效协调大多创新型、技术密集型项目中普遍存在的设计质量和项目控制之间的矛盾关系；同时，通过对设计人员进行项目管理培训，不仅可以确保设计人员与相关方之间建立良性的互信关系和提高相关方对设计人员能力的认可度，更可以确保项目最终取得成功。

八、参考文献

[1] 项目管理协会. 项目管理知识体系指南（PMBOK®指南）（第 4 版）[M]. 王勇，张斌，译. 北京：电子工业出版社，2009.

[2] 哈罗德·科兹纳（Kerzner H.）. 项目管理：计划、进度和控制的系统方法（第 11 版）[M]. 杨爱华，等，译. 北京：电子工业出版社，2014.

[3] 琳达·克雷兹·扎瓦尔. 从 PMP®到卓越项目经理:项目管理实战技巧与案例解析（第 2 版）[M]. 郑佃锋，等，译. 北京：电子工业出版社，2015.

[4] 董兴华，李建国，于兴军，刘晶晶. "双负责人+主动管理"项目管理模式研究[J]. 项目管理技术，2017,15(1):100-104.

设计项目进度检测方法研究

刘　洋

中国石油天然气管道工程有限公司国际项目中心

【摘要】 传统的设计项目进度检测主要依靠项目管理人员的经验，不能较为准确地进行量化计算。为了提高设计项目进度检测的准确率，引入工时预算和挣值原理，建立一套科学、定量的设计项目进度检测模型，进而对设计过程进行全面测量分析。

【关键词】 设计项目，进度检测

一、前言

设计是 EPC 项目的龙头，做好设计项目的进度检测，是提升 EPC 项目管理能力的重要途径。

传统的设计项目进度检测多依赖设计项目经理、控制工程师和各专业负责人的经验判断和估算，项目进度数据准确与否完全取决于个人工作水平和个人能力，对于项目及具体各专业的进度一般通过经验估计，无法满足精细化管理的要求。

除此之外，传统的设计项目进度检测不能有效地对比计划值与实际值，无法对作业进行准确的量化检测，也无法实现项目管理经验的积累。人工时是设计项目进度检测的一个重要方面，如何通过实践经验的积累，建立适合的工时定额，是亟待解决的问题。

二、设计项目进度检测的现状

设计项目进度检测在国内项目和国际项目上目前应用的方法不尽相同。

（一）国内设计项目进度检测

国内设计项目进度检测的主要做法包括：

1. 编制项目设计进度计划。

2. 对各单元或各专业及其下属的作业项设定权重。

3. 在项目运行过程中，各专业负责人根据经验估算本专业下每项作业的进度百分比及专业进度百分比。

4. 项目经理或控制工程师根据各单元或各专业进度，估算项目总进度。

在施工图设计阶段，国内项目除了应用以上方法进行进度检测，还通常以文件清单为基础进行进度检测，这和国际设计项目进度检测的主要做法类似。

（二）国际设计项目进度检测

国际设计项目进度检测的主要做法包括：

1．编制项目设计进度计划，多以项目文件清单（可交付成果）为基础，可视为以文件清单（可交付成果）提交计划。

2．对每个文件（可交付成果）设定权重。

3．设定版次权重，一般考虑 A 版、B 版、0 版三个版次。

4．每完成一个版次，计取相应的权重进度。

5．汇总形成项目总进度。

（三）存在的问题

无论是国内设计项目还是国际设计项目，在进行进度检测时虽然能知道进度，但是无法准确地量化进度，主要存在以下几方面的问题：

1．进度计划编制未考虑文件（可交付成果）之外的工作。

2．各作业项权重多为估计，由项目经理或专业负责人根据过往经验估算，不能准确地反映各作业项的准确权重。

3．各作业项进度量化不够细致，不能反映各作业项的工作步骤。

4．进度数据计算量化不够准确，尤其是依靠经验进行估算得出的进度数据，其准确性不足。

5．项目经理、控制工程师、各专业负责人能力的高低、项目的规模及复杂程度在很大程度上影响了进度检测的准确性。

6．目前的进度检测方法只反映了项目的形象进度，对于进度分析所起到的作用比较有限，无法深入分析项目的实际进展。

三、设计项目进度检测系统建立

针对目前设计项目进度检测方法中存在的问题，本文引入工时预算实现各作业项权重的量化，引入作业步骤及挣值原理，建立进度检测模型，应用 P6 进度管理软件，形成进度检测系统，提高设计项目进度检测的准确性。

（一）完善进度计划编制

编制项目进度计划时，将项目运行过程中实际开展且影响其他成果类作业项，但不产生可交付成果的作业项也纳入进度计划中，如 FEED 验证、HAZOP 分析等，并将此类作业项与其他相关作业项建立逻辑关系，保证逻辑和时间上的合理性。

（二）引入工时预算

将工时预算分配到作业项上，以实现作业项权重的量化，形成进度检测的基础。

需要注意的是，并非所有作业项都需要分配工时预算。对于里程碑式的作业，由于其仅表示某个节点，并不代表实际工作，即可不分配工时。对于开工会、人员动迁等作业项，由于其工作进展不适合以工时预算为基础进行检测，也可不分配工时。

（三）引入步骤及挣值原理

对每个以工时预算为基础进行进度检测的作业项设置步骤，以此来规范其完成百分比。结合工时预算，即可计算出挣值。利用挣值原理对进度进行分析，可以有效防止项目管理的经验主义。

将每个作业项的进度加权汇总即可得出整个项目的进度数据，实现整个项目的进度检测，使进度检测实现标准化并提高准确性。

（四）应用 P6 进度管理软件

P6 进度管理软件可以实现进度计划的编制、工时预算的分配、作业项步骤的加载、项目进展的更新，以及进度数据的统计分析。

应用 P6 进度管理软件可以实现进度检测的自动化，使进度分析更加全面、清晰和便捷。

四、项目应用

（一）项目概况

某水处理项目要新建 4 座井场，连接附近约 17 口水井，通过注水设施及其他相关设施，将水从水井抽出并进行处理，再通过与炼厂相连接的管线，将处理后的水输送至炼厂。

主要工作范围为 4 座井场的设计，包括注水设施及其他相关设施（如供电、自动控制、腐蚀防护等）和设备基础等。

（二）进度检测系统的建立

1. 总体原则

在 P6 进度管理软件中建立项目的进度检测系统，利用 P6 软件的各项功能对工时预算、步骤、挣值原理等方法进行整合，解决传统设计项目进度检测中存在的问题和不足。

2. 编制项目进度计划

首先，根据工作范围，对工作进行分解，建立项目的 WBS（见图 1）。WBS 的分解仍以可交付成果为对象，可以有效地避免工作遗漏和范围蔓延。

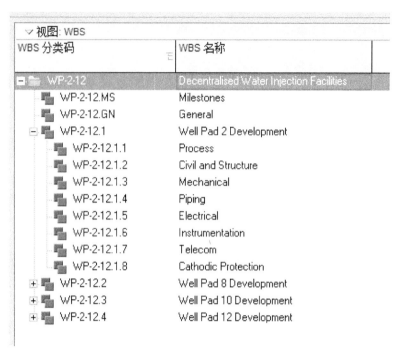

图 1　项目 WBS

然后，分别在每一项 WBS 下添加作业项，确定每个作业项的工期以及作业项之间的逻辑关系，通过进度计算得出第一版进度计划（见图 2）。需要注意，对于项目实际需要开展但不产生成果的作业项，也需要在进度计划中体现。

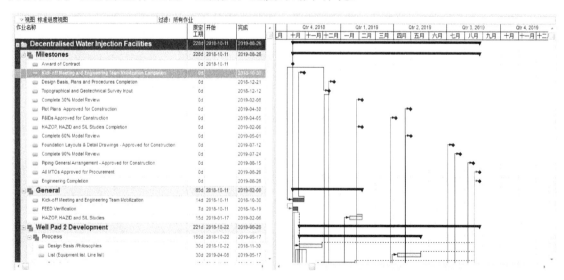

图 2　项目进度计划

将第一版进度计划与合同中的工期要求进行对比，对不满足合同要求的内容进行优化调整。经过业主批准后，即成为项目的目标计划。

3．分配工时预算

建立一个资源，"资源名称"可定为"工时"，"资源类型"选择"人工"（见图 3）。

图3　建立资源

由于该资源目前仅用于量化作业项的权重，所以"默认单位时间""单价"等信息可以保持默认，无须修改。

将该资源分配到作业项，填写相应的"预算数量"。需要注意，对于里程碑式的作业及其他不适合以工时预算为基础进行检测的作业，不用分配资源（见图4）。

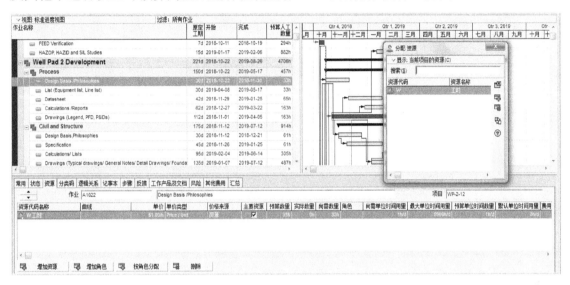

图4　分配资源

4．设置步骤

对每个以工时预算为基础进行进度检测的作业项设置步骤，步骤根据作业项的具体内容设置，不一定全部一样，可以反映该作业项的进展即可。同时设定每个步骤的权重，以反映该步骤完成后的进度（见图5）。

图5　设置步骤

5．定义百分比类型

由于每个作业项的进度检测方法不一定相同，所以需要对作业项的百分比类型进行分别定义，即确定该作业项的进度是如何计算的。

对于成果类作业项，将百分比类型定义为"实际"，并在"项目详情"下的"计算"选项中勾选"作业完成百分比基于作业步骤"。

对于其他作业，根据作业的具体情况定义百分比类型及进行计算设置（见图6、图7）。

图6　定义百分比类型

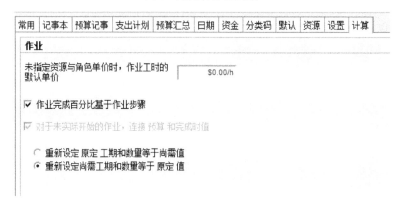

图7　计算设置

6．维护及分配目标基线

通过"维护基线"和"分配基线"将该项目另存为一个副本成为基线并分配为"项目

基线"（见图8）。至此，完成进度检测系统的建立。

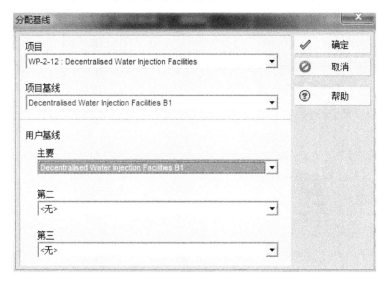

图 8　分配基线

（三）进度分析

1. 计算进度数据

根据项目实际进展情况，在 P6 软件中更新实际项目进展，包括工期信息、工时信息、步骤完成情况等，经过进度计算，可得出项目的各项进度数据（见图9）。

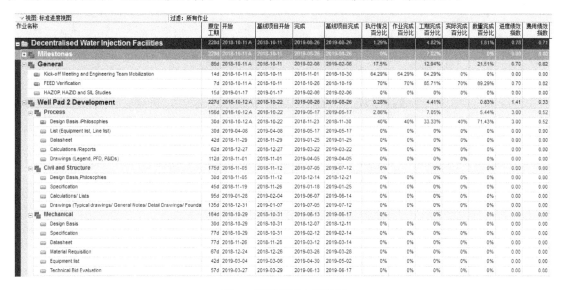

图 9　更新项目实际进展

2. 进度数据分析

由于已经在 P6 软件中为每个作业项设置了百分比类型，可以看到作业项的作业完成百分比已根据百分比类型及实际进展更新了进度数据。作业完成百分比反映的是作业项的形象进度，直观地展现该作业项的完成情况。传统的设计项目进度检测得到的数据大多是形象进度，反映了项目的实物工程量完成情况。经过在项目进度计划中添加不产生实物成果的作业项，项目形象进度更加真实。

但是作业完成百分比在 P6 软件中不能向上汇总，无法得出项目的整体进度。所以，需要通过可以汇总的执行情况百分比来反映。

在 P6 软件中将计算执行完成百分比的方法设置为通过作业完成百分比计算，即让执行情况完成百分比等于作业完成百分比，即可通过执行情况完成百分比统计项目的整体形象进度（见图 10）。

图 10 设置计算执行完成百分比的方法

通过分析项目的形象进度以及与项目基线进行对比，可以看出项目是否滞后，以及哪些工作滞后了。

然而，仅仅通过形象进度只能够发现滞后，很难分析出导致滞后的原因，只能依靠相应负责人的反馈来了解，但是真实性也不好判断。

P6 软件提供了多种百分比数据，通过对比分析不同的百分比数据，可以在一定程度上看出进度滞后的问题。

开始	基线项目开始	完成	基线项目完成	执行情况百分比	作业完成百分比	工期完成百分比	实际完成百分比	数量完成百分比	进度绩效指数	费用绩效指数
2018-10-11 A	2018-10-11	2019-08-26	2019-08-26	1.29%		4.82%		1.81%	0.78	0.71

图 11 各类百分比对比

如图 11 所示，项目当前的执行情况百分比（形象进度）为 1.29%，通过对比项目当前日期及基线项目日期，发现项目没有滞后。如果仅从这两个方面来看，项目运行正常，没有问题。但是对比其他百分比数据，就发现项目存在一些问题。

项目当前的工期完成百分比为 4.82%，大于项目的执行情况百分比，这说明项目在工期上的消耗要大于项目实际完成的工作，项目很可能存在滞后。需要对出现这种情况的作业项进行分析。是由于还没有到步骤中设置的节点而导致工期完成百分比大于执行情况百分比，还是确实出现了滞后？通过分析就能发现真实的情况。

同理，项目当前的数量完成百分比为 1.81%，也大于项目的执行情况百分比，这说明项目比原计划消耗了更多的资源才达到当前的进展，项目的费用有超支的可能。

对进度绩效指数和费用绩效指数可以应用挣值原理进行分析。进度绩效指数等于挣值（实际完成工作的计划值）除以计划值（计划完成工作的计划值），当前为 0.78，说明项目进度滞后。费用绩效指数等于挣值除以实际值（实际完成工作的实际值），当前为 0.71，说明项目费用超支。

由于在 P6 软件中设置了步骤，且设置了"作业完成百分比基于作业步骤"，挣值的计算与实际情况会存在一定差异，不能完全依靠挣值去判断项目的进展。但是通过分析挣值，可以提醒项目管理人员，关注进度和费用存在的差异，进而深入分析原因，可避免出现问题，为后续项目决策提供依据。

五、结语

本文介绍了设计项目进度检测系统的建立过程。准确地量化设计项目进度，全面地分析设计项目进展，有助于项目管理人员衡量项目执行的质量，特别是在工程总承包（Engineering Procurement Construction，EPC）管理中，做好设计进度检测，实现设计与采办、施工的良好衔接，是 EPC 管理能力提升的关键所在。

设计项目进度检测系统的建立不仅是数据的罗列展示，还是项目管理人员管理理念和管理水平的体现。进度检测系统的建立也要根据项目的实际情况适当调整，以便更好地贴近实际。

要做好设计项目进度检测，除了要采用适当的方法，还需要项目管理人员用心负责，需要各专业负责人真实地反馈数据，这样才能得到项目的真实进展，才能提升整体项目管理和决策水平。

六、参考文献

[1] 王广成. 浅谈如何提高工程项目设计进度检测的准确率[J]. 项目管理技术，2018，16（6）：102-107.

[2] 徐建堂，郭春玲. 挣值原理在 EPC 项目中设计和采购制造阶段的应用[J]. 门窗，2016（4）：153-155.

[3] 洪玲. 海洋工程项目设计费用/进度综合控制[J]. 中国海洋平台，2001，16（5-6 合刊）：73-78.

科研项目沟通管理实践

陶 倩

【摘要】科研项目沟通管理的应用有利于科技组织转变传统的沟通理念，为提高沟通效率，提升沟通效果，及时形成项目沟通记录，确保项目顺利进行提供可靠方法和手段。本文介绍了科研项目沟通管理实践经验及应用示例。

【关键词】科研项目，沟通管理

一、项目管理实践历程

本人自 2013 年开始从事项目管理工作，2017 年在神州巨龙公司系统学习了项目管理知识，对实现项目科学有效的管理极为重要。下面浅谈 2018 年至今科研项目沟通管理实践经验，供读者借鉴。

二、科研项目沟通管理实践

著名组织管理学家巴纳德认为："沟通是把一个组织中的成员联系在一起，以实现共同目标的手段。"国外沟通管理思想经历了孕育、成长和深化三个阶段的发展，其理论体系逐步成熟完善，20 世纪项目管理协会（PMI）总结出较为规范的沟通管理知识体系。我国自"十五"时期确定了课题作为国家运行和组织管理的基本制度，项目管理的理念和方法逐步应用和融合于科研课题的全过程管理中。科研项目的沟通管理是一般沟通管理的一个特殊例子，对科研项目沟通管理进行研究和探讨、形成一套科研信息沟通的良好做法、实现科研项目科学有效的管理，极为重要。

（一）沟通管理的意义

项目沟通管理包括为确保项目信息及时且恰当地规划、收集、生成、发布、存储、检索、管理、控制、监督和最终处置所需的各个过程。项目经理的绝大多数时间都用于与团队成员和其他相关方的沟通，无论这些成员或相关方是来自组织内部（位于组织的各个层级上）的，还是组织外部的。有效的沟通在项目相关方之间架起一座桥梁，把具有不同文化和组织背景、不同技能水平、不同观点和利益的各类相关方联系起来。这些相关方能影响项目的执行或结果。

（二）基本的沟通模型

用于促进沟通和信息交换的沟通模型，可能因不同项目而异，也可能因同一项目的不同阶段而异。图 1 是一个基本的沟通模型，其中包括沟通双方，即发送方和接收方。媒介是指技术媒介，包括沟通模式，噪声则是可能干扰或阻碍信息传递的任何因素。

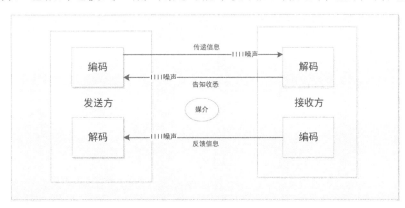

图 1　基本的沟通模型

（三）常用的沟通方法

项目相关方通常基于沟通需求、成本和时间限制、相关工具和资源的可用性，以及对相关工具和资源的熟悉程度，来选择沟通方法。这些方法大致分为：

● 交互式沟通。在两方或多方之间进行多向信息交换。这是确保全体参与者对特定话题达成共识的最有效的方法，包括会议、电话、即时通信和视频会议等。

● 推式沟通。把信息发送给需要接收这些信息的特定接收方。这种方法可以确保信息的发送，但不能确保信息送达受众或被目标受众理解。推式沟通包括信件、备忘录、报告、电子邮件、传真、语音邮件、日志和新闻稿等。

● 拉式沟通。用于信息量很大或受众很多的情况。要求接收者自主自行地访问信息内容。这种方法包括企业内网、电子在线课程、经验教训数据库和知识库等。

（四）科研项目沟通管理存在的问题和难点

国家实施创新驱动发展战略以来，全社会研发支出不断加重，随之而来的各种来源的科研项目，其实施与管理主体呈现多元化、分散化的特点。

财政科技项目，项目的组织实施与管理由国家/市科技主管部门、项目牵头单位、项目协作单位、项目组成员、科技咨询专家和第三方机构共同完成。

自选科技项目，项目的组织实施与管理由项目所在单位自主完成，根据项目所在单位组织架构的不同，工作开展形式略有差异，但都需要科研项目管理部门、财务部门、研发部门等相关部门协同开展。

无论是财政科技项目还是自选科技项目，其项目相关方来自不同组织，每一个相关方信息需求不同，沟通方式有异。潜在沟通渠道的总量以相关方数量 n 计算，为 $n(n-1)/2$，沟通渠道众多。这些因素都会增加科研项目沟通管理的难度。

（五）科研项目沟通管理策略和技巧

为了应对科研项目沟通管理存在的问题和难点，提高科研项目沟通管理的效率与质量，节省沟通成本，需要在科研项目沟通管理过程中运用有效的策略和技巧。

1. 制订标准的沟通管理计划，规划沟通管理

通过制定适合科研项目的沟通管理规范，对科研项目全生命周期中涉及的所有沟通环节、频率与产出物进行明确规定，尝试将必要且具有共性的信息沟通需求、时间点、沟通形式、沟通渠道、信息传递模板及项目相关方责任明确和固化，以指导科研项目沟通管理过程。

需要考虑的重要因素包括：谁是项目相关方；项目相关方需要什么信息和有权接触什么信息；他们什么时候需要信息；信息应该存储在什么地方；信息应以什么形式传递；是否有时差、语言障碍和跨文化因素有什么影响。

以重庆市科研项目为例，根据重庆市科研项目的一般流程，图 2 给出了一个重庆市科研项目的里程碑节点示例，表 1 给出了一个重庆市科研项目的相关方登记册。基于此里程碑节点，通过分析相关方期望，表 2 给出了一个重庆市科研项目的沟通管理计划示例。

图 2　重庆市科研项目的里程碑节点示例

表 1　重庆市科研项目的相关方登记册

部　门	项目所在部门	科研项目管理部门	财务部门	其他职能部门，包括但不限于人力资源部、采购部等
项目牵头单位	项目负责人、项目管理人员、项目成员	科研项目主管、科研项目管理人员	财务人员	职能岗位人员
项目协作单位	子项目负责人、项目管理人员、项目成员	科研项目主管、科研项目管理人员	财务人员	职能岗位人员
市科技主管部门	市科技主管部门人员			
市财政主管部门	市财政主管部门人员			
项目管理中心	项目管理中心人员			
其他	科技咨询专家、科技评审专家、财务审计专家			

表 2　重庆市科研项目的沟通管理计划示例

里程碑	相关方	沟通目标	沟通形式	时间点/频率	输　出
申报	科研项目主管、科研项目管理人员、项目负责人	解读指南，策划项目	研讨会	申报指南发布后/按需	项目策划清单

续表

里程碑	相关方	沟通目标	沟通形式	时间点/频率	输　出
申报	项目负责人、子项目负责人、项目成员	组建项目团队，编制项目申报书	工作分派会议、即时通信（包括电话、微信、面对面交流等方式）	项目策划完成后/按需	项目申报书
	科研项目管理人员、项目管理中心	报送项目申报书	面对面沟通	项目申报书完成后/按需	项目受理编号
	全部项目相关人员	通报项目申报情况，使相关人员知悉项目申报进展	邮件、报告等	项目申报书报送后/按需	情况报告
评审	科技项目管理处室人员、项目管理中心人员	对申请项目进行形式审查，并通报形式审查结论	通过管理系统发布信息	项目申报书报送后/按需	形式审查结论
	市科技主管部门人员、项目管理中心人员、科技评审专家、项目负责人及项目成员	通过形式审查的项目进行立项答辩，专家评议，公布立项答辩结论	立项答辩会议	项目形式审查结束后/1次	立项答辩结论
立项	市科技主管部门人员、市财政主管部门人员、项目负责人	通知立项任务书签订事宜，告知资金拨付情况	通过管理系统发布信息	项目形式审查结束后/1次	立项通知
	市科技主管部门人员、项目负责人、科研项目管理人员	签订项目任务书账	即时通信（包括电话、微信、面对面交流等方式）	项目立项通知公布后/按需	项目任务书
	项目负责人、科研项目管理人员、财务人员	通知项目启动，制订项目计划，分派项目任务，设立项目专账	项目启动会议	项目任务书签订后/1次	项目启动会纪要、项目专账编号
过程管理	项目负责人及全部项目成员、科研项目管理人员、财务人员以及其他职能岗位人员	在项目开展过程中进行有效的沟通交流	项目例会、项目专题会、项目研讨会、项目汇报会、面对面交流、邮件、即时通信（包括电话、微信、面对面交流等方式）	项目进行过程中/按需	项目文件更新
验收	项目负责人及全部项目成员、科研项目管理人员	沟通项目验收事宜，准备项目验收资料	项目验收准备会议	项目截止时间前/按需	项目验收资料

里程碑	相关方	沟通目标	沟通形式	时间点/频率	输 出
评审	市科技主管部门人员、项目管理中心人员、科技评审专家、财务审计专家、项目负责人及项目成员	专家评审，公布结题评审结论	结题评审会议	项目截止时间后/1次	结题评审结论
结束	项目管理中心人员	通报项目结题，发放结题证书	通过管理系统发布信息	项目结题评审后/1次	项目结题证书

2．借助有效的沟通管理技术管理沟通

管理沟通是根据沟通管理计划，生成、收集、分发、储存、检索以及最终处置项目信息的过程，主要作用是促进项目相关方之间实现有效率且有效果的沟通。管理沟通过程不局限于发布相关信息，还要设法确保信息被正确地生成、接收和理解，并为相关方获取更多信息、展开澄清和讨论创造机会。有效的沟通管理需要借助相关技术，考虑相关事宜，包括（但不限于）：

（1）发送—接收模型。其中也包括反馈回路，为互动和参与提供机会，有助于清除沟通障碍。

（2）媒介选择。根据情形确定何时使用书面沟通或口头交流，何时准备非正式备忘录或正式报告，何时进行面对面沟通或通过电子邮件沟通。

（3）写作风格。合理使用主动或被动语态、句子结构，以及合理选择词汇。

（4）会议管理技术。会议沟通是科研项目最主要的沟通方式。科研项目中有沟通会议，如项目策划会议，项目启动会议，中期检查会议，结题评审会议；固定频率会议，如项目例会；其他事件触发的紧急会议等。运用会议管理技术管理会议沟通，将使科研项目沟通达到更好的效果。常用的会议管理技术有准备议程和处理冲突、快速汇报、引导式研讨、名义小组、群体决策等。

（5）演示技术。知晓形体语态和视觉辅助设计的作用。

（6）引导技术。建立共识和克服障碍。

（7）倾听技术。主动倾听（告知收悉、主动澄清和确认理解），清除妨碍理解的障碍。

3．在整个项目生命周期中对沟通进行监督和控制

监督和控制沟通过程可能引发重新开展规划沟通管理和管理沟通过程，这种重复体现了项目沟通管理各过程的持续性质。使用监督和控制沟通方法，可以随时确保科研项目在开展过程中，所有参与沟通的相关方之间信息流动的最优化。这些方法包括（但不限于）：

（1）开展活动监督沟通情况。项目沟通可有多种来源，可能在形式、详细程度、正式程度和保密等级上有很大不同。在沟通管理过程中，通过开展活动监督沟通情况，有助于

评估沟通效果，纠正沟通偏差。

（2）仔细评估项目沟通的影响。可以依靠专家判断来评估项目沟通的影响、采取行动或进行干预的必要性、应该采取的行动、对这些行动的责任分配，以及行动时间安排。

（3）输出变更请求。控制沟通过程经常导致需要进行调整、采取行动和开展干预，因此，就会生成变更请求。变更请求通过整体变更控制，对项目沟通管理计划和文件进行调整，使项目预期的沟通绩效与沟通管理计划保持一致。

三、结束语

科研项目沟通管理的应用有利于科技组织转变传统的沟通理念，为提高沟通效率、提升沟通效果、及时形成项目沟通记录、确保项目顺利进行提供可靠的方法和手段。本文粗谈了科研项目沟通管理实践经验，在科研项目沟通管理过程中形成的应用示例，供读者参考。

浅谈项目管理理念在投运公司海外分公司
经营管理中的应用

宋　辉

【摘要】如何运作海外投产项目，为投运公司带来最大化利益，并在运行中彰显投运先进的管理理念，树立品牌，站稳市场，是值得每个投运人深思的问题。本文针对投标报价、队伍建设，以及绩效考核管理等三方面具体工作，结合投运公司海外分公司发展的现有模式，通过定性分析和定量分析相结合的方法，对此问题进行说明与阐述。

【关键词】投标报价，绩效管理，积分制度

一、绪论

我国从"十五"期间就制定了石油企业"走出去"的战略，让我国的石油企业到海外去寻找油源，通过各种方式为国家带来更多的原油，从而保证我国的能源安全。随着中石油"海外大庆"战略的确立，中石油海外能源版图不断拓展，ZG 投运公司作为石油、天然气管道建设的末端环节，紧追 ZG 投运公司母公司海外管道的建设步伐，在非洲、中亚、中东等地的运维业务遍地开花。作为一支标准化、专业化的油气管道投产运行队伍，我们迎来了前所未有的发展契机。近年来，ZG 投运公司海外分公司也面临着巨大的考验，多变的国际市场、多元化的海外管道建设形式、多种多样的运行队伍给我们带来了巨大的竞争压力，加之海外运行地域复杂的政治经济环境、动荡的政局以及频发的传染病危害，对我们投运队伍的发展产生很大的影响。在企业内部，我们也存在一些矛盾和风险。一是公司市场布局点多面广，一些地区自然环境恶劣、政局不稳，生产安全、人身安全管控难度较大，而且公司在国际化的招投标方面也存在着短板，缺乏专业的商务谈判机制与人才，在海外特定的环境与体系中，ZG 投运公司的海外运营急需新的发展思路与创新的管理模式。作者通过对项目管理及工程技术理论的学习和研究，将项目管理的理念引入日常工作中，将 ZG 投运公司业务内容拆分，通过定义范围、制定章程、收集需求、跟踪和实施投标、制订计划、组织筹备、按照计划实施并在此过程中执行时间管理、成本管理、质量控制等，最终顺利完成绿色投产，交付竣工资料等，使得项目管理的理念在整个投产项目中得以应用和实施，成效显著。

二、知己知彼，沟通博弈，收集需求，投标报价

每个项目的承揽都必须经过投标报价，所以投标的成功是整个项目开展的基石。国际

工程投标报价是投标文件的核心部分，必须掌握国际上通用的有关规定和投标报价技巧，同时，还要加强管理、降低成本。只有这样，才能够提高中标率。国际招投标的程序因业主单位的要求而各不相同，总结起来不外乎发标—应标—开具保函—往来澄清—递交标书—标书评定—授标—实施等环节。在此，不对各个环节进行逐项解释，仅就部分心得体会进行总结和陈述。

（一）明确行为主体

明确投标报价过程中与我方相关的各行为主体，包括但不限于如下几个方面：我公司、业主、供应商/分包商/合作伙伴以及竞争对手，有些复杂项目还要涉及设计院、生产及物料控制（Production Material Control，PMC）等机构。

（二）投标前做到知己知彼

知己包括两个方面的内容：

一方面，要对自身情况有着清晰的认知和了解。能否正确地认识自己是一件很不容易的事情，对于自身的认知不足往往容易导致错误地决策。可以借鉴 SWOT 分析方法对自己的优势、劣势、机会和威胁进行逐项分析，然后逐项组合，从而得出自己在不同环境下的定位和相应的应对策略。

另一方面，对相关方进行分级分类管理。要对自己的合作伙伴/分包商/供应商的能力和水平进行正确的评估。基于我们对自身优劣势的分析，清晰地知道我们需要何种类型的合作伙伴，从而制定相应的标准去进行有针对性的考察和筛选。在筛选合作伙伴的过程中，除了要对其资质、业绩、生产加工能力等硬实力进行考察，对其管理水平、财务状况、人员流动性、企业文化等软实力的考察同样重要。

知彼同样包括两个方面的内容：

其一，要对业主相关信息进行充分全面的了解，包括但不限于如下几个方面：

1．工程项目预算。

2．招投标及评标流程（定义范围、制定章程）。

3．评标方式及标准。

4．关键人物（相关方）。

5．最真实的需求（用户需求）。

其中了解用户最真实的需求是核心之所在。招标文件是客户需求的表现形式，但我们首先要明确此次业主招标究竟是要解决何种问题，这是我们一切工作的出发点。

其二，要对我们的竞争对手进行充分全面的了解，包括但不限于以下几个方面：

1．产品及市场定位。

2．企业文化。

3．近期经营状况。

4．通常的价格策略。

5．真实成本。

6．可能的报价策略。

通常需要由专人负责进行竞争对手的信息调研和筛选工作，从而为项目决策提供分析依据。在这个过程中，要做好对信息来源真实性和准确性的控制。

（三）要进行准确的成本核算

对外报价的根本在于首先要对自己的成本做到完全清晰，这样才能在制定不同的报价策略时有准确的依据。要由成本核算专员按照业主要求的工程范围对整个项目进行准确、细致、全面的分解，然后逐项估计采购成本、运输成本、财务成本、管理成本、汇率、相关税费等，最终再进行逐项汇总，从而得出准确的项目预算。

（四）投标过程就是各相关行为主体之间相互博弈的过程

投标项目的各行为主体为了各自的利益才产生了彼此的联系。同样，所有的行为决策都是基于各自的利益最大化的，在既定利益的前提下，就必然出现你退我进，你多我少的局面，这是一个相互博弈的过程。在这个过程中，谁占据了优势地位，掌握了主动权，谁胜出的概率就会相应提高。这个过程包括与业主之间的博弈、与合作伙伴之间的博弈以及与竞争对手之间的博弈。

以下是在博弈过程中对项目投标团队几个基本层面上的要求：

1．要了解用户最真实的需求；给客户"开药方"，而不是"卖药"，从产品销售转变为方案销售。

2．自己要有独立的判断能力，不要人云亦云。

3．要学会如何判断客户的"关键人"。

4．基于自己的优势，帮助客户建立（排他性）采购标准，阅读采购相关书籍，掌握专业的采购人士的着眼点。

5．客户购买的是满足需求的程度，而不仅仅是产品的价格和优势。

6．客户采购是因为自我说服了。

7．尽己之力，不如尽人之力。

8．发挥自己的优势，而不是弥补不足。

三、未雨绸缪，精密策划，打造专业，招兵买马

（一）粮草未动，车马先行；建设专业投产队伍，引进优质人才

一个项目承揽后，首当其冲的就是招兵买马，建设队伍。由于海外管道投产运行项目的特殊性，以及业主方用人合同的特定要求，在专业化海外投产运行队伍的人员储备方面，可以由项目经理根据本项目的实际情况、岗位需求、公司发展方向等因素，到各大石油专

业化院校进行自主招聘，招聘人员报公司人事部考核审批。ZG 投运公司人事部起到内部控制的作用，并且从公司人事储备库中抽出少数专业技术过硬的技术带头人，推荐到该项目中，作为排头兵，带队伍、培养新人。这样做不仅提高了人才引进的机动灵活性，而且在各大高校的各专业中有针对性地对口选拔，在学历、能力、品德等方面把关，使得队伍的素质普遍提高，容易被业主方接纳和认可；同时，聘请有管道投产运行经验的老专家融入团队中，以他们多年的经验，为后续投产运行项目的执行提供合理化建议。

（二）夯实基础，固本强基；建设专业投产队伍，加强专业培训

培训措施：①聘请石油大学等专业院校教授为新员工讲解理论知识，收集学习资料，总结心得体会，逐步建立内部培训资料库，积累组织过程资产，为后续培训工作提供充足的资源；②重点培养新员工实际操作技能，推荐新员工到国内外输油气站场去跟岗实习培训，增长实践经验，保证新员工能够遇事不慌、沉着应对；③采用英语培训和专业技术培训相结合的方式，激发新员工学习的积极性，让他们根据自身情况和弱点，有的放矢地学习，但新员工岗前培训课时不得小于 100 小时。

培训目标：团队英语托福成绩有较大突破，所有培训学员在培训期间拿到相应的岗位资格证书，做到持证上岗。

（三）精心准备，运筹帷幄；建设专业投产队伍，注重各项细节

1．投产协调组做好项目沟通管理和相关方管理

投产协调组做好与设计单位、总承包商、监理方、工具材料供应方以及当地地方政府和相关部门的协调工作，凝聚力量，建立项目投产活动的有机整体。

2．投产领导组定义范围、制定章程、确定计划、监控落实

投产领导组由 ZG 投运公司总经理（投资人）、项目经理、专家、项目成本分析人员、项目监理等人员组成，负责定义投产项目的工作范围，明确投产项目总指挥，制订投产方案，挂图作战，确定各项工作完成的时间节点（里程碑），进行项目的成本估算、概预算等。

3．投产技术组做好项目过程监控和项目收尾

投产技术组做好投产资料编制整理工作，尽量做到投产一结束，竣工资料马上提交，尽快完成项目收尾工作，做好组织过程资产的收集存档；同时为项目投产工作提供专业技术保障，做好监控项目工期、控制成本核销、检查 PSSR 及控制质量等工作。

4．HSE 组做好项目风险管理，保障投产各项活动安全环保

以"安全第一，预防为主"为生产方针，坚持"管生产必须管安全"的原则，建立以项目经理为首、分级负责的安全管理保证体系，有效落实项目风险管理。利用风险分析的

手段，落实投产前各设备的检查和预验收工作，发现安全隐患及时整改。

5．后勤保障组做好项目采购管理

兵马未动，粮草先行。后勤保障组要加强服务意识，建立有预想、有计划、有落实、有跟踪、有控制的后勤保障落实体系，确保投产重要的物资和器具迅速准备到位。

（四）一次性环保投产、验收和交付成果

节约成本、保质保量完成投产任务，做到无污染、无事故、无伤亡投产，提前完善落实投产程序文件、操作手册的编写工作，实现今天投产成功，明天"交钥匙"。

四、结束语

随着经济发展及受市场饱和的影响，中石油在其业务领域的发展方向开始重点移师海外，ZG 投运公司的海外发展也会迎来新的契机，在国际市场的大潮中迎风破浪，展翅高飞。但是 ZG 投运公司的海外扩张，需要科学的项目管理理念做支撑，建立高技术、专业化、标准化的海外投产运行团队，并借力企业文化这个有力推手，推动公司稳健发展，真正走上海外大战略之路，走上创新驱动的发展之路。

基于 Primavera Risk Analysis
对国际烃烯储罐项目工程进度进行风险分析

李财先　　周维佳

中国石油管道局工程有限公司东南亚（东亚·南亚）项目经理部

【摘要】 利用 Primavera Risk Analysis 对烃烯储罐项目进度进行风险分析，解决烃烯储罐项目执行过程中进度风险分析中存在的问题。利用定性与定量分析的方式和蒙特卡洛（Monte-Carlo）模型进行模拟计算项目进度风险，有效地识别项目存在的进度风险，及时规避和减轻这些风险对项目总工期的影响。

【关键词】 储罐，进度，风险分析

一、引言

随着多样化的国际项目中标，项目面临的风险日渐凸显，主要包括项目进度和项目成本。项目成本的控制基于对项目进度有效的管理，项目进度控制是一项全过程、全阶段的系统工程，贯穿项目的设计、采办、施工及试运全过程。

P30A 烃烯储罐项目是马来炼化裂化项目丁二烯、丙烯及乙烯的中转储存枢纽单元，项目的丁二烯系统、丙烯系统、乙烯系统，机械竣工和投产的时间不同，且同时在一个区域合并为一个项目程序实施。项目的特点是领域新、难度大、工期紧，项目需要在把控质量和安全的前提下，高度重视项目的进度风险管理，有效地识别项目存在的进度风险，及时规避和减轻这些风险对项目总工期的影响。

二、项目进度风险分析软件介绍

在项目管理界有不少的风险分析软件，如 Dyadem 公司的风险分析软件系列、Safeti 风险分析软件、Primavera Risk Analysis 软件等。

本项目的风险分析软件基于 Primavera Risk Analysis 软件，该平台凭借先进的风险分析理念，且有效地融合流行的 Primavera Planning Software 而被广泛采用。软件以蒙特卡洛模型为理论基础。

三、项目进度风险分析

项目进度风险管理利用国际流行的项目进度风险管理理念和工具，将项目进度管理体系和风险管理体系进行了有机融合，有效地分析期望工期和完工概率，并利用分析结果制定合理有效的措施，规避、减轻风险对项目总进度的影响。

（一）项目进度风险分析工作流程

为了清晰直观地了解本烃烯储罐项目各逻辑工序的进度风险，项目进度风险基于Primavera P6 软件编制包括设计、采办、施工、试运全周期的四级详细计划。通过 P6 软件提取项目的关键路径，确保关键路径所有工序逻辑满足项目进度风险分析的需要。

识别项目各工序的风险项，对所识别的风险项进行定性与定量分析，对正面风险加以利用，对于反面风险项做好规避措施，减轻对项目进度的威胁。

利用蒙特卡洛模型可以对项目模拟进度进行快速的计算，得到项目进度风险分析报告。

整个流程如图 1 所示。

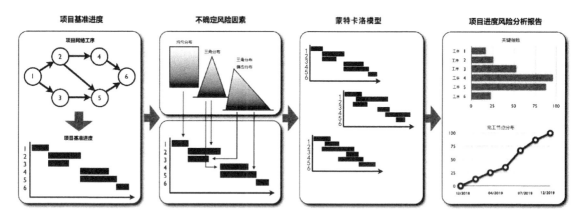

图 1　项目进度风险分析工作流程

（二）项目进度风险分析步骤

1. 审核项目基准计划

项目进度风险分析是建立在没有逻辑错误的项目计划基础上的，项目基准计划须包含项目设计、采办、施工及试运这 4 级计划，通过项目 4 级计划提取项目工序的关键路径是项目进度风险分析的准确性基础。表 1 展示了部分项目关键路径工序。

2. 建立项目风险模型

对影响项目设计、采办和施工进度的风险项进行识别与分析，对所有风险项进行定性与定量评估，确定这些风险项对项目进度影响的程度，通过偏态分析确定项目风险项的偏态分布（见图 2 和图 3）。

表 1　项目关键路径工序展示（部分）

活动 ID	活动名称	持续时间（天）	开始日期	结束日期
COMMON		434	20-Jul-18 A	31-Dec-19
522 1A10 1080	Certificate of Provisional Acceptance signed by OWNER for Ethylene System and All associated utilities, power, ect	0		31-Dec-19
522A 6820 1050	SUB-522-Fire Fighting Installation (IG541) & fire extinguisher	12	20-Jul-18 A	29-Nov-18
522A 6820 1060	SUB-522-HV & MV Switch Gear (54 sets) installation	12	24-Aug-18 A	29-Nov-18
522A 6820 1090	SUB-522-Telecom/PAGA/CCTV/Access/Cabinet/Fibre Optics	6	10-Oct-18 A	29-Nov-18
522A 6820 1100	SUB-522-UPS (Battery Charger & Battery Bank & Panel)	6	25-Oct-18 A	29-Nov-18
522A 6820 1110	SUB-522-Bus Duct	6	30-Oct-18 A	29-Nov-18
522A 72A0 1010	SUB-522-pre-commissioning	10	26-Oct-18 A	4-Dec-18

Risk			Pre-Mitigation (Data Date = 23/...)			Mitigation		Post-mitigation		
ID	T/O	Title	Probability	Schedule	Score	Response	Title	Probability	Schedule	Score
001	T	Backlog of pipe rack steel structrue works	M	M	13	Reduce		M	L	7
002	T	Potential quality issue on fabrication materials used / substandard workmanshi...	M	L	7	Reduce		L	L	6
003	T	Backlog pipe sleeper	M	H	19	Reduce		M	M	13
004	T	Backlog of piping works	M	VH	22	Reduce		M	M	13
005	T	Butadiene storage system risk of mechanical completion period	M	H	19	Reduce		M	M	13
006	T	Backlog work of sphere tank	H	VH	24	Reduce		M	M	13
007	T	Potential delay for E&I works	M	M	13	Reduce		M	L	7
008	T	Vendor documents delay	M	L	7	Reduce		L	L	6
009	T	Vendor VDB submission overschedule	M	L	7	Reduce		L	L	6
010	T	Loop diagram	M	M	13	Reduce		M	L	7
011	T	1. Construction activity during monsoon season.<CRLF>2. Site work have to sto...	M	M	13	Reduce		L	L	6
012	T	1. Backlog work of eletrical and instrumentation work<CRLF>2. Manpower not ...	M	H	19	Reduce		L	L	6

图 2　项目关键工序风险识别和分析图

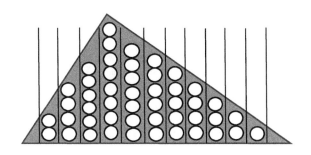

图 3　项目关键工序工期偏态分布图

3．评估剩余工序工期信心度（不确定性）

对关键路径上的剩余工序能否按期完工的不确定性进行评估，评估剩余工序采取强有力的控制措施后最早完工可能性和无为而治最晚完工可能性两种情况，确定剩余工序工期的信心度（不确定性）（见表2）。

表2　项目关键工序剩余工期不确定性分析表

活动描述	丁二烯系统						丙烯系统					
	减轻前			减轻后			减轻前			减轻后		
	最小	最恰当	最大	最小	最恰当	最大	最小	最恰当	最大	最小	最恰当	最大
交付主现场	—	—	—	—	—	—	100	100	200	100	100	130
设备安装	—	—	—	—	—	—	100	100	180	100	100	120
罐安装	—	—	—	—	—	—	100	100	200	100	100	140
管道安装	—	—	—	—	—	—	100	100	160	100	100	120
电器安装	100	100	160	100	100	120	100	100	160	100	100	110
仪器安装	100	100	200	100	100	130	100	100	160	100	100	110
HSSE 消防安装	—	—	—	—	—	—	100	100	200	100	100	120
通信前	100	100	150	100	100	130	100	100	150	100	100	110
通信	100	100	150	100	100	120	100	100	150	100	100	110

4．蒙特卡洛模型计算

利用蒙特卡洛模型可以对项目模拟进度进行快速的计算，计算分为两个过程：一是模拟项目进度最晚完工时间；二是模拟项目进度最早完工时间。

5．项目进度风险分析报告

将项目主要风险因素输入蒙特卡洛模拟计算，得出结果后再次进行模拟计算，将输出两份项目进度风险分析报告：一份是最早完工项目进度风险分析报告，另一份是最晚完工项目进度风险分析报告（见图4）。

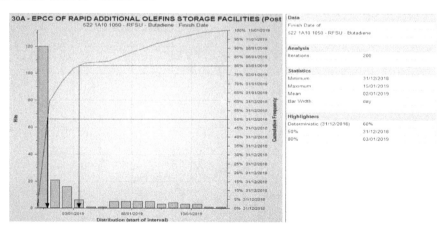

图4　项目P1系统试车节点分布

主要分析结果：

项目 P1 试车在原计划 2018 年 12 月 31 日完成的可能性小于 60%；

项目 P1 试车节点在 2018 年 12 月 31 日完成的可能性为 50%（P50）；

项目 P1 试车节点在 2019 年 1 月 3 日完成的可能性为 80%（P80）。

6. 复核项目进度风险分析报告

将项目进度风险分析报告汇报给项目所有管理成员，并对分析过程和结果进行审查和讨论，根据提出的建议修改完善后，形成最终的项目进度风险分析报告。

四、项目风险分析报告

项目管理团队根据 Primavera 项目进度风险分析报告可以了解到项目按原工期计划完工的可能性、项目关键路径中工序的关键指标度、项目关键路径中工序工期敏感性，结合现场实际情况提前对影响项目进度潜在风险制定有效控制措施，并实时监控项目进度风险，提高项目进度风险管理能力。

（一）项目进度风险的敏感度

分析关键路径中各工序对项目进度风险的敏感度，并通过龙卷风图对不同敏感度工序排序（见图 5），对敏感度较高的工序高度关注，提前合理配置相关资源，降低工期敏感度较高工序对项目工期的影响。

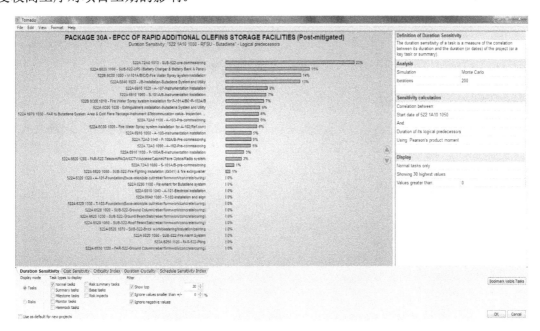

图 5　项目关键路径中各工序对项目进度风险敏感度排列图

（二）项目工序的关键指标度分析

分析项目工序的关键指标度，根据项目进度风险分析报告中项目关键度指标排序，提取关键指标百分比较高的工序（见图 6），需要严格监控这些工序，并提前调整资源，保证指标关键度较高的工序按期完工。

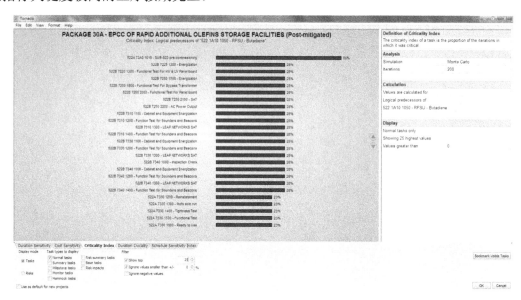

图 6　项目关键指标度排列图

（三）项目工序持续时间的关键指标度分析

项目工序持续时间的关键指标度分析，根据项目进度风险分析报告中项目持续时间较长的工序，提取相关工序（见图 7），需要严格监控项目这些工序，并提前调整资源，保证项目工序持续时间较长的工序按期完工，使项目整体进度风险可控。

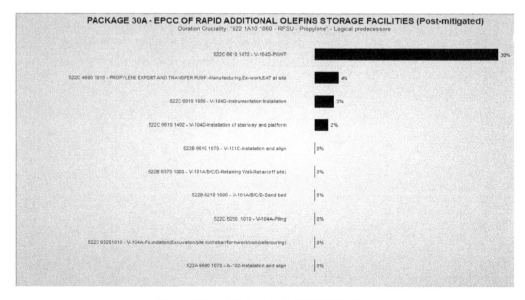

图 7　项目工序持续时间的关键指标度分析

（四）项目目标进度完成时间与项目分析进度完成时间进行对比

项目目标进度完成时间和模拟项目进度完成时间进行对比分析，通过报告给出的目标时间点完工的可能性（见图 8），结合项目实际情况，提前谋划调整施工方法或调配资源等合理有效的措施，确保项目时间节点可控。

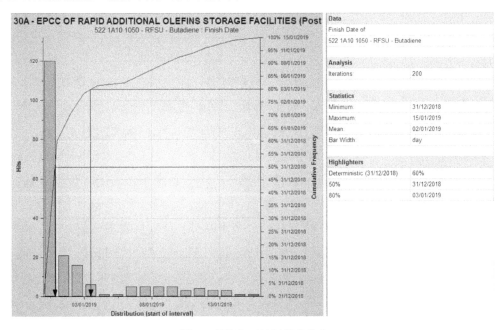

图 8　项目完工时间节点分布

五、结束语

Primavera 项目进度风险分析已经在 P30A 烃烯储罐项目成功运用，该项目进度风险分析报告结果与项目实际进度管理过程和丁二烯系统机械竣工实际时间基本吻合。同时，将项目进度风险分析报告与现场其他项目分析报告进行经验交流，该项目进度风险分析结果能满足国际项目进度风险管理要求。

项目的进度风险管理利用国际流行的项目进度风险管理理念和工具，将项目进度管理体系和风险管理体系进行了有机融合，有效地分析期望工期和完工概率，并利用分析结果制定合理有效的措施，规避、减轻风险对项目总进度的影响。

从项目管理实践谈项目范围开发及管理

时　魁

【摘要】项目管理十大知识领域定义了项目范围管理，指明项目范围管理具体包含规划范围管理、收集需求、定义范围、创建 WBS、确认范围及控制范围。本文从项目管理实践的角度，结合实际工作的开展，介绍对需求管理工作的认识与实践。

【关键词】项目范围，需求管理

在 DoubleBridge Technologies, Inc.工作的五年中，目睹了西安团队规模由最初的 20 多人发展到目前的 200 多人，也经历了无数项目的成功与失败。公司专注于为医药研发信息化领域提供专业的解决方案，目前业务分为两大部分：一部分属于自研业务，致力于用信息化手段提升中国制药研发合规性、效率和智能水平，公司自研产品包括 Rosetta eCTD 系列软件，主要针对国内 eCTD 申报；另一部分业务是给美国辉瑞公司提供专业的技术支持，具体内容包含对其内部的医药信息系统，如 GDMS（Global Document Management System）、PTMF（Pfizer Clinical Master File），提供技术与业务支持。我在公司参与的是美国辉瑞这块业务，职务是 Business Analyst Lead & UAT Lead，工作内容包含 PTMF 系统开发过程中相关方管理、需求开发、需求管理和主导用户验收测试。

项目管理十大知识领域定义了项目范围管理，指明项目范围管理具体包含规划范围管理、收集需求、定义范围、创建 WBS、确认范围及控制范围。多年的项目实战经验告诉我，项目范围管理离不开需求工作的开展，而范围的开发及管理实质上就是需求的开发及管理。鉴于自己的本职工作是商业分析，我将从项目管理实践的角度，结合实际需求工作的开展，在此谈一谈自己的看法。

无论项目使用何种开发模式（瀑布式开发、迭代开发、敏捷开发），需求工作的开展都可划分为需求开发和需求管理（见图 1）。需求开发的具体实施要经历需求收集、需求分析、需求规范、需求验证四个阶段；而需求管理的重点在于需求基线的确定、需求变更管理、需求映射及需求状态跟踪四个部分。结合项目范围管理的理论知识，需求开发对应其收集需求、定义范围、创建 WBS；而需求管理对应其范围管理、确认范围、控制范围。以下进一步谈谈对需求开发和需求管理的理解。

在需求开发中，需求收集的工作在于发掘用户需求。通过召开研讨会议、焦点小组会议，使用文档分析、原型法等方式进行需求发现，其目的在于识别产品相关用户群体和相关方，同时理解用户目标及商业目标，进而了解产品的使用环境及用户、相关方对产品功能的要求及期望。需求分析包括完善需求，以确保所有相关方都理解需求，并检查需求内

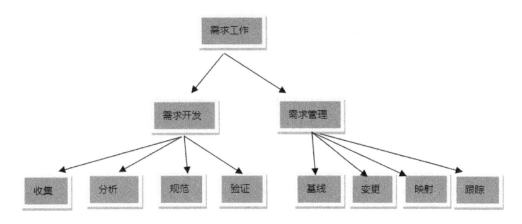

图 1　需求工作分类

容是否存在错误、遗漏和其他缺陷。分析包括将高层级需求分解为适当的细节级别、构建原型、评估可行性和协商优先级，目的在于保证需求的质量和准确性，使项目团队根据需求进行项目计划（设计、构建和测试）估计。需求规范在于把收集到的需求信息以文档、图表的形式记录下来，从而方便受众群体理解、审查和使用需求。需求验证是为了确保收集到的需求的准确性。准确的信息能够给开发人员提供一个满足业务目标的解决方案。

在需求管理中，需求基线的确定，代表一组经过商定、审查和批准的功能和非功能需求可以用于特定的产品发布或开发迭代。需求变更分为两部分：其一，用于评估拟议需求变更的影响；其二，用于将已核准的变更以管控的方式纳入项目中，从而进行风险把控。需求映射将单个需求映射到相应的设计、源代码和测试元素当中，从而确保所有的需求都没有被遗漏。需求跟踪就是跟踪整个项目的需求状态和更改活动。

图 2 描述了需求开发与需求管理的关系。

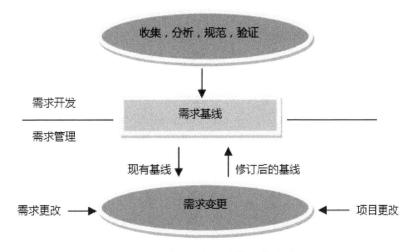

图 2　需求开发与需求管理的关系

在项目实践的过程中，难免会遇到各种各样的问题，表 1 罗列了我在项目范围开发及管理过程中遇到的常见问题、产生这些问题的根源和可能解决这些问题的方法。

表 1　项目范围开发及管理过程中常见问题、根源及解决方法

问题类别	问题描述	可能产生的根源	可能解决的方法
产品类	➤ 客户对产品不满意，短期内不停地要求改进产品或者过多地发布软件版本	➤ 项目前期，用户或者相关方没有充分参与到需求工作中，而且导致需求有缺失 ➤ 项目前期没有准确识别产品相关方，导致产品重要功能没有被收集到 ➤ 用户与开发人员在需求的理解上有偏差	➤ 让用户及相关方充分参与前期需求收集工作，使用原型法让用户参与产品评估工作 ➤ 项目前期，准确识别产品相关方 ➤ 使用迭代开发的方式来适应客户的需求
规划类	➤ 需求在没有被充分理解之前，就已经开始实施开发任务 ➤ 项目进度缩短，但是范围没有改变	➤ 需求在没有完全理解的情况下，软件发布计划就已经确立了 ➤ 相关方没有充分意识到项目进度对范围的影响	➤ 让相关方充分认识到仓促开发的风险 ➤ 在项目管理团队与相关方之间建立良好的合作关系，并设立准确的目标。当项目出现约束，及时分析范围是否被波及
沟通	➤ 项目参与者使用不同的术语	➤ 项目参与者认为彼此都有相同的领域知识	➤ 创建数据框架及数据字典，给开发人员传授相应的商业知识，给用户、相关方传授软件工程的相关知识
需求收集	➤ 用户代表、相关方没有充分参与需求收集工作 ➤ 开发人员在不明确需求的情况下，以猜测的方式进行开发部署	➤ 用户代表、相关方以工作太忙为由，不参与或者很少参与需求收集工作 ➤ 用户代表、相关方自认为开发人员已经很清楚需要实现什么功能	➤ 让用户代表、相关方意识到不参与需求分析所带来的风险 ➤ 在用户代表、相关方与开发人员之间建立良好的合作关系。按照议程，举行定期会议进行需求问题沟通
需求分析	➤ 测试人员根据需求无法写出可验证的测试用例 ➤ 所有的需求的优先级一致 ➤ 开发人员发现需求模糊不清，不知道具体要开发什么功能	➤ 需求是模棱两可的、不完整的，或者缺乏足够的细节 ➤ 担心低优先级的需求永远不会被开发 ➤ 客户、相关方不能准确地描述问题和阐明需求点	➤ 在需求收集阶段就让测试人员参与相关需求评审工作 ➤ 使用迭代开发的方式尽可能多地实现所有需求 ➤ 创建原型，让客户、相关方去评估，使用"渐进明细"的方法进行需求开发
需求管理	➤ 已经计划的需求没有得到执行	➤ 单个需求没有进行标识和标记	➤ 确保需求文档及时更新并知会项目所有人员 ➤ 创建需求跟踪矩阵并及时更新该矩阵

续表

问题类别	问题描述	可能产生的根源	可能解决的方法
变更管理	➢ 需求变更频繁 ➢ 范围的扩大导致交付目标未实现	➢ 客户、相关方并不清楚自己想要什么 ➢ 变更流程比较混乱 ➢ 需求基线在一开始并没有准备定义	➢ 改进需求收集的流程，使用"渐进明细"的方法进行需求开发 ➢ 设立变更委员会，对所有变更进行把控 ➢ 在基线确定之前，让用户、相关方进行评估、审阅

通过分析问题、解决问题，我充分认识到，在项目前期要尽早地让用户、相关方参与到项目中，以迭代和增量的方式开发需求，并尽可能地使用各种方式来表达需求，以确保用户、相关方和项目组成员都能够准确地理解需求，使用有效的最佳实践来确保需求变更的风险可控及需求的完整性。

廿年回首：探索 3G 到突破 5G，PMP®助力通信大发展

苏 磊

【摘要】项目管理相关理论与知识对于 IT 系统建设、硬件施工、项目相关方管理等方面起着重要作用，有助于规范项目整体布局，厘清项目范围，防范项目风险。本文结合项目管理经验，介绍项目管理知识体系对于移动通信行业的影响。

【关键词】项目管理，移动通信

PMP®作为"舶来品"，在中国已经走过了 20 年的光辉岁月。它见证了中国经济、技术、文化等各方面的跨越式大发展，为项目管理的知识布局与具体应用做出了卓越的贡献。"忆往昔峥嵘岁月稠"，笔者有幸与 PMP®相遇，通过细致的体系培训，较为系统地学习了项目管理方法体系与工具理论，并将知识与行业具体的项目管理过程相结合，参与了公司通信技术从 3G 到 5G 的发展历程。

笔者深感项目管理相关理论与知识对于 IT 系统建设、硬件施工、项目相关方管理等方面的重要作用，它们有助于规范项目整体布局，厘清项目范围，防范项目风险。回首 20 年，风帆再起航，笔者结合已有的项目管理经验，回首并畅谈一下项目管理知识体系对于移动通信行业的影响。

一、初出茅庐：普及与实践理论，探索 3G 项目集管理

中国通信行业的发展体现出"三步并两步"的特点，从最早的第一代数字模拟技术到第二代数字蜂窝通信技术，仅花费了 10 年时间。进入千禧年后，3G 技术萌芽初生。第三代移动通信技术（3G）（见图 1）是支持高速数据传输的蜂窝移动通信技术，3G 服务能够同时传送声音及数据信息，速率可以达到几百 kbps 以上，是将无线通信与国际互联网等多媒体通信相结合的新一代移动通信系统。在 2005 年左右，中国同时存在着 3 种 3G 技术标准，分别是 CDMA2000、WCDMA、TD-SCDMA。笔者刚入职某运营商集团时，恰逢 3G 网络项目集体落地，从信息系统到硬件施工，各种项目纷纷上马，每个月约有 20 个项目陆续立项，各省分公司呈现出热火朝天的工作态势。但由于当时企业没有成立项目管理办公室，很多项目都是由各条线部门主导，如财务 IT 系统主要由财务部门主导，采购系统由采购部负责，工程项目系统由设备基建部门等负责。由于很多项目在业务与技术上深度交叉，如采购模块所涉及的系统功能不仅包括财务部门，还包括工程项目、信息系统等部门，业务交叉性、复杂程度非常高，管理难度大。

图 1　3G 技术

在 3G 项目推进过程中，笔者发现若干问题，如立项课题的范围边界被不断扩大，范围界限比较模糊；很多项目预算无法满足后续增加的开发成本，导致项目整体的实施金额超标；工程没有制订和执行合理的项目进度计划，部分关键项目最终被延期交付；项目资料不完整，如果中途出现项目经理离职、调休等情况，项目便可能无法顺利交接。诸如此类的问题层出不穷，给 3G 项目整体落地带来了很多困扰。

集团总部也注意到了这些项目问题，经过慎重考虑，决定进一步落实项目管理理念，陆续推出了项目管理知识体系培训，并大力支持员工参加 PMP®认证考试，提升项目管理能力。笔者也是在这段项目建设时期，积极参与 PMP®相关培训课程，并最终通过了项目考试。在考试结束后不久，单位建立了项目管理办公室，专门负责 3G 项目的立项与审核、项目里程碑管理，通过周例会与月度沟通会及时跟进项目进展。笔者有幸加入 PMO，协助经理负责 3G 整体项目资源的分配与协调。从项目资源扩展、人员分配、时间进度追踪到项目验收和项目再开发，都可以感受到项目管理体系的实用性与科学性。

二、用于创新：应用敏捷开发，突破 5G 紧迫性约束

有了 3G 项目管理实践，笔者所在的运营商集团在 4G 项目落地的过程中，体现出了较高的项目管理效率，项目整体施工时间缩短了 32.4%，项目验收合格率提高了 15%。随着通信技术的不断发展，5G 在近些年成为热门的技术搜索词汇。5G 网络是第五代移动通信网络，根据相关新闻报道，其峰值理论传输速度可以达到每秒数十 Gbps，比 4G 网络的传输速度快数百倍，大范围应用可以提升无人驾驶、远程通信、电子医疗等多方面的应用实效（见图 2）。

为了响应国家信息化战略，提升国内现有移动通信网络质量，三大运营商都在发力 5G 综合项目建设，保证 2020 年的试运营目标。时间紧、任务重，5G 建设目标对于项目管理提出了更高、更严格的要求，对于系统开发敏捷性、项目集管理效率、资源调拨分配、工期优化管理都提出了更高的要求。在这一背景下，笔者积极参加了敏捷开发项目管理培训，系统学习了敏捷建模、CASE 工具等应用方法。通过学习与充电，笔者已经做好了相关知识储备，在 5G 项目推进过程中，可以更加灵活地实施供应商管理评估，提升项目沟

通管理的时效性；通过系统可视化多维报表，向公司决策层提供更加直观的项目进度报表；基于项目后评估方法，保证整体业务推进的有效性。

图 2　5G 技术

三、总结：廿年回首，砥砺前行

回首 PMP®进入中国的 20 年，它对于移动通信业的发展提供了非常多的良好实践与方法支持。我们利用项目管理知识，规范了 3G 项目的落地，提升了 4G 项目的效率，规划了 5G 项目的兴起。让我们共同努力，共同学习，通过更加科学的项目管理体系，推动中国移动通信事业的发展！

项目管理在 BIM 助力下的实践

陆启明

【摘要】BIM 不仅仅是一种技术，也不仅仅是一种项目管理信息平台，其背后是一种虚拟与现实结合的哲学。本文介绍了借助 BIM 进行项目管理的实践应用。

【关键词】BIM，项目管理

一、项目管理在传统工程上的应用

多年以来，中国的工程项目管理与计划都是基于人手绘制的甘特图。这个甘特图在管理上颗粒度很粗，流于表面且无法得到有效反馈和跟踪进度，故一直以来工程上的项目管理都是靠加班赶进度去满足时间上的要求的。靠减少工作范围，分部交付乃至后面修修补补以赶上重大里程碑成为项目惯例，并且往往以牺牲工程质量和牺牲工程工作者的正常作息时间来确保项目进度要求。如果遇到工程有变更，则时间、质量都成为不可控因素。

二、BIM 技术介绍

我国是一个基建大国，最近几年已经提出使用建筑物信息模型（Building Information Modeling，BIM）这种技术去做工程项目。BIM 并不是简单地把二维图纸变为三维模型，而是一个信息平台及可交换数据库。通过 BIM 技术，可以更好地适应工程项目中固定价格、固定工期的要求，让项目各方对风险应对有更大的确定性。

三、项目管理与 BIM 相结合

在项目实施前，BIM 就需要制定建模深度，通过三维模型反映现实情况的深度。举个例子，如果项目管理需要对棚架工程进行管理，要统计使用多少个脚手架，则施工过程建模深度至少要到脚手架的模型族。而后通过软件自带的映射功能，脚手架搭建这个子项工程就能和 Project 软件的甘特图对应起来，对项目进度的反映更加立体明了。所以在使用 Project 软件建立项目进度基线及 WBS 的时候，就需要和 BIM 统一好深度要求，便于后期监控和执行。BIM 除了可以和传统的项目管理软件 Project 对接，还能通过数据库与装配式建筑的每个构件对接，实现对供应商、供应链、材料质量及施工进度的管控。土建进行过程中，监控人员可以使用手持设备，如手机、iPad 等进行现场拍摄，与 BIM 模型比对。如果发现现场施工与模型有不对应的地方，可以立即现场拍照，比对模型截图，分享到项目数据库中。相关的工程师立即就能收到并给出解决方案，由现场施工人员整改或调整模型，大大加快了施工监控及验收过程。

项目管理中非常重要的挣值管理，一直以来在工程领域难以实施。故工程领域的项目进度百分比基本上就是拍脑袋定份额，拍胸脯定进度，拍大腿去整改，整改费用每笔都存在有争议的地方。现在基于 BIM，我们可以进行工程项目的挣值管理，对内明确施工进度，对外便于结算阶段性的工程款，且减少施工方垫资压力。在建立 BIM 的时候，每个族及构件均录入供应商提供的信息，如材料价格、运费和安装费用等。而且现在模型计算出来的工程造价已经得到业内认可，可以和以往主流的造价软件对接起来，并连接每个季度的政府指导价格，以精确统计出实施过程的费用。有此数据库作为基础，项目进度就是模型构件反映的进度，再辅以构件费用，就能实现挣值管理。比对现场施工进度，就能为准确结算每阶段工程款提供项目各相关方都信服的基础数据。摆脱以往通过谈判争吵进行工程款结算的困局。

BIM 是一个数据库，也是一个项目各方沟通管理的平台。里面的权限配置、信息告知提醒、沟通协调都非常有用，相关方登记表、RACI 矩阵都能调用出来，项目管理的信息通畅，管理透明且高效。BIM 可以保证各专业的调整能及时反馈到其他专业，能保证施工单位各部门都拿到最新版本的图纸并充分理解图纸上的施工节点。

对于项目管理应用和 BIM 技术，现在更有一个国家鼓励的方向，就是装配式建筑。国家倡导装配式建筑，使建筑质量更多地在工厂制造构件产品这个环节上把控，减少现场施工时由于施工人员经验参差不齐导致的质量问题。以往项目步骤是方案设计—施工图设计—现场施工规划—现场基坑施工—土建施工—机电安装等，各环节是前后依赖关系，如果需要赶工只能延长劳动时间及增加人手。现在 BIM 设计的模型直接发送到装配式建筑构件加工厂，每个构件有自己的二维码管控，故施工图评审完成后，构件就能进入生产阶段，且各个构件的生产没有前后依赖关系，构件生产与建筑物的基础施工阶段可以并行，大大节省了施工时间。在现场施工阶段，每层楼的结构板与构件先上，同步水暖电管线构件连接，再到上一层施工工序，改革了以往土建施工后，须等混凝土干透，拆除脚手架后才能进行机电管线的施工。从构件生产阶段开始就能准确把控项目进度的细节，合理安排生产及运输时间，减少了资金支付压力。

四、项目管理交付物与基于 BIM 平台的运营链接

在项目管理体系中，以往《PMBOK®指南》强调项目管理交付物的概念，而 PRINCE2 强调项目价值的概念。BIM 管理平台可以把建设阶段的交付物与运营阶段的项目价值有效结合起来。传统项目在竣工后只交付竣工图给业主方。在 BIM 项目中，则是移交整个数据库及模型，业主方可以基于此开展项目运营阶段的管理工作，其项目价值体现在整个项

目的生命周期，而不仅仅是建造阶段。以往建筑物的管理依赖大量的人员巡检，依赖被动的报表进行物业管理，依赖各个专业子系统的设施管理平台。BIM 的出现使得建筑物及各子系统交付物所见即所得，数字化交付使管理更容易上手且大大减少了运维人员的数量和工作量。

五、结束语

基于 BIM 技术，项目管理能有效落实到项目进程中的各个环节，能数据化、可视化、精细化地执行。BIM 不仅仅是一种技术，也不仅仅是一种项目管理信息平台，其背后是一种虚拟与现实结合的哲学，期待借助 BIM 技术建筑走向新时代。

项目管理及工程技术——马来西亚 RAPID 项目 电气仪表施工管理实践应用

廉小伟　陈　涛　马　胜

河北华北石油工程建设有限公司

【摘要】本文介绍了在马来西亚 RAPID14-MPEI0804&0806 项目中，通过应用国际 EPCM 管理模式，从前期的程序文件、施工材料准备，到施工过程中的安全管理、技术、质量管理、进度控制、经营管理，为有效实现项目的控制与管理目标，所采用的先进管理理念和方法。

【关键词】电气仪表项目，管理，实践应用

一、引言

马来西亚 RAPID14-MPEI0804&0806 工程是两个国际承包商 Flour 与 Technip 公司组合在一起管理的项目，它们利用专业软件（COREWORX），通过各种信息录入、编码、分类汇总等手段对项目进行管控，进度控制完全依托 P6 项目管理软件来完成。通过这些专业软件，人们可以实时查看程序文件、质量技术资料、施工图纸、各部门的专业信息，进度执行情况以及经营计量管理情况。

二、马来西亚电气仪表项目简介

马来西亚 RAPID14-MPEI0804&0806 项目工程，全称是马来西亚石油石化综合发展工程第 14 号工作包 MEPI0804&0806CC（Construction & Commissioning，施工与试运行）项目工程，位于马来西亚柔佛市边家兰地区，业主是马来西亚国家石油公司，项目预计建成后炼化能力为 1000 万吨/年炼油和 100 万吨/年乙烯。

MPEI14-0804&0806 工程在流程上属于公用设施、中间管廊工程。其工作范围主要是钢结构、设备安装、工艺管线安装、管道及设备保温、喷砂防腐、电力和仪表电缆敷设、电气和仪表设备安装，以及上述范围内的试运行。

三、项目实施过程管理

（一）施工准备

1. 人员动迁和施工器具准备

（1）人员动迁准备。

项目前期人员动迁应优先考虑电气仪表工程师、质量检察员、机组长等人，便于提前对施工现场及图纸进行熟悉、掌握，同时，开展编写施工程序文件、质量检查文件等项目文件。注意，应安排机组长提前对业主下发的图纸、国家规范标准、业主安装标准及施工工艺流程进行掌握，便于后期施工阶段的施工生产安排。

（2）施工器具准备。

电气仪表工程师、质量检察员将业主的程序文件、质量检查文件、施工工艺逐一对机组长、技术工人进行技术质量交底，机组长和技术工人应按具体施工工程内容、工程量、人员配置、计划工期等计划准备相应的施工器具（主要是适用的工器具规格和数量）。

2. 材料准备

（1）材料统计。

根据业主升级下发的 0 版施工图纸，按照合同界面要求，统一格式，将所需要购买的施工材料逐一分类、汇总，并将拟采购材料的 MTO（材料表）和规格型号等信息发送至设计部门审核、批准，得到批复后将材料申请计划报至采购部进行采购。

（2）材料调研。

采购部拿到电气仪表工程师批复的材料申请计划表后，按照业主合同部门提供的供货商明细表进行市场调研、询价，根据报价单以及市场供应情况，最终确定供货商。采购部门应向供应商索取产品手册、详细技术资料、产品质量证明文件、检测报告以及供应商资质证明文件。

（3）编写 ACM（施工材料批准文件）。

电气仪表工程师根据采购部门拿到的产品详细技术资料、检测报告后，编写每种材料的 ACM，编写完成后提交至项目部文控，分配 ACM 编码，最终由文控提交至系统，等待业主设计部门审核批复。

3. 编写程序文件

（1）施工程序文件分类、编码。

1）电气仪表施工程序文件分类、编码。根据施工合同、施工图纸将电气仪表施工分成若干个程序文件，施工方案通过文控将所罗列的程序文件按照专业编码将其编码（见图 1）。

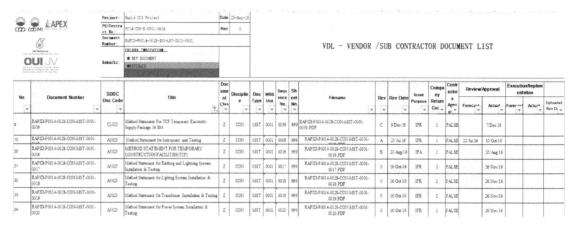

图1 马来西亚 RAPID14-MPEI0804 施工程序文件分类图

2）电气仪表 ITP 质量检查文件分类、编码。根据施工合同做出电气仪表 ITP 质量检查文件，质量检查文件通过文控按照专业编码对其编码（见图2）。

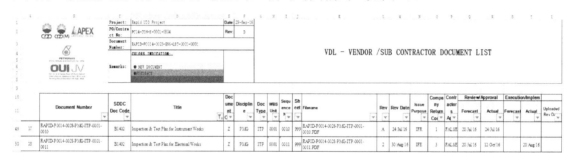

图2 马来西亚 RAPID14-MPEI0804 电气仪表 ITP 质量检查文件分类图

（2）编写施工程序文件。

根据业主要求和格式，电气仪表工程师按照程序文件大纲，同时查看相关图纸和业主石油行业标准编写程序文件，编辑完成签字（电子签和手签均可）后，传送给项目部文控，文控统一发至 POL 文控系统。业主收到后会发回执给承包商，确认已经收到并将相应专业施工方案传送至专业工程师审核批准，直到专业工程师批复审核达到业主要求。例如，马来西亚 RAPID14-MPEI0804&0806 工程分为接地系统安装和测试、照明系统安装和测试、动力系统安装和测试、变压器安装和测试、仪表安装和测试等施工程序文件。

（3）编写 ITP 质量检查文件。

根据业主的要求和格式，电气仪表工程师按照业主规定的质量检查文件格式，编辑完成质量检查文件签字（电子签和手签均可）后，传送给项目部文控，文控统一发至 POL 文控系统。业主收到后会发回执给承包商，确认已经收到并将其传送至业主质量检查部门审核批准，直到批复审核达到业主要求。例如，马来西亚 RAPID14-MPEI0804&0806 工程分为电气质量检查文件、仪表质量检查文件。

（二）安全管理

1. 人员和安全器具准备

（1）人员准备。

项目人员动迁时优先让安全管理人员、安全人员编写安全程序文件，熟悉业主的安全管理规定及培训流程，提前建立安全培训体系。在施工过程和调试过程中，需要专门的开票人员进行各个区域的票管理。

（2）安全器具准备。

熟悉业主安全程序文件，关注具体的对安全器具的要求，合理购置安全帽、安全带、吊装吊带、警示牌、急救设备等。

2. 编写程序文件

根据业主要求和格式，同时按照业主石油行业安全标准编写安全程序文件，编辑完成签字（电子签和手签均可）后，传送给项目部文控，文控统一发至 POL 文控系统，业主收到后会发回执给承包商，确认已经收到并将相应的安全程序文件传送至专业安全工程师审核批准，直到工程师批复审核达到业主要求。例如，马来西亚 RAPID14-MPEI0804&0806 工程有项目健康安全环境计划程序文件、安全计划程序文件、项目应急响应计划程序文件、项目安保程序文件、项目环境协调程序文件、项目现场健康安全环境计划等 81 个程序文件。

3. 编写电气仪表专业 JSA（作业安全分析）

电气仪表专业 JSA 就是以电气仪表的专项施工方案为基础，进行各分项工程的安全分析、风险识别并采取相应措施。

4. 填写 STA（每日任务安全分析）

电气仪表每日各个机组根据施工任务不同，填写相应的 STA（每日任务安全分析）。根据施工任务分析风险以及采取的相应措施，每个人都要在 STA 上填写姓名、职位，安全员根据 STA 签署情况在现场施工面板上填写各个工种施工人员姓名，做好人员记录。在下班之前每个人也需要填写各自的姓名，班组长下班前根据签名情况核对人员，保证每个人都安全回营地（见图 3、图 4）。

（三）技术质量管理

1. 人员和计量器具准备

（1）人员配置。

质量文控 1 人、电气仪表质量检查员若干人（根据项目大小、区域多少配置）。

（2）计量器具。

5kV 高压绝缘摇表 1 块、低压绝缘摇表若干块（根据项目大小、区域多少配置）、相序表 1 块、转速表 1 块、Fluke745 过程校验仪 1 套、Hart475 智能手操器 1 套。

Permits/Documents Required

☐ Asbestos/Lead ☐ Lockout/Tagout
☐ Break-In ☐ Overhead Power Lines
☐ Chemical Safety Data Sheet ☐ Radiation Work
☐ Confined Space Entry ☐ Roof Work
☐ Critical Crane Lift ☐ Scaffolds
☐ Excavation/ Trenching ☐ Signs/Barricades
☐ Grating/Floor Plate/ Guardrail Removal ☐ Suspended Personnel Platform/ Workbaskets
☐ Hot Work ☐ *Other:* ________
☐ Line Break/Hot Tapping
☐ Live Electrical Work

Licenses/Certifications Required

☐ Crane Operator ☐ Heavy Equipment Operator
☐ Crane Signal Person ☐ Heavy Equipment Signal Person
☐ First Aid/CPR ☐ Powder-Actuated Tool User
☐ Forklift Operator ☐ Rigging
☐ Hazardous Waste ☐ Vehicle Operator
Other ________

Personal Protective Equipment

Clothing
☐ High Visibility
☐ Fire Retardant
☐ Chemical Resistant
Eye/Face
☐ Safety Glasses
☐ Face Shield
☐ Goggles
☐ Welding Hood
Head
☐ Hard Hat
Hand
☐ General Duty Work Gloves
☐ Cut Resistant
☐ Chemical Resistant
☐ Thermal/Welding
☐ Electrical Work Gloves

Foot Protection
☐ Safety Toed Boots
☐ Metatarsal Protection
☐ Chemical Resistant/Rubber
☐ Electrically Insulated
Fall Protection
☐ Full Body Harness
Hearing
☐ Ear Plugs
☐ Ear Muffs
Respiratory
☐ Disposable
☐ Half Face
☐ Full Face
☐ Supplied Air
Other: ________

Inspections Required

☐ Aerial Lift ☐ Ladder
☐ Crane ☐ Motor Vehicle
☐ Electrical Leads/Equipment ☐ Respirator
☐ Excavation ☐ Rigging
☐ Fall Protection ☐ Scaffolding
☐ Forklift ☐ Welding Equipment
☐ Heavy Equipment ☐ Other ________

Return to the HSE Department upon completion of this task.

Post STA

Foreman: ________
Date: ________ Time: ________
Was anyone injured or did an unplanned incident occur today ☐Yes ☐No
If yes, explain: ________
Was it reported to the HSE department? ☐ Yes ☐ No
Is the work area clean and free of debris from the day's work? ☐ Yes ☐ No
What problems did you have with today's work assignment? ________
What can we do to improve performance? ________
Miscellaneous concerns ________

Reviewers

General Foreman /
Superintendant: ________
HSE Department: ________

Management Participation

If a member of the management staff participated in this STA meeting enter name and signature here:
Name: ________
Time: ________
Signature: ________

OUI JV
OUI JV is a Consortium of Fluor Daniel International (Malaysia) Sdn. Bhd. and Technip Geoproduction (M) Sdn. Bhd.
RAPID-P0014-OUI-HSE-PRC-0001-F3101
Safety Task Assignment (STA)
Rev Feb 2016
ZERO Incidents

Project Name: ________
Client Name: ________
Location: ________
Foreman: ________
Date: ________ **Time:** ________
Task Location: ________
Task Description: ________

Involved Crew Members

Name	**Post STA Initial**

图 3　马来西亚 RAPID14-MPEISTA 正面

Safety Task Assignment

The STA is an interactive process. Together, management/supervisors and employees:

- Define the general steps for each task.
- Identify known and potential HSE hazards.
- Determine work practices and equipment (including PPE) necessary to complete the task safely.
- Encourage participation in this process by all crewmembers in an effort to promote our ZERO Incidents culture.
- Review and ensure that all crew/department employees understand this information.
- Safely execute the task as described.
- Revise the STA when the task or conditions change.

STAs will be completed daily and maintained in the work area throughout the duration of the task. Each crewmember involved with the task will sign the STA prior to starting work, and initial upon completion of the task.

Know the emergency procedure for your work area!

Emergency No.: ________
Assembly Point: ________
Fire Extinguisher: ________
Eye Wash: ________
First Aid: ________
Other: ________

Life Critical Operations

(Require a risk assessment using the JSA/Risk Assessment form RAPID-P0014-OUI-HSE-PRC-0001-F3100 or equivalent prior to starting work.)
☐ Aerial Lifts ☐ Heavy Motorized Equipment
☐ Confined Space Entry ☐ Line Break/Hot Tapping
☐ Cranes/Lifting/Rigging ☐ Loading/Unloading Material
☐ Electrical Work ☐ Trenching/Excavation
☐ Hazardous Energy Control ☐ Working at Height
☐ Grating/Floor Plate/Guardrail Removal

Other HSE Concerns

☐ Asbestos Exposure ☐ Overhead Falling Equip.
☐ Chemical Exposure ☐ Tank/Pipe Testing
☐ Dismantling/Demolition ☐ Powder Actuated Tools
☐ Erosion ☐ Power Lines
☐ Flammable Material ☐ Power Tools/Equipment
☐ Grinding ☐ Pressurized Equipment
☐ High Pressure Cleaning ☐ Dust/Fumes
☐ Housekeeping ☐ Steel Erection
☐ Ignition Sources ☐ Toxic Exposure
☐ Insects ☐ Traffic Management
☐ Ladders/Scaffolds ☐ Waste Streams
☐ Lead Exposure ☐ Weather Conditions
☐ Manual Lifting/Handling ☐ Working in Cold/Heat
☐ Marine Operations ☐ Working with Sharps
☐ Mechanical Pinch Points

Error Precursors

☐ Assumptions
☐ Change/Departure from Routine
☐ Complacency
☐ Confusing/Congested Work Area
☐ Distractions/Interruptions
☐ Habit Patterns
☐ High Workload
☐ Illness/Fatigue
☐ Issues at Home
☐ Lack of Knowledge
☐ Lack of Proficiency/Inexperience
☐ Memory Requirements
☐ Mental Shortcuts
☐ Mindset (Intentions)
☐ New Technique, Not Used Before
☐ Overconfidence
☐ Personality Conflicts
☐ Repetitive Actions/Monotonous
☐ Simultaneous, Multiple Tasks
☐ Stress
☐ Time Pressure (in a hurry)
☐ Unclear Communication
☐ Unclear Roles/Responsibilities
☐ Unclear Standards
☐ Unexpected Equipment Condition
☐ Unfamiliar with Task/First Time

Step 1: **General Task Assignment**

Step 2: **Potential Hazards**

Step 3: **Safe Work Practices Pertinent to Hazards**

图 4　马来西亚 RAPID14-MPEISTA 背面

2. 质量文控申请条形码的质量保证资料

1）施工部门向质量部门提交施工日报、周报、月报。

2）质量检查员根据施工部提交的日报、周报、月报，了解施工情况，并去施工现场自检自查，最终告知质量文控向 MCPLUS 系统申请条形码的 QCF（质量保证资料）。

3．申请 RFI（质量报检）

1）质量检查员将所申请的 RFI 编辑好，检查无误，将其发送至质量文控。

2）质量文控将 RFI 提前 24 小时发送至咨询管理公司质量部门、施工部门，迎接第二天的质量检查。

4．质量资料签署和上传 MCplus 系统

1）质量检查完毕后，咨询管理公司质量部门质检员及时签署 RFI、QCF。如果在检查时，还有遗留尾项，将尾项清单及时录入尾项清单表；如果尾项是 A，这种类型的尾项必须关掉才能签署 RFI、QCF；如果尾项为 B 或 C，不影响主体运行投产，可以将其录入尾项清单，稍后及时关闭即可。

2）RFI 和 QCF 签署完毕、确认无误后，将资料及时交给质量文控。质量文控对资料扫描、编码命名并做好 TRANSMITTAL 文档，连同扫描的 QCF 附件一同上传至 MCPLUS 系统，并发送邮件告知咨询管理公司文控（见图 5）。

图 5　马来西亚 RAPID14-MPEI0804 质量检查文件 TRASMITTAL

5．质量资料归档

1）质量资料上传系统后，QCF 按照系统归类至文件夹里，为以后竣工归档做好铺垫。

2）RFI 按照系统、编号从小到大归类。

（四）试运行管理

1．试运行人员准备

经过马来西亚 RAIP14 包近两年来的运行管理，暴露出了前期对试运行人员考虑不到位的缺陷，给现场试运行工作带来不小的困扰。由于项目投产是根据主体装置投运要求，依次试投运公用工程的不同区块或流程的，因此必须单独考虑 1～2 组试运人员配合业主分区、分流程、分功能地试运投运，即与以往装置或场站投运特点不同，并不能等待全部工程机械交工后，安排人员（往往是施工任务结束后撤出来的施工人员）配合业主或投运公司进行试运投运工作。因此，本项目后期及时调整，增加试运机组，试运机组人员分为两组：电气一组和仪表一组。电气组有试验人员一名、技术工人一名；仪表组技术工人两名，技术工人能熟练使用电气试验设备、仪表 Fluke745 和 Hart475 等调试设备。

2．试运行调试

（1）电气专业试运行（包括电缆测试、电机测试、照明系统测试和高压系统测试）。

1）电缆测试。电缆接线施工完毕后，紧接着的是试运行测试。每根需要测试的电缆逐一打开，每根线芯进行通断、绝缘测试，每根电缆都需要 EPCM 质检员、试运行团队代表，现场监督见证测试，符合要求后，施工人员将电缆恢复安装，并按照要求打力矩、做标识。所有测量数据记录到试运行 QCF 表格里，最终由各方签署，提交至 MCPLUS 系统。

2）电机测试。确认电机试验设备（MeggerMIT5255kVInsulationTester）在检定期内。打开电机接线箱，将试验设备连接线（红、蓝、黑）分别连接到相应位置，将设备旋钮旋至 PI 档位，根据被测试电机电压等级选择相应的电压，如 RAPIDP14-804 被测试电机（编号为 4800-PM-006A，PTS 马石油标准）要求电压等级为 2.5kV，故将电压等级旋钮选至 2.5kV。检查连接线位置、功能旋钮、电压等级旋钮准确无误后，按下 TEST 按钮测试。10 分钟后，PI、DAR 测试值自动计算出来，根据标准检查电机测试是否符合要求（见图 6）。

图6 马来西亚 RAPID14-MPEI0804 电机测试

（2）仪表专业试运行（包括单表校验、回路测试和压力测试）。

1）单表校验。单表校验包括压力表、压力变送器、温度表、温度变送器。按照标准校验规程对相应的表器进行校验，并填写相应的 QCF，最终对每块校验合格的表贴签标识，通知班组安装。

2）回路测试。回路测试包括模拟量输入、模拟量输出、数字量输入、数字量输出。根据相应的 QCF，对每个模拟量和数字量进行回路校验，后台有专职人员进行观测，每个回路 EPCM 管理团队工程师和业主的工程师进行见证，填写相应的测量数据。

3. 试运行 QCF 填写和提交

试运行 QCF 按照现场测量的数据填写，并提交至质量检查员和试运行人员签字确认，由质量文控提交至 MCPLUS 系统。

（五）经营管理

1. 计量管理

本项目采用工程量清单计价方式，工程费由直接费和间接费两部分组成。直接费包括人工费与材料费，在工程量清单中逐项列出工程量单价。间接费包括管理费、措施费、临时设施费、施工设备费、脚手架费、HSE 费、设计费、营地费、保险与利润。

我方在收到设计图纸后，即组织技术人员按照工程量清单与计量规则审核图纸、计算工程量，编制工程量测量表（Quantity Survey，QS），并上报业主进行审批。审批后的计量表下发至施工单位作为施工过程中工程量计量的依据。预算员每周根据现场实际完成的工程量对 QS 进行更新，对每周已完成工程量累加汇总为月度 QS，并提交给 EPCM 的 QS

部门进行审核与批准，依此拨付工程进度款。

2. 签证管理

签证包括现场额外工作与试运行工作两种类型。根据业主的现场额外工作与试运行需求，我方按照指令提供人员与设备资源进行配合。现场技术人员填写每日时间记录表记录人员、设备数量与工作时长，由 EPCM 现场工程师签字予以确认。

预算员收到每日时间记录表后，按照人员、设备单价制作签证 QS，并提交给 EPCM 的 QS 部门进行批准。

3. 进度款申请管理

月度 QS 经批准返回后，预算员编制月度进度款申请报告，其中直接费根据已批准的工程量申请，间接费根据项目实际完成进度的百分比同比例申请。月度进度款申请报告提交给 EPCM 的费控工程师审核批准。经批准后业主即可支付进度款。

四、结束语

通过对马来西亚项目电气仪表项目管理进行总结，将国际工程管理公司的管理方法、管理系统、所需各种数据表格进行归纳梳理，为公司将来同类型项目管理提供了借鉴，使项目管理可以有效管控成本、安全、质量和进度。

PMP® 与 “快乐工作” 文化更配

陈丽萍

【摘要】本文介绍了通过项目管理知识体系的学习，使自己站在项目经理的角度思考问题，体会项目管理过程中的 “输入”“工具与技术”“输出”。

【关键词】PMBOK®，项目经理

自从 2016 年学习 PMP® 课程后，我才真正体会到公司主导的 “快乐工作” 文化。作为通信公司的一名测试研发工程师，虽然不用管理大型项目，却需要配合项目经理们走完整个项目。PMBOK® 的学习让我更能站在项目经理的角度思考问题，体会项目管理过程中的 “输入”“工具与技术”“输出”。

一、制订计划

接手一个功能测试任务时，第一反应是列出输入清单：①该功能之前的测试人员；②之前的测试用例；③之前的经验总结文档；④项目经理给出的完成该任务的最终时间；⑤有哪些工具以及是否准备好了。当一条条落实后，制订计划就更加有把握了。第一阶段，了解功能；第二阶段，准备测试环境，写测试步骤；第三阶段，根据步骤动手测，补充测试结果；第四阶段，写总结，回顾测试结果。多次实施下来，我验证了 PMBOK® 这套体系的有效性，也常常受到项目经理的表扬。能高效、高质、高可靠性地完成任务，怎能不让人快乐？

二、时间管理

紧急重要，紧急不重要，不紧急重要，不紧急不重要。根据这个优先级，多任务时期，能冷静规划，不慌不忙执行。在前期区分类别时曾经有些迷茫，后来逐渐清晰：客户报的 bug 必然紧急重要，必须放下手头工作第一时间反应并发布报告。自己报的 A 级 bug，紧急不重要，只要有验证需求，须 24 小时内响应并给出结果。功能测试任务，不紧急重要，制订计划安排好时间提前完成，杜绝将 “不紧急重要” 恶化为 “紧急重要”。公司的学习任务、技术学习分享类，不紧急不重要，可在空暇时间根据难易程度完成。长久实战下来，流畅平稳取缔被压抱怨，游刃有余取缔忙中出乱，堪为快乐工作。

三、风险预报

每当引入一个新功能，对已有功能的影响，是最让客户担心的，因而风险的提前告知显得格外重要。在我接手的新功能里，就有一个对已有功能影响很大的功能。作为测试工程师，在功能说明书讨论阶段，我就将风险告知，要求设计足够清晰的提示信息给使用者，比如之前的功能突然用不了，提示需要做哪些新的配置。新功能发布前期，将该风险发邮件给所有相关的项目经理、客户接口人、其他测试团队，并附上背景介绍、对比、操作方法，说明发现问题需要支持可随时联系我。我给该邮件打了重要标记，所以大部分接收者都能知道有这么个事，一旦发现类似问题，能第一时间联系我。客户接口人也因为提前了解了并讲解给客户，减少了很多不必要的抱怨和误解。作为该功能的主要测试负责人，这封风险提前告知邮件，无形中给自己减少了很多工夫去一个个解释。防患于未然，方能快乐自在。

四、问题分析

鱼骨图、帕累托图是我最爱的。接到为团队分析自动化测试通过率低于60%的原因的任务时，我欣然答应，脑子里第一闪现的便是学习到的问题分析图表终于有用武之地了。自动化测试对通信行业产品的更新起着举足轻重的作用，可以用有限的人力资源，以最快的速度将大部分问题发现于早期。我开始编制计划表（见表1）。

表1 问题分析计划

步骤	描述	责任人	日期	备注
步骤1	鱼骨图收集失败原因	Liping	2018.9.3 周一	小组周会，要求组员人人提出
步骤2	制定失败原因模板	Liping	2018.9.4 周二	打印发放模板给组员
步骤3	自动化失败原因分析并填写	组员	2018.9.5—2018.9.12	执行一周
步骤4	用帕累托图找出最主要的3个问题	Liping	2018.9.13	
步骤5	列出行动清单	Liping	2018.9.14	小组周会，将行动清单分发下去
步骤6	开启新一轮，重复步骤3~5	Liping+组员	2018.9.17—24	1. 上一轮行动执行情况 2. 通过率是否有提升 3. 找出新一轮最主要的3个问题 4. 制订新一轮行动计划

第一步，用鱼骨图收集所有被人抱怨的、发现的问题，采用会议方式，人人发言。会议前，和经理打好招呼，请他在会议中先强调问题的严重性，要求大家配合我的工作。

第二步，将问题原因整理成模板（见图1）。模板先分成几大类，再细分成几小类，便于阅读理解。采用打印的方式，将模板分发到每个人手中。这种方式比电子版文档更好，可以随时拿起来参考。该模板也会不定期更新。

Portal Fail	TRS Fail Comments	Description	Action
Precondition	Not default env	Forget to recover eNB to default environment before TA run. Forget to backup eNB SCFC and TRS config file	Habit, Check before Run
	Resource not update	Trans Resource/TALib is not updated	Habit, update before Run
	Cable not connected	OSC/ACX1000/Cable/SFP/TP E10 is not connected	Habit, Check before Run
	BTS not registed in ESIM	IPv6 fail by this	Add UPLAN_VLAN1, CPLAN- VLAN2 in ESIM, registe by Gaojie
	py error	eNB py file error	update in time and sync in all platform
	Netact not available	Netact is updating or broken or don't support the BTS version or didn't install certificate	Consult Yangyang before run
TA_SCRIPT	Wrong case design	Case design is wrong, or didn't sync all platform, all Release	Inform Owner compare case in each platform
	Wrong KW	case not update after KW resource update, Owner:case owner, kw need improve, Owner: kw owner	case owner update case and sync in time / KW Owner test KW and inform case owner update case if need
	Not revocer by other case: case	Affect by other case who didn't recover env or the IP route	Inform Case Owner update case
BTS	HW broken	GPS broken/no signal or BTS HW issue	
	Requirement change	Requirement change, need update the KW or case design	
TOOLS	OMS not workable	OMS trigger ini/update certificate fail, or crl update fail	
	OMS conflict	OMS TLS Mode is changed during the case running	
	Third part issue	CMP/LDAP/TP5000/ Wireshark/ ACX1000/GPS Switch/ OSC issue	
	Remote desktop lost	Note, different from TA_FRAMEWORK- > UFT GUI issue	
	UFT license issue	UFT license issue	
	Jenkins issue	Jenkins issue	
TA_FRAMEWORK	TA lib issue	TALibrary issue, different from TA_SCRIPT->wrong KW	Consult Yangfan
	Python lib issue	Python library/ Robotframework issue(Such as stuck long time)	
	UFT GUI issue	UFT script caused GUI operate failed	
RealUE	Dongle attach fail	Issue caused by RealUE itself. Such as Dongle not stable.	
Other	Network connection issue	Router/ Switcher/ Juniper/ Sami Card connection down	
	Unknown issue	still no any clue after analysis, save the log, review in technique meeting	
	Full disk		Remove the log capture, and empty disk in time
iPHY		No use in our Team	
LMTS		No use in our Team	
UTE		No use in our Team	
TM500		No use in our Team	

Note: please do fail analysis in **2** days with detail root cause.
Note: if you need add more info, please use : to spilt.
Example -- Wrong case design:Change "checking major 1816" to "change 1816" as FSMF has no defined holdover ability even after 10 tunning.
　　　　UFT GUI issue: KW "Modify Trs Sync Timing Source" didn't close dialog
　　　　Wrong case design:nmap log output not finish in 30s, change to 60s to get the whole log
V0.4 20181017

图1　问题原因模板

第三步，要求团队人员按照模板填上失败的原因。这期间有些小插曲，填的格式五花八门，不按时填写，填写的原因和实际不符合等，这些均在下一轮作为"坏习惯"要求改善。

第四步，一周后，分析数据。根据帕累托图，找到造成失败的最主要的3个问题（见图2），提出解决方案。

第五步，列出行动清单。采用会议方式，口头强调，并会后发邮件。沟通的软技能在这步发挥重要作用。有的组员同一个错误会犯多次，所以，第一次，私下口头温柔提醒；第二次，私下警告式提醒；第三次，会议不点名提醒；第四次，会议点名提醒。平时也会不经意地关切式询问是否还出现类似问题。

第六步，开启新一轮自动化测试。一周后，检查通过率是否有改观（见图3），并在会议上公布结果。

TOP3 fail reasons	Row Labels	Count of test_name
UFT GUI issue 33	Full disk	4
	HW broken	5
Unknown issue 25	Network connection issue	11
	Not default env	10
TA lib issue 19	Not recover by other case	4
Remote desktop lost 18	Python lib issue	8
	Remote desktop lost	18
Not default env 10	TA lib issue	19
	Third part issue	13
	Third part issue	2
	UFT GUI issue	33
	UFT license issue	10
	Unknown issue	25
	Wrong case design	9
	Wrong KW	3
	Grand Total	**174**

图 2　最主要的 3 个问题

	TOTAL	Per%	hrs/r	hrs/d
Running	5315		2003.18	58.92
Pass	4290	80.71 ↑		
Not analysis	x			
Fail by PR	593	11.16 ↑		
Fail by ENV	432	8.13 ↓		

图 3　通过率变化情况

　　检查行动是否到位，存在的问题是否解决了，问题解决方案是否需要优化。找出新的最主要的 3 个问题，制订新一轮行动计划。

　　这期间，根据问题，制定了工具责任人表，每个使用到的工具，都需要有负责人，一旦出问题，负责人第一时间维修；制定了 Keyword 修改规则，每一次修改需要专家组评审，重新执行成功后，才可以提交；制定了失败分析指标，如 CIT case 需要 24 小时修改好，CRT case 需要 3 天内修改好；制定了预先准备清单，每个测试人员需要比对清单准备测试环境等。

　　几轮回归下来，通过率从低于 60%上升到高于 90%，其间也提高了组员的问题分析与解决的能力。效率提高了，看着以前一片红的"失败"变成一片绿的"通过"，让人赏心悦目。

　　除此之外，在沟通和决策上，在工作和生活中，项目管理也无形中发挥着强大的能量。希望有更多的人能接触到 PMP®，用管理者的心态去理解项目，让生活变得更加灵动快乐。

我的 PMO 之路

李　昀

【摘要】很多企业对于项目的态度越来越多地从关注传统的项目的进度、质量、范围、成本，转向关注项目所实现的价值。本文介绍了主持 PMO 建设与发展的历程。

【关键词】项目管理办公室，职能

很多企业对于项目的态度越来越多地从关注传统的项目的进度、质量、范围、成本，转向关注项目所实现的价值，因而有计划地组建项目管理办公室（PMO）。至于 PMO 是什么，应该包含什么样的职责，有很多大神写过很多文章，在这里就不再赘述了。我主要说说我们是怎么逐步组建 PMO 的。

我们是一家高速发展的基于汽车行业的互联网公司，业务涵盖车联网、汽车金融、汽车保险等汽车后市场服务，项目基本上是基于产品规划的多版本迭代项目。因为成立时间不长，业务发展却非常迅速，从而造成市场需求极其不稳定，研发团队苦不堪言。通常的情况是，昨天刚刚新版本上线，明天需求又改了，并且在项目需求更改的情况下，一部分项目参与人员并不知道需求已经变更，研发团队与产品团队逐渐产生了隔阂。

于是在 2015 年 9 月的一个早晨，决策层痛下决心，让我跟另一个同志成立产品管理部。请注意，当时的名称还不是 PMO。产品管理部的主要职责是与产品部门对接，梳理项目需求，并协助产品经理编纂符合要求的项目规格说明书和 PRD 文档，必要的时候，要求产品部门绘制产品原型。这样一来，首先解决了产品团队需求规格符合度的问题，但是原有的问题并没有得到彻底解决。我们决定，将所有人员（其实加我本人就两人）下放到项目团队，跟踪团队的需求获取情况。我们惊讶地发现，多数项目需求来源惊人地不统一，有的是产品团队提出的，有的是客户提出的，甚至还有测试部门和 UI 部门提出的，更可怕的是竟然还有自己想出来的。考过 PMP® 的同学都应该知道，这种情况叫项目镀金，对项目的健康状况有很大的影响。于是，经过充分授权，产品管理部制定并发布了一系列的需求管理规范，包含需求来源的唯一入口原则、需求变更的基本流程和信息一致原则等。经过一段时间的运行和推广，基本解决了上述关键痛点，从而使得项目研发团队和产品团队和谐发展，对专业技能、管理技能和整合程度都有一定的促进作用，大家更像一个项目团队了。我们组建的产品管理部，或者说 PMO，有了**第一个职能——需求管理和变更控制**。

当我们深入项目组，随着项目的逐渐演进，发现问题不仅仅是需求范围这一个方面，还有更大的问题。我们公司的项目管理工作起步非常早，早在 2015 年年初，我们引入了著名的项目管理工具 JIRA。但是从引入的那一天开始，此物就饱受非议。有人说这个工具太复杂不好用，有人说我们的项目不适合用这个工具。但是事实上是，由于我们的项目组织比较松散，而且之前的管理规范大多数都是拿来主义，这个工具并不适合我们这个阶段和我们项目的特点，所以，首先我们对现行的组织级项目管理规范和流程与项目真实情况做了一个对比和梳理。我们发现，拿来的项目管理规范和流程并不能得到多数的项目经理和团队认可，于是，我们根据项目实际情况修订了一系列的项目管理规范和流程，并且对 JIRA 进行了流程定制和集中管理，做到了从需求、任务、测试用例、缺陷整条研发线路的通车，能够一站式地追踪、统计，从而无论是从理论还是实操上，得到了多数项目经理和项目团队的认可。我们还在不断地接受新的意见和建议，不断地演进。2016 年 4 月，我们的产品管理部正式更名为项目管理办公室（PMO），形成了我们的**第二个职能——组织过程演进**。

对于程序员来说，最不喜欢的事情是什么？答案会有很多，但是一定会包含的是改需求、写文档。对于一个高速发展的公司来说，业务和管理应是相辅相成的，但是对于我们来说，业务明显跑在了管理前面。虽然我们有规范的流程，但是从执行层面来看，简直是一塌糊涂。我们想了个最笨也是最有效的办法——我们来帮着做。在规范推广的阶段，不管是程序员还是项目经理都有一些不同的意见。于是 PMO 派遣专门的协调人员加入项目组，协助项目经理去做一些他们不愿意做的事情，我们管这个岗位叫项目助理。请注意，不是我们代劳，我们更像一个闹钟，到了什么时候该做什么事，我们去提醒项目经理，有必要的时候，还会对项目经理进行专业的指导。随着时间的推移，项目经理逐渐对流程和制度有了深入了解。项目助理的工作范围基本包含了项目过程中非工程类的所有内容，包含但不限于风险识别和风险管理、沟通协调、配置管理、度量、组织评审等工作。这就是我们 PMO 的**第三个职能——项目行政管理**。

虽然在制度上，我们做到了尽可能地规范，在工作上尽可能地协助，但是由于发展速度太快，再加上多数项目经理都是程序员出身，最困难的事情就是如何转变程序员的思维，使之有管理者的思维。大多数程序员出身的项目经理，有的是赶鸭子上架被逼上管理岗位的，有的是主动转型成为管理者的，对于我们这个团队来说，前者占到了大多数。所以，大家对流程、文档等非生产类的东西还是持有一些不同的态度的，只是知道要做，但是根本就不清楚为什么和怎样做得更好。我们觉得有必要帮助他们完成角色转型。所以，在集团培训部门的帮助下，PMO 针对项目经理，规划了一条自我提升的道路和相应的培训课程，鼓励项目经理去报考如软考、PMP®等认证，并在人力部门的指导下，规划了项目经理技能等级及相应的晋升机制。至此形成了 PMO 的**第四个职能——培训学习组织**。

当一切都运行顺畅时，另一个问题又出现了。对项目如何评价呢？每个项目都是有项目奖金的，项目组的每个人都应该拿多少？A 项目和 B 项目的复杂度、规模都不一样，应该怎么评价项目整体的好坏呢？这次要跟钱打交道了，PMO 自己的力量是远远不够的。在公司和集团领导的支持下，我们组织各工种（UI、前端、程序、移动端、测试、产品等）大牛们，成立了专家评审委员会这么一个虚拟组织，由项目助理通过度量项目过程和工程数据，对项目的健康状况、过程执行情况、人员绩效、质量情况组织评价。通过评价结果，使用已定义的计算方法对奖金进行计算，由人资专员统一分配。这个过程，使用的人员是非项目相关方，或者说是非项目直接参与者，更加客观，用数据说话，由项目经理答辩，我们公平、公正、尽量公开，避免了项目间和项目组内的不少矛盾。这就是我们 PMO 的**第五个职能——项目绩效考核**。

至此，PMO 建立不到 3 年的时间逐步形成了需求管理和变更控制、组织过程演进、项目行政管理、培训学习组织、项目绩效考核这五个关键职能，还有更多可以做的事情在不断地尝试和摸索，所有的目的都是希望项目和产品线健康发展。能在项目价值和项目消耗之间找到平衡点，不仅对经济效益，还对团队演进、公司发展起到了一定的作用。将来，我们会更倾向于将流程和价值挂钩，在保证自身发展的同时，更多地去尝试一些新的管理方式和方法，让 PMO 和公司的所有项目组共同发展。

我认为，我们的 PMO 之所以能有现在的发展，有以下几个关键点。

1．公司和集团领导重视和扶持

PMO 从最初成立的 2 个人发展到现在的 16 个正式成员，中间也不像我上文中表达的那样顺利。在 PMO 建设的这条路上，有领导的支持是首要的，因为这样一个部门可以说是没有可量化的工作成果的，这就需要领导有长远的眼光和对发展的决心。虽然建立 PMO 是当今企业发展的必然趋势，但是要培养、建立这样的一个部门也是需要一个漫长的过程的。

2．坚持用正确的方式去做正确的事

在很多情况下，PMO 是得不到大多数人认可的。有的人会认为你是不是故意来找我的麻烦，这就好像在 20 世纪初流行的软件企业都有的 QA 这个角色。当年我作为项目经理也骂哭过 QA。现在再做这件事，我能够感同身受，在保证充分沟通、不违背原则的情况下，PMO 的工作方式必须足够灵活，这就是我们所谓的用正确的方式去做正确的事。

3．充分建设自身的知识体系，保证有理论基础，并落地实践

"打铁还需自身硬。"这句话是 PMO 中所有成员都应该记住的。没有理论基础就没有话语权，没有实践就没有真理。在组织进行项目管理的过程中，PMO 的成员只有在把自己的知识体系建设好的前提下，才有机会通过实践摸索出一条适合本组织的项目管理体系。

4．创新并更新自身

我们能看到白纸黑字的项目管理经验和最佳实践，我们也可以直接照搬好的项目管理体系，但是我们没有这么做，我们建立有公司特色的项目管理体系，我们的 PMO 连续两年获得集团最佳创新团队奖。我们的每个实践、每条规范都是通过调查、问卷反馈、试点等一系列过程才发布的，不合适那就忘掉它重新来过。其实管理才是最需要创新的。

对于我们来说，PMO 的职责可能不像书上写的那么规范，但是我们做到了领导放心、团队基本满意，各部门合作共赢、和谐发展。这个过程还是非常曲折的，有抱怨、有投诉、甚至冲突一直在发生，但是我们相信在发展的道路上，我们的 PMO 是必不可少的一个环节，所以我们一直在努力，一直在坚持。虽然不是适合所有的组织，但是我还是希望这篇文章能够给看到的人一些启发。